全国高等院校休闲科学规划教材

休 闲 经 营 管 理

秦 学 李秀斌 顾晓艳 编著

中国科学技术出版社

CHINA SCIENCE AND TECHNOLOGY PRESS

·北 京·

BEIJING

图书在版编目(CIP)数据

休闲经营管理/秦学,李秀斌,顾晓艳编著. —北京:
中国科学技术出版社,2010.6

ISBN 978 - 7 - 5046 - 5603 - 2

Ⅰ.①休… Ⅱ.①秦…②李…③顾… Ⅲ.①闲暇社
会学—高等学校—教材 Ⅳ.①C913.3

中国版本图书馆 CIP 数据核字(2010)第 073103 号

本社图书贴有防伪标志,未贴为盗版。

内容提要

本书以休闲产业的经营管理为主线,运用经济学、管理学、社会学、地理学理论,全面阐述休闲经营管理的理论与方法。全书共分十章,包括休闲经营管理的基本概念、国内外休闲经营管理的历史与发展趋势、休闲经营管理的基本范畴;休闲供给内容及其实现,分别从休闲供给组织、休闲资源、休闲产品、休闲项目、休闲产业等方面阐述了基本理论(概念、特征、类型)和基本方法(经营管理);休闲需求及其满足,即休闲市场及其拓展;休闲产业和行业管理,包括休闲产业体系宏观规划、休闲人力资源开发与管理、休闲服务及质量管理、休闲政策制度与法规管理等。

本书可作为高等学校休闲管理、旅游管理、文化产业管理、娱乐管理、会展经济管理、休闲体育、社会工作等有关专业的本专科生的专业课教材,也可供旅游、娱乐、文化、体育、会展、城市规划与管理、社会工作等行业的工作者阅读。

中国科学技术出版社出版

北京市海淀区中关村南大街 16 号　邮政编码:100081

| 策划编辑 | 林　培　孙卫华 | 责任校对 | 凌红霞 |
| 责任编辑 | 林　培　李惠兴 | 责任印制 | 张建农 |

发行部电话:010 - 62173865　编辑部电话:010 - 84120695

http://www.kjpbooks.com.cn

科学普及出版社发行部发行

北京蓝空印刷厂印刷

＊

开本:787 毫米×1092 毫米　1/16　印张:14.75　字数:370 千字

2010 年 6 月第 1 版　2010 年 6 月第 1 次印刷

ISBN 978 - 7 - 5046 - 5603 - 2/C · 145　定价:25.00 元

前　言

　　现在，经济技术化、技术生活化、生活休闲化已成为这个时代的突出特点。生产是为了生活、工作是为了消费、劳动是为了休闲已成为人们的共识。社会经济结构和人们的生活方式正在转型，消费成为引导社会发展的主要因素，服务业将成为社会的主导产业。正如美国学者预测，休闲、娱乐活动、旅游业将成为下一个经济大潮，并席卷世界各地。专门提供休闲的第三产业在未来 5 年会主导劳务市场，将在美国 GDP 中占有一半的份额，在中国其占有率也将超过 30%。

　　在这个时代背景下，以研究休闲产生的历史背景、发展规律、社会贡献为对象的休闲科学，得到迅速的发展，在国外已有 100 多年的历史，但在我国近 10 年才受到关注和重视。我国独立的休闲科学还没有建立起来，理论建设和实践发展需要放眼世界，与时俱进，科学研究和人才培养还需要我们作出坚持不懈的努力。我国的休闲科学发展处在起步阶段，虽然现实中休闲行业发展很快，尤其是旅游业的发展取得了令世人瞩目的成就。但是理论建设急待加强，特别是在休闲高等教育和科学研究方面，需要"古为今用、洋为中用"，建设有中国特色的休闲科学理论建设和人才培养体系。

　　改革开放以来，我国城乡居民的收入和生活方式发生了巨大的变化，遍布城乡各地的休闲行业（包括旅游业）得到快速发展。休闲产业的综合性，休闲经营管理和服务营销的特殊性，要求有一门符合行业运行规律和学科发展特色的专业理论指导行业实践的发展。但目前我国的休闲科学理论研究还停留在介绍国外的休闲思想理论层面上。就休闲科学的高等教育而言，教材建设显得捉襟见肘，休闲概论方面的教材比较多，针对休闲行业的运营、管理方面的理论与事务结合的教材基本没有。

　　本书正是基于这样的背景，以整个休闲行业发展为研究对象，从供给与服务、经营与管理角度研究其宏观发展态势及微观运行状况。本书主要包括两大部分：休闲供给组织内部的经营管理（休闲组织经营管理）和休闲供给全行业的宏观管理（休闲产业管理）。

　　休闲供给组织经营管理：以休闲供给组织的存在状态及其变化为基本研究范畴，研究满足休闲组织存在所必需的资源、要素和条件，就是休闲资源。分析这些资源、要素和条件如何转化为组织进一步发展的要素，即休闲产品、休闲项目、休闲服务。探讨这个转化过程得以实现的保障，就是休闲人力资源和产业政策和制度。其中休闲产品、休闲项目、休闲服务是休闲经营管理的重要研究对象。它们把资源和市场通过服务渠道连接起来，构成整个经营管理过程的核心价值链。

　　休闲产业管理：以整个社会的休闲产业（行业）系统为研究范畴，厘清产业系统构成（分类）——休闲供给组织及行业类型，从宏观经济运行角度分析投入—产出链，即休闲资源—产品（项目）—市场（服务）—质量（效益）的运行路径，并研究产业发展的保障系统：人力资源、政策法规。

　　从构建休闲科学体系及有利于休闲高等教育的目的出发，本书编写体现了以下几个原则目标。

第一，有利于科学理论体系和学科建设：从构建休闲科学理论体系出发，与休闲哲学、休闲经济学、休闲社会学、休闲文化学、休闲心理学、休闲伦理学、休闲人类学、休闲教育学、休闲技术学等学科衔接，确定本书的研究对象和内容。既与休闲经济学、休闲心理学、休闲社会学等学科的内容相区别，又有内在的联系。

第二，有利于教学和人才培养：本书编写的结构体系和内容选择上，理论阐述与案例分析结合，旨在提高学生、在业者掌握宏观层面的休闲产业（行业）管理和微观层次的休闲企业经营管理和服务营销方面的理论知识，并且提高实习、科研、工作等环节获得从事休闲经营管理的实践能力。

第三，有利于对行业发展的指导：从综合性层次、多角度研究休闲产业（行业）经营管理和发展的课程，带有普遍性和全局性。本课程从理论到实践、从国内到国外、从历史到未来，全面研究休闲行业管理和经营运作，指导政府和社会实施全行业宏观管理，指导企业和组织搞好内外经营管理。

第四，本书体现了规范性、创新性、实用性几个特点，在内容选择和编排上自成体系，前后逻辑联系紧凑、结构规范；既吸收前人的理论研究成果，又紧密联系现实发展，将休闲行业发展的最新信息和理论成果贯穿全书，更融入了作者的思想和成果，推陈出新。本书不仅注意基本理论和知识体系的阐述，更注意对行业实践的分析，指导学生的理论学习和行业实践者的工作实际。

本书由广东商学院旅游学院和浙江林学院旅游与健康学院的老师合作完成。广东商学院参加编写的有秦学、刘少和、李秀斌、黄燕、茹虹玮、李萍六位教师，浙江林学院参加编写的有顾晓艳、孟明浩、闪媛媛三位教师。编写经历了一年多的时间，参阅了国内外大量的文献资料，结合了编著者在休闲领域的教学、科研实践积累，是集体智慧和力量的结晶。编写大纲由秦学提出，经集体讨论，并得到中国艺术研究院休闲文化研究中心马惠娣老师的指导，几易其稿，最终确定。编写过程中全体成员通力合作，最后由秦学审阅、统稿。具体分工如下：

第一章秦学；第二章刘少和；第三章茹虹玮；第四章顾晓艳、秦学；第五章黄燕；第六章顾晓艳、孟明浩、秦学；第七章闪媛媛、顾晓艳、秦学；第八章李秀斌；第九章李萍；第十章李秀斌。

休闲行业的发展突飞猛进、日新月异，新事物、新情况、新现象、新问题层出不穷，需要我们密切关注并思考，本书的编写既是为了推动中国休闲高等教育的发展，也是起着抛砖引玉的作用，盼望更多、更优秀的作品问世。由于编者的水平有限，书中恐有疏漏之处，请广大读者批评指正，以便再版时更上一层楼。

编著者

2010 年 3 月

目　　录

第一章　绪　　论 ·· 1
　　第一节　基本概念 ·· 1
　　第二节　国内外休闲经营管理的考察 ······················· 9
　　第三节　本课程的研究范畴 ······························· 16
　　本章小结 ··· 20
　　本章思考题 ··· 20
　　本章延伸阅读 ··· 21

第二章　休闲行业的基本类型 ······························· 22
　　第一节　休闲行业及其基本特征 ··························· 22
　　第二节　旅游接待业 ······································· 26
　　第三节　体育健身业 ······································· 29
　　第四节　保健疗养业 ······································· 31
　　第五节　文化休闲业 ······································· 34
　　第六节　休闲娱乐业 ······································· 37
　　第七节　其他休闲行业 ····································· 40
　　本章小结 ··· 42
　　本章思考题 ··· 43
　　本章延伸阅读 ··· 44

第三章　休闲供给组织 ····································· 45
　　第一节　商业性休闲供给组织 ····························· 46
　　第二节　公共性休闲供给组织 ····························· 53
　　第三节　公益性休闲供给组织 ····························· 59
　　本章小结 ··· 64
　　本章思考题 ··· 64
　　本章延伸阅读 ··· 65

第四章　休闲资源 ··· 66
　　第一节　休闲资源概述 ····································· 66
　　第二节　休闲资源开发 ····································· 70
　　第三节　休闲资源管理 ····································· 80
　　本章小结 ··· 85
　　本章思考题 ··· 86
　　本章延伸阅读 ··· 87

第五章　休闲产品与市场开发 ······························· 88
　　第一节　休闲产品概述 ····································· 88
　　第二节　休闲产品开发 ····································· 92

第三节 休闲产品的市场拓展 ……………………………… 97

本章小结 …………………………………………………… 107

本章思考题 ………………………………………………… 108

本章延伸阅读 ……………………………………………… 108

第六章 休闲项目经营管理 ……………………………… 110

第一节 休闲场所与设施 …………………………………… 110

第二节 休闲项目 …………………………………………… 116

第三节 休闲物业 …………………………………………… 126

本章小结 …………………………………………………… 131

本章思考题 ………………………………………………… 131

本章延伸阅读 ……………………………………………… 132

第七章 休闲产业管理 ……………………………………… 133

第一节 休闲产业系统规划 ………………………………… 133

第二节 休闲产业管理 ……………………………………… 138

第三节 城市休闲产业管理 ………………………………… 141

第四节 乡村休闲产业管理 ………………………………… 148

本章小结 …………………………………………………… 154

本章思考题 ………………………………………………… 154

本章延伸阅读 ……………………………………………… 156

第八章 休闲服务质量管理 ………………………………… 157

第一节 休闲服务 …………………………………………… 157

第二节 休闲服务质量 ……………………………………… 163

第三节 休闲服务质量管理 ………………………………… 168

本章小结 …………………………………………………… 175

本章思考题 ………………………………………………… 176

本章延伸阅读 ……………………………………………… 177

第九章 休闲人力资源管理 ………………………………… 178

第一节 休闲人力资源管理概述 …………………………… 178

第二节 休闲人力资源管理 ………………………………… 182

第三节 休闲教育 …………………………………………… 189

本章小结 …………………………………………………… 193

本章思考题 ………………………………………………… 194

本章延伸阅读 ……………………………………………… 196

第十章 休闲政策与法规 …………………………………… 197

第一节 休闲产业政策 ……………………………………… 197

第二节 休闲制度与法规 …………………………………… 209

本章小结 …………………………………………………… 221

本章思考题 ………………………………………………… 222

本章延伸阅读 ……………………………………………… 222

参考文献 …………………………………………………… 224

第一章 绪 论

本章导读

绪论主要介绍本课程所涉及的一些基本范畴，包括核心概念体系，理论及实践发展沿革，课程研究的对象、意义、目标、内容、方法等。本书作为休闲科学系列教材的一部分，主要从休闲经济现象出发，研究休闲供给组织的经营管理范畴。本章共分三节，第一节综述了课程的几个核心概念：闲暇与休闲、休闲消费与休闲供给、休闲产业与休闲经济、休闲经营管理。自人类有了休闲现象就有了休闲经营管理的社会实践，第二节简要回顾了国内外休闲经营管理的发展状况，由此读者可见休闲经营管理在休闲这种复杂的社会经济活动中的重要地位。第三节，系统阐述了本课程研究范畴，包括研究对象与范畴、研究意义与目标、研究内容与体系、研究方法与要求。本绪论为读者进一步阅读后面章节的详细内容作铺垫。

第一节 基本概念

一、闲暇与休闲

什么是闲暇？闲暇一般是指人们全部的生活时间减去必需的生存时间（吃饭、睡觉、个人梳理等）和必要的工作时间（上班、家务等）之后可以自由支配的时间。闲暇时间是个人用来享受、娱乐、发展个性的时间，闲暇活动就是人们在闲暇时间内开展的一系列活动。马克思说："闲暇是可以自由支配的时间"、"供自己发展的时间"、"为个人发展充分的生产力，因而也为社会发展充分的生产力创造广阔余地的时间"。拥有闲暇是人类最古老的梦想——从无休止的劳作中解脱出来，随心所欲，以欣然之态做心爱之事；于各种社会境遇随遇而安，独立于自然及他人的束缚；以优雅的姿态，自由自在地生存。

闲暇时间是一种时间配置的状态，与劳动时间形成一对范畴。闲暇时间的多寡与国家综合实力相辅相成。人类社会发展到今天，科学技术极大地解放了生产力，提高了劳动效率，人们的劳动时间大大缩短，闲暇时间大大增加。一个众所周知的事实是我国自1995年5月起就实行了5天工作制，1999年有开始实行了黄金周休息制度，目前我国公众每年至少有三分之一的闲暇时间。闲暇时间的利用状况如何、闲暇生活的质量如何将直接影响到城乡居民个体的身心健康发展，个人及家庭生活的和谐，关系到社会的文明提高与全面进步。

休闲是个人闲暇时间的总称，也是人们对可自由支配时间的一种科学合理的使用。关于休闲的概念，国内外许多学者有着不同的说法。综合而言，休闲的定义出现在四种基本语境之中，分别是：时间（time）、活动（activity）、存在方式（state of existence）和心态（state of mind）。

1

（一）从时间角度定义休闲

从时间的角度来考察休闲的含义，通常是指生活中的这样一些时候——在这些时候，我们拥有相对多的自由，可以做想要做的事情。换句话说休闲就是"自由时间"。May & Petgen 认为休闲是"在生存问题解决以后剩下来的时间"。凯普兰（Kaplan，1960）发现，如果把休闲定义为"自由时间"，我们的社会中存在四种不同形态的自由时间："富有者持久而自愿的闲暇，失业者临时而无奈的空闲，雇员们定期而自愿的休假和伤残者长期的休养，以及老年人自愿的退休。"

（二）从社会活动的角度定义休闲

休闲也可以被定义为一系列不同类型的活动。在古希腊，休闲（schole）这个词意为"不是在不得不做的压力下从事的严肃的活动"。从社会活动的角度定义休闲，意为"一系列在尽到职业、家庭与社会职责之后，让自由意志得以尽情发挥的事情，它可以是休息，可以是自娱，可以是非功利性的增长知识、提高技能，也可以是对社团活动的主动参与。"（Dumazedier，1960）

（三）从生存方式或心态的角度定义休闲

如果把休闲定义为一种生存状态，它就如亚里士多德所言，是一种"不需要考虑生存问题的心无羁绊"的状态。休闲作为一种优雅的生存状态，被赐予那些赞美生活的人。于是，休闲常被用作形容人们从容、宁静、忘却时光流逝的状态。休闲也被定义为一种心态，很多心理学家用"心灵上的（Perceived）"自由或"驾驭自我的内在力量"来表达他们所理解的休闲。心理学家纽林格（John Neulinger，1974）认为："休闲感有，且只有一个判断，那便是心之自由感（Perceived freedom）。只要一种行为是自由的，无拘无束的，不受压抑的，那它就是休闲的。去休闲，意味着作为一个自由的主体，由自己的选择，投身于某一项活动之中。"

亚里士多德是对休闲给予最多赞美的人之一，他曾在《尼各马可伦理学》和《政治学》等名著中，阐述了什么是快乐、幸福、休闲、美德和安宁的生活，他认为"休闲才是一切事物环绕的中心"，并把休闲看成是哲学、艺术和科学诞生的基本条件之一。他说，人在休闲中的沉思状态是最好的"境界"，是一种神圣的活动。他相信不同的思考和推理能力可以把人区别开来。

瑞典哲学家皮普尔的《休闲：文化的基础》（Leisure The Basis of Culture），被誉为西方休闲学研究的经典之作。皮普尔在这本仅几万字的书中，深刻而精辟地阐述了休闲作为文化基础的价值意义，指出休闲有三个特征：第一，休闲是一种精神的态度，它意味着人所保持的平和、宁静的状态；第二，休闲是一种为了使自己沉浸在"整个创造过程中"的机会和能力；第三，休闲是上帝给予人类的"礼物"。皮普尔认为，人有了休闲并不是拥有了驾驭世界的力量，而是由于心态的平和，使自己感到生命的快乐。否则，我们将毁灭自己。

法国社会学家杜马兹迪埃在《走向休闲的社会》一书中指出：所谓休闲，就是个人从工作岗位、家庭、社会义务中解脱出来，为了休息，为了消遣，或为了培养与谋生无关的智能，以及为了自发的参加社会活动和自由发挥创造力，是随心所欲的总称。

美国著名的休闲研究专家，宾夕法尼亚州立大学健康与人类发展研究院休闲研究系教授杰费瑞·戈比在考察了以上种种休闲定义之后，认为它们都不够科学，他在《你生命中的休闲》一书中提出了较为全面的休闲定义："休闲是从文化环境和物质环境的外在压力中解脱出来的一种相对自由的生活，它使个体能够以自己所喜爱的、本能地感到有价值的方式，在内心之爱的驱动下行动，并为信仰提供一个基础。"

现代社会，随着生产力的发展和人们生活水平的提高，休闲活动几乎囊括了现代社会人们自由安排、享用闲暇时间的全部活动以及由这些活动而引起的所有的社会、经济、文化现象和关系。马克思曾经指出：一个国家真正富裕的标志是劳动时间的减少，闲暇时间的增多。

休闲时间一般可以分为四个部分：第一部分是每天的闲暇时间，主要指每天工作、家务和必要的社会活动以后所剩下的零星、不完整的空闲时间，可用于阅读书报杂志、看电视、聊天、健身等小范围、短时间、近距离的休闲娱乐活动。第二部分是每周 2 天的休息时间，可从事一些创造性活动，如看电影、听音乐会、上街购物或探亲访友，或进行短途旅游。第三部分是公共假日，世界不同国家或地区的法定假日时间长短不同。我国法定假日是 10 天，目前通常将国定假日和双休日组合在一起，往往形成了 7 天连续的"黄金周"休闲旅游时间。主要用于走亲访友、购物、外出旅游、兼职、业余进修学习等活动。第四部分是带薪假期。世界上许多国家对从业人员实行年带薪休假制度。各国的假期时间差异很大，欧洲国家通常为 4 周，美国是 2～4 周，日本为 15 天，法国由原来的 5 周增加到现在的 9 周。带薪休假通常是人们从事度假旅游、观光旅游、洲际旅游和环球旅游的最佳时期。也可以有计划地安排从事第二职业、参加业余培训班学习及其他娱乐活动。

现代休闲活动的根本目的是满足人们日常闲暇生活的愉悦、安逸、刺激等心理需求和调整、平衡生理活动需要。休闲活动的本质是自主性、自由性、参与性、消遣性和健身性，其类型概括起来大致有：

（1）接受教育。人们可以参观博物馆、欣赏音乐会、看电影看戏、读书读报等活动，得到一些启示或某种教育，从而达到陶冶自己情操的目的。

（2）从事创作。人们利用余暇时间尝试进行绘画、书法、摄影、园艺、烹调、插花等活动，以满足自己业余兴趣爱好和发展自我的需要。

（3）参加健身。人们通过日常性的体育健身活动，如散步、跑步、打拳、游泳、打球、骑车、爬山以及其他各种形式的室内外活动，以实现强身健体，提高身体素质的目的。

（4）进行娱乐。参加各种娱乐俱乐部活动，或到酒吧、网吧等场所进行休闲活动，或从事纯粹的娱乐活动，如打牌、搓麻将、玩游戏机、跳舞或其他类型的社会交往活动。

（5）外出旅游。利用节假日和带薪休假期在本地或外地甚至出国旅游。

（6）体验刺激。通过一些冒险娱乐活动如航海、登山、潜水、攀岩、跳伞滑雪、漂流等，以感受刺激，向极限挑战，从而实现体验战胜自我的精神享受的目的。

（7）参与社会公共服务活动。主要指利用工作和家务活动之余，参加咨询、帮困、志愿者行动及其他各种公益性社会服务活动，增强自身的社会服务意识和社会责任感。

二、休闲消费与休闲供给

（一）休闲消费

关于休闲消费的含义，人们有不同的理解，但是基本内容是一致的。李在永（2002）

认为，受休闲和消费本身的特点所决定，休闲消费应当明确界定为人们在闲暇时间里利用货币进行的以满足精神文化生活需要为主的消费活动的总称。它应当具备以下几个基本条件：第一，它是人们在可自由支配的时间即闲暇时间里进行的消费。第二，它必须是通过货币支付取得的消费。第三，它必须是以满足精神文化生活需要为主的消费。第四，其消费对象主要是享受和发展资料而不是基本生存资料。万江红（2002）则认为，在闲暇时间内进行的有支付能力的消费就是休闲消费。有闲暇时间和支付能力就是休闲消费的两个基本前提。他进一步提出休闲消费具有如下几个特征：①多样性。闲暇时间是由个人自由支配的时间，在闲暇时间里，人们主要从事业余的科学文化活动、体育以及各种娱乐和休息。不同的人在闲暇时间里所从事的消费活动是不同的，丰富多彩的休闲消费方式和内容能引导人们培养各种兴趣和爱好，休闲消费多样化是保证和促进人们自身全面发展的客观要求。②层次性。由于人口地域分布、收入水平、文化传统和消费习惯的不同，其在闲暇时间里的消费结构和方式呈现出明显的不同，呈现出一定的层次性，收入水平较高的地区人们在休闲消费时消费的发展型资料和享受型资料肯定要比收入水平低的地区的人们消费的要多。③差异性。不仅不同收入、不同地区的人在休闲消费时具有不同的层次结构，就是在同一地区，相同收入水平的人之间，个人的受教育程度、消费心理、消费习惯、相关群体的影响，以及个人消费偏好等方面的差异性，其休闲消费的结构和方式也具有一定的差异性。④关联性。休闲消费作为消费的一种，和生产也是密不可分的，正如消费在一定条件下决定了生产一样，休闲消费对生产也有巨大的反作用。当休闲消费发生了变化时，通常消费结构也会发生相应的变化，居民的消费结构变化了，需求也就改变，这就迫使生产结构和方式发生相应的变化。

宋瑞（2005）认为，休闲消费是指伴随着人们的休闲活动而发生的社会性消费现象，是人们为了开心享有（enjoyment）、身轻气爽（refreshment）、消遣放松（relaxation）或娱乐（diversion）而进行的消费。本书认为，人们在闲暇时间里实质发生的消费，就是闲暇消费，也称休闲消费。它既指消费的过程，也包含了消费过程所产生的结果，即由此引起的诸多经济社会和文化现象。休闲消费的对象和内容既包括有形的物质产品，如食物、日用品，也包括无形的精神文化和服务产品，如影视节目、文艺表演、风景、导游解说。休闲消费除了可以满足消费者的生理需要外，更主要的是满足其精神、心理和文化的需要。休闲消费是构成所有休闲现象的基础性条件，是决定休闲供给与休闲服务量和质的第一要素。休闲消费质量的高低反映了人们生活水平与生活质量的高低，是衡量当代社会发展与进步的重要标志。正如美国著名休闲研究专家Goodale和Godbey（1995）指出："由于有利于生产，休闲一直是合理的，但现在它也由于有利于消费而成为合理的了。消费就是花钱并消费时间……没有夜生活和周末，娱乐业将会崩溃，如果没有假期，旅游业将会衰落。实际上是休闲而不是劳动使得工业资本主义走向成熟。在这里，休闲的新的合理性展现开来。"

（二）休闲供给

前面提到，休闲消费是决定休闲供给与休闲服务的首要因素。人们有休闲消费，就为休闲供给提供了可能性与必要性。休闲供给是休闲产品的生产者通过一定的媒介和方式——休闲服务——把休闲产品送达给休闲消费者的行为和过程，休闲供给提供的产品是一种无形的服务产品。这种服务产品的送达过程就是休闲服务的提供过程，也是休闲行业的经营管理过程。因此，休闲供给也可以称为休闲服务供给。

在关于休闲供给的类型和方式划分上，比较认同的是著名休闲学家乔治·托克尔德森的三分法，他把休闲供给分为三种类型：自给性休闲供给、公共性休闲供给和商业性休闲供给。自给性休闲供给是指休闲产品和服务由消费者自我供给，如看电视、听音乐、读书、画画、养花等。此类活动对社会性设施和服务的依赖程度一般较低，消费者凭借其在市场上购买来的书籍、音像设备等实物产品，进行个体性、私人性和自给性的生产与消费过程。

公共性休闲供给是指由政府或其附属公共组织实施的博物馆、美术馆、科技馆、公园、图书馆、活动中心等公共物品的供给。传统社会里，政府在公共性休闲供给提供方面承担了以下几种角色：①直接提供者；②延伸服务提供者；③协调者；④支持者和主顾；⑤立法者和规制者（Burton，1982）。20 世纪 50 年代以来，西方发达国家建立了较为完善的公共福利制度，使得政府对休闲服务项目、设施、服务供给的介入越来越多，并为各国普遍接受。目前，各个国家的各级政府都在寻找新的休闲公共服务供给方式。

商业性休闲服务供给是商业机构和组织提供的以营利为目的的休闲产品、设施和服务供给。正如罗杰克（Rojek，1989）所指出的，"休闲业由各种为了满足消费者对休闲产品和服务的需求的商业单位所组成，包括旅游、招待、体育、户外娱乐、大众传媒等行业（包括流行音乐、影碟、电视、广播杂志和书籍）的大部分。休闲业试图按照严格的市场原则来组织休闲活动，也就是说，与其说他们是为了满足社会需要，不如说是为了获取利润"。实际上，除了自给性休闲供给和商业性休闲供给、公共性休闲供给以外，在西方国家，各种非营利组织也是休闲服务供给的重要提供者。以第三部门最为发达的美国为例，男童子军（Yong Men's Christian Association）、女童子军（Yong Women's Christian Association）、男孩俱乐部（Boys Clubs）和女孩俱乐部（Girls Club）等组织，都是通过国会立法或者在州政府相关法律规范下注册，获得免税资格，为其成员或广大公众提供休闲服务供给。

三、休闲产业与休闲经济

（一）休闲产业

笼统地讲，休闲产业（准确地是现代休闲产业），是指与服务于人的休闲生活、休闲行为、休闲消费、休闲需求密切相关的产业领域，形成以旅游业、餐饮业、娱乐业、服务业、文化产业、体育产业等为龙头的经济形态和产业系统。从目前我国的情况看，休闲产业至少应包括休闲娱乐业、休闲旅游业、休闲保健业、休闲教育业、休闲体育产业、休闲餐饮业、休闲文化业等等。在这些产业中，不仅包括为消费者提供服务的第三产业，而且包括为消费者提供休闲产品、休闲设施、休闲场所等条件的制造业、加工业、建筑业等产业。

休闲产业的特点有：①产业形态和行业门类多样，受众面极为广泛，社会各类群体都可以接受休闲产业的服务；②大部分休闲产业属于劳动密集型产业，可以为社会提供大量的就业机会；③大部分属于服务类型，通过服务促进社会财富的流通与分配，缩小社会的贫富差距；④休闲服务的个性化越来越强，对从业者的素质和专业技能要求越来越高；⑤休闲产业的创造空间很大，许多项目和产品具有品牌效应和个性化特征；⑥资源配置多样化，既有有形物，也有无形物；既有天然物，也有人工物；既有信息符号，也有观念和意义；⑦休闲产业是社会交际与交流的舞台，通过服务与被服务的关系促进社会关系的融洽。

休闲产业带动经济发展是一个世界的普遍现象，美国学者米切尔·J.沃尔夫在《娱乐经济》中说："文化、娱乐——而不是那些看上去更实在的汽车制造、钢铁、金融服务业——正在迅速成为新的全球经济增长的驱动轮。"其中视听出版、影视传媒、演艺娱乐和旅游、网路、体育、会展服务为基础产品的文化产业、对GDP的贡献率越来越高。

例如，娱乐业是现代社会的重要消费方式之一，以夜总会、歌舞厅、卡拉OK厅、电子游戏厅、台球馆服务为主要经营业务，是以大众自我参与、自我娱乐、休闲为特征的商业文化行业。西方国家的娱乐业十分发达，我国内地娱乐业是国内文化市场的主业之一，国内文化市场经营单位数量中，娱乐业企业所占比例高达70%左右。

（二）休闲产业与服务业、第三产业、文化产业

服务业一词最早是美国学者弗克斯在1965年提出来的，20世纪70年代丹尼尔·贝尔正式提出"服务业"一词，丹尼尔指出："如果工业社会是以商品数量来定义社会质量的话，后工业社会就是以服务和舒适——健康、教育、休闲和艺术——来定义社会质量……"也就是说在后工业社会生产与消费都不再以物质产品为主，而是以服务为主。

第三产业的概念出现于20世纪30年代的美国，后来的学者将第三产业与广义的服务业等同。我国经济领域长期使用第三产业的概念，2001年国家统计局普查中心将服务性质的行业部门统计为第三产业，包括：①为生产和生活服务的部门，包括金融、保险业、地质普查业、房地产、公用事业、居民服务业、旅游业、咨询信息服务业、各类技术服务业等；②为提高科学文化水平和居民素质服务的部门，包括教育、文化、广播电视业事业、科学研究事业、卫生、体育和社会福利事业等；③为社会公共需要服务的部门，包括国家机关、政党机关、社会团体，以及军队和警察等。

文化产业，联合国教科文组织定义文化产业："文化产业是按照工业标准，生产、再生产、储存以及分配文化产品和服务的一系列活动。"我国学者定义文化产业是："文化产业，是指从事文化产品与文化服务的生产经营活动以及为这种生产和经营提供相关服务的行业。文化产业分为知识型文化产业、休闲型文化产业和娱乐型文化产业。主要包括图书报刊、电影、广播电视、音像、演出、文化娱乐、文化旅游、艺术博览、艺术品经营、民间工艺、广告以及其他生产文化产品或提供文化服务的行业。"

不言而喻，服务业、第三产业、文化产业之于休闲产业，在本质上有很大的相似性，但是，它们强调的是业态本身，具有很强的商业、经营特征，更多地注重产品供给和经营效益，不是"以人为本"，人不占主导地位。我们更提倡使用休闲产业一词，因为休闲产业是更体现以人为本的服务型产业。它从人文关怀的角度出发，使企业、市场、商家、政府的服务目标更加明确——人们的闲暇生活和精神需求。

（三）休闲经济

一般说来，休闲经济是以人的休闲消费、休闲心理、休闲行为、休闲需求为考察对象，以满足人的个性、多样性、多元性发展为目的，在"人的存在"与"人的成分"之间充当媒介，研究人类休闲行为和经济现象之间互动规律的学科。休闲经济的表现形态，侧

重人的体验、欣赏、情感表达等方式，以及由此传递出的消费需求信息，使各类服务、市场、营销、企业策划、产品生产、社会组织的出发点都能建筑于这些方面的基础上的理论。休闲经济包罗万象，是一个内容十分庞杂的经济系统，主要由休闲需求（休闲消费）与休闲供给（休闲产品）以及将需求与供给联系起来的休闲产业三个子系统构成。由于其内涵极为丰富，且与社会各类经济形态相互渗透，因此休闲经济又形成了新的分支，主要有以下几种：

（1）体验经济。体验是休闲活动的新形式，是对物质消费的反叛，是大众化休闲消费发展的必然结果。体验是休闲产业的组成部分，是一种独特的非物质服务，它重在体验的过程与消费者的参与，从而使消费者获得一种心理和精神的满足。体验的形式多种多样，比如有感官的体验、心理的体验、肢体的体验、娱乐的体验、精神的体验、情感的体验等。如今不少企业已经尝试为消费者提供体验的服务。于是形成了由体验引发的一系列经济现象和关系——体验经济。

（2）娱乐经济。娱乐属于休闲的范畴，娱乐作为一种休闲生活方式，其内容十分丰富，最为普及的娱乐形式是看电影、电视、电脑、手机、游戏、MP3、VCD、DVD、卡拉OK等。根据国外的资料统计，2002年以动画、游戏、电影、广告、宽带内容、多媒体产品、数字出版等为代表的数字娱乐产业市场规模达到723.93亿美元，2005年达1610.32亿美元。

（3）健康经济。也称卫生经济，健康经济出现在20世纪美国社会的中后期。其背景是美国人的越来越贪婪的物欲，迫使人们拼命地工作，由此导致人的压力感和心态失衡。在此背景下，出现了为缓解人的精神病痛的健康产业，比如心理诊所、健身房、体育馆、美容院、疗养院、组织志愿者活动、休闲、健康顾问、私人医生、医疗保险、保健食品等等。健康产业带动了经济发展，在许多国家，医疗、卫生、保健等已成为国民经济的重要组成部分。

（4）体育经济。体育运动是人们休闲活动重要组成部分，也是人们普遍接受的生活方式，由此创造了庞大的体育运动产业。体育消费的巨大市场空间，使体育产业备受各界的青睐，从经济本身关注体育经济的人越来越多。特别是市场开发商，善于发现人们热爱体育运动的心理，利用市场手段挖掘当代体育的经济价值，创造出一个又一个的体育产业神话。重大的体育赛事能够带动举办地的商业、娱乐业、旅游业、休闲服务业、餐饮业、住宿接待业等，形成巨大的产业链条。体育经济主要包括三大部门：一是参与性的体育消费的服务；二是与体育相关的其他产业的生产经营活动；三是体育组织的商业活动，如体育俱乐部和市场营销组织。

（四）休闲经济与传统经济学的关系

（1）传统经济学在"生产、交换、分配、消费"的运动中围绕"生产"转，"生产"是主动的，"消费"是被动的，人的需求被忽略、被压抑。而休闲经济则不同，经济的一切出发点都以人为核心，人的需求成为经济的主导。

（2）传统经济学关注的是有形资源，GDP是核心。而休闲经济关注的是人的资源（包括时间资源、物力资源、情感资源等）的节约。休闲经济能够降低人类活动对资源的消耗，对环境的破坏。

（3）休闲消费凸显服务业的重要性。传统经济中，消费者对服务的需求倾向于服务消费的结果，即"商品化服务"，而休闲经济中消费者对服务需求的目的倾向于服务过程，即"过程化服务"，这就更具有个性化、多样化。

（4）发展资料和享受资料的消费，知识与观念的消费已成为新的消费领域。传统经济中消费的重点是生产与生活资料，随着经济结构和社会结构的变化，经济学将人的全面发展和"享受"生活层面的问题置于核心的地位。

（5）休闲经济促进"资本"多元化。传统经济中，对于大多数人来说，"资本"就是钱，随着休闲经济的崛起，休闲的"休闲形态"使"资本"形态已超越于传统经济的范畴，文化资本越来越成为社会发展的最重要力量，文化资本概念的提出使人们认识到，任何一个政府和社会的发展政策目标应当满足人的多方面的需求，增长的最终目的不再是GDP，而是以人为中心的社会经济发展，增长是为人服务的。

（6）休闲经济赋予"交换"以新的意义。传统经济中的交换都是以物易物，新的交换内容更多的是以物易知识、信息、概念、友谊、自尊等，同样，知识、信息、概念换来的是真、善、美、信仰等，休闲经济更多的关怀人的存在、价值和尊严。

四、休闲经营管理

经营与管理是产业经济和工商管理两个非常重要的概念，在定义休闲经营管理之前，有必要先简要分析经营与管理两个概念。通常对经营和管理可以这样理解，任何经济单元（企业）的运营都会包括经营和管理这两个主要环节。经营是指企业进行市场活动的行为，是市场经济的产物，经营追求从企业外部获取资源和建立影响，追求的是效益，要开源，要赚钱，是以市场为导向，解决的是决策问题。而管理是对内的，强调对内部资源的整合和建立秩序，管理是集体活动的产物。管理追求的是效率，要节流，要控制成本。管理强调以人为本，解决的是效率问题。

经营管理是相互渗透的，我们也经常把经营管理放在一起讲，实际情况也是经营中的科学决策过程便是管理的渗透，而管理中的经营意识可以讲是情商的体现。把经营和管理严格区分开来是误区，也是务虚的表现。实际上，在企业的运营发展中，很多的事项我们根本不能严格地区分到底是经营行为还是管理行为。经营与管理很多时候是高度统一、互不分离的。总体而言它们是对企业的所有资源和要素进行的统一规划、组织、协调、控制，以达到企业运行的最佳状态、获得最高效益。

休闲经营管理之于休闲，无论是从理论研究层面，还是在行业实践层面，都是非常重要的、基础的概念和范畴。学术层面，休闲是一个研究人们的闲暇活动及消费所构成的全部社会经济现象的概念，这个概念的内涵和外延极为丰富，涉及休闲哲学——休闲的产生、历史沿革、思想渊源；休闲伦理——休闲的社会道德规范及价值判断；休闲社会学——休闲现象的社会机理及其调控；休闲经济学——休闲生产、供给与消费的经济分析；休闲文化学和休闲美学等。经济学和管理学是研究休闲现象最为重要的学科，研究支配休闲现象产生、发展的经济规律，不能不探讨人类对休闲生活的需求、消费，不能不考虑如何满足人们的休闲消费需求。休闲经济组织（单个企业及整个行业）是提供社会休闲消费品的唯一供给来源，如何有效地组织社会资源，更好、更多地生产出满足人们各种休闲需要的休闲产品，便是休闲经营管理研究的特定对象和核心内容。因此，可以说，休闲经营管理是构成休闲经济学这座大厦的根基之一，是形成休闲学科研究和理论体系的重要元素。

在现实经济社会体系中，现代社会的生产和消费越来越朝着后现代、人本化、软化方向前进。整个社会的生产都是以人的个性需求、多样化消费、物质和精神享受为中心来配置资源。科学技术进步、经济增长、思想解放、价值重构，是现代社会的主要特征，闲暇生活及休闲消费成为人们重要的生活方式和生存状态。比例越来越高的经济单元的生产和经营都是服务于人们的休闲生活消费，各类满足人们娱乐、文化、健身、游玩、学习、消遣的经济细胞与日俱增，不断分裂、膨胀，又如雨后春笋、芝麻开花。大大小小的娱乐城、洗浴中心、影剧院、音乐厅、体育馆、博物馆、特色餐厅、网吧等休闲娱乐场所于各大城市、大街小巷星罗棋布，仿佛都盯着路人口袋中鼓鼓的钱包，都想在这个消费充斥的时代谋得一席之地。在这场休闲经济的浪潮中，人们既是休闲服务的消费者，同时又是休闲产品的生产者和经营者。没有这些数不清的休闲细胞，就没有人们的休闲生活，便没有整个社会的休闲经济。而每个休闲经济单元无论其性质和规模怎样，自身都是一个复杂的经营管理系统，都包含着深奥的经营之道、管理秘诀，都要小心翼翼地进行着市场调研、产品开发、服务提升、成本控制，否则一不小心，就会被同行挤垮、吃掉。因此，休闲经营管理是现实休闲经济大厦的根基和命脉，理应受到重视。

本书认为休闲经营管理是指休闲产品与服务的供给者根据社会休闲消费的需求变化对其业务所实施的内外资源配置、人财物调配、生产与流通控制，以获取最大收益的过程，以及社会管理部门对休闲供给全行业实施的宏观调控行为。因此休闲经营管理至少包含两个方面的内涵：休闲供给组织内部的经营管理和休闲供给组织全行业的宏观调控管理。

第二节　国内外休闲经营管理的考察

一、国外休闲经营管理的简介

国外休闲经营管理的考察是一个庞大的课题，不可能在本节有限的篇幅讲述清楚。我们考察国外休闲经营管理的目的是学习别的国家在这方面的先进思想、宝贵经验，吸收东西方先进的休闲文化，达到为我所用，提升中国休闲产业和服务水平，适应我国现代化社会发展的需要。因此，本节主要对欧美发达国家的休闲发展及休闲经营管理做简要介绍。

（一）国外休闲发展简史

国外休闲发展，以西方国家为代表，经历了古代时期、中世纪及文艺复兴时期和近现代工业文明时期三个历史阶段。每一个阶段，社会休闲都体现出了社会发展特征，包括思想文化、道德观念、经济模式、社会生活、政治法律和意识形态。

古代社会的休闲以古希腊、古罗马为代表。在奴隶社会阶段，休闲仅仅属于特权阶层。社会主要的休闲活动有政治、哲学、学术、宗教仪式、体育竞技、音乐艺术等。古希腊人的休闲生活追求学习和创造，盛行追求休闲和享乐之风。古罗马时代，有闲阶层拥有大量的自由时间休闲享乐。他们盛行消费性质的休闲，古罗马制定了许多的休闲计划，开发了大量的休闲设施，像剧场、运动竞技场、公园、游乐园、洗浴中心等。这个时期的休闲理论相当繁荣，涌现出了许多大的哲学家，这项哲学家的思想和理论都与他们的休闲生活密切相关。亚里士多德是这个时期的代表，他提出的"休闲是一切事物环绕的中心"思想对西方社会的休闲传统产生了奠基式的影响。

中世纪，宗教对人们的休闲产生了决定性的作用。封建领主和骑士是那个时代的有闲阶层，他们参加的宗教仪式活动、周日活动是主要的休闲方式。此外，一些与身体训练有关的体育休闲活动也很丰富，如骑马、剑术等。文艺复兴是中世纪后学问和艺术在意大利兴盛并形成人文主义思潮的时代，中产阶级的出现，人们将充足的财力和时间投入到娱乐和休闲中去。自由的社会生活，人们能够参加一些狩猎、舞会、宴会、歌剧、演艺、艺术等休闲活动。一大批剧场、艺术宫等休闲设施得以兴建。人们从宗教的戒律中解放出来，社会交往和休闲风气日盛，休闲文化得到很大发展。

始于18世纪的工业革命，将人类带入到了工业文明时代，劳动与休闲的关系成为人们谈论的中心话题之一。为了劳动效率的提高，为了适应快速的生活步伐，休闲的合理性和重要性被肯定。工业资本主义使休闲以一种相反的方式合理化了，工业生产创造了大量的消费品，消费品的消耗又为人们获得自由时间（闲暇）创造了条件。可以说，是休闲而不是劳动使得工业资本主义走向成熟，现代社会的经济问题不是没有生产能力，而是没有条件消费（包括金钱的消费和时间的消费）。

20世纪以来，科技革命大大提高了劳动生产率，人们的收入普遍增加，闲暇时间也不断增多。随着劳动法制定和闲暇权的确立，各类交通、通信、娱乐新产品把人们的休闲消费推向了新的高度。大众休闲、大众娱乐、大众旅游观光等新的生活方式构成了现代社会的突出特征。休闲活动不再是特权阶级、有闲阶层的专利，西方国家进入了大众休闲文化生活时代。各类休闲组织、休闲机构、休闲团体、休闲设施层出不穷。美国著名休闲研究专家杰费瑞·戈比（Geoffrey Godbey，1999）这样描述今日美国的休闲状况："休闲费用有增无减，休闲用地急剧上扬，旅游区域迅速扩张，娱乐组织空前增长，运动盛会如期满场，大小园艺星罗棋布，体育酒吧顾客满堂，用于休闲的图书馆、博物馆、植物园如春苗破土遍地花香。"各种休闲活动、休闲消费方式、休闲思潮、休闲文化也不断更新。彼得·德拉克指出："随着工资的稳步增长和工作时间的不断缩减，人们会将财富积累的一半用于创造休闲……休闲、保健或教育代表的是一种新的社会时尚，即物质享受只是一种手段，而不是人们追求身心健康的目的；事业也只是一种生活工具，而不是一种生活方式。"

绿色、氧气、阳光、乐趣成为当今欧美公众选择休闲方式的主要因素，户外运动、远足、度假、日光浴、海水澡、森林探险、狩猎、生态旅游等成为欧美公众休闲方式的主流。西方发达国家一年的节假日超过了150天，遍布城乡各地的旅游、休闲、度假地，各种运动休闲娱乐设施为人们自由地开展休闲活动提供了非常便利的条件，娱乐和休闲产业成为许多国家最大的产业。正如美国《未来学家》杂志在1999年指出：随着知识经济时代的来临，未来的社会将以史无前例的速度发生变化。也许10～15年后，发达国家将进入"休闲时代"，发展中国家紧跟其后。据美国学者预测，休闲、娱乐活动、旅游业将成为下一个经济大潮，并席卷世界各地。专门提供休闲的第三产业在2015年左右将会主导劳务市场，将在美国GDP中占有一半的份额。休闲在社会的中心位置进一步突出，休闲逐渐成为"环绕一切事物的中心"。

（二）国外休闲经营管理概况

国外休闲经营管理先进的都是经济发达国家，如欧洲的德国、法国、英国、西班牙、意大利；美国和加拿大；亚洲的日本、新加坡和韩国等。休闲产业的规范化确立和休闲经济的规模化发展是工业革命以后，特别是20世纪以来更是以前所未有的速度扩张。发达国家建造了雄厚的休闲活动设施，兴起了无数的休闲服务机构，建立了完整的休闲产业体系，休闲经营管理的政策、制度和法律都相当完备。国外的休闲服务供给组织，除了休闲消费者自给性供给以外，主要包括政府休闲机构、非营利性休闲组织和私有休闲服务组织三种。它们在休闲产品提供、企业经营运作和服务方式都有所不同，服务管理和行政管理等方面都有区别，各国在休闲产业的宏观管理方面也有差别。

1. 亚洲

日本的经济在第二次世界大战以后迅速起飞，其经济增长主要靠制造业产品的出口，其中包括了很大一部分的休闲产品。日本的休闲产品生产和出口内容包括休闲汽车和摩托车、水上喷气滑板、音频和视频设备、体育设备和音乐装置。不仅在制造业领域，日本在休闲产业的投资也随之兴起。1987年日本政府颁布了"广泛的旅游地建设法案"以鼓励休闲产业的发展，该法案为旅游地项目提供了税收减免和基础设施支持的优惠政策。休闲投资项目包括了高尔夫球场、滑雪设施、码头和游乐场以及酒店和基础设施建设。日本在休闲和旅游发展方面有两个特点：第一，日本拥有世界上最大的旅游收入赤字；第二，日本企业非常热衷于海外投资，其中一些是为了帮助发展中国家（如泰国的旅游基础设施提供贷款）。主要的投资形式是私人投资，据估计，日本企业在海外大约拥有150个高尔夫球场。

新加坡是一个人口不到300万、面积只有上海的1/10的弹丸之地，但每年接待国际游客高达680万，超过上海的1倍以上，旅游收入高达25亿美元。近几十来，新加坡主要做了如下几件事来发展旅游：①致力于城市基础设施建设，发展交通，净化环境，以吸引投资者和休闲者；②兴建现代化的大型的会议和展览设施，招揽规模大、级别高的国际会议和展览；③开发高品位、高科技、高水平的人造景点，以特色的风俗民情来吸引各国游客。此外，新加坡优越的地理位置和适宜的气候、整洁的环境、高素质的国民，为休闲业发展提供了重要的保证，新加坡休闲业的成就是世界公认的，被称为"花园城市"。

2. 欧洲

欧洲从19世纪末20世纪初就开始社区娱乐和公园运动，很多城市都把休闲系统规划作为区域规划的一项内容，包括从区域到邻里的休闲空间等级体系及连接各类休闲空间的休闲通道，把城市绿地系统规划与休闲、游憩规划结合起来。在休闲产品供给方面，西方发达国家都注重从区域角度组织公共休闲系统。德国的鲁尔在距离城市中心20~30千米的环带内建立了6个主要休闲中心，每个20多平方千米，其中5个以湖泊或水库为基地。荷兰西部根据休闲需求研究确定的适宜休闲距离，特别设计了高容量的日休闲中心。1975年巴黎地区规划对休闲中心的开发制订了特别方案，这些中心位于巴黎市中心20~40千米的范围内，用地规模在18~40平方千米。

在英国，文化、新闻及体育部（DCMS）是重要的休闲公共管理组织（政府部门），其目的是通过文化与体育活动提高人们的生活水平，为发展卓越的旅游业、创意产业和休闲产业提供支持。DCMS的工作内容是：负责政府在以下领域的政策制定和实施，艺术、体育、国内博彩、旅游、图书馆、博物馆、美术馆、广播、影视、音乐产业、言论自由及其约束、许可证办理、赌博活动管理以及历史遗迹保护。同时负责以下项目的管理：建立历史建筑名录，按照时间顺序排列古迹，文化作品出国许可证的办理，政府艺术收藏馆和皇室公园的管理。他们提出了四项优先战略：孩子与年轻人优先战略；社会优先战略；经济优先战略；服务优先战略。

[材料阅读]

英国如何通过立法培育文明休闲环境

为了培育良好的休闲环境，保证民众的休闲安全，英国法制机关对商业娱乐场所加强立法。早在1605年，枢密院就要求啤酒店主不许接待本地未成年人和佣人；不许顾客1天之内在店内饮酒1小时以上；不许玩牌、投骰子和从事其他娱乐活动，否则由地方官员取消执照，关掉店门。1631年枢密院要求郡治安法官每月召开1次会议，检查有关啤酒店管理和其他法令的执行情况，并将落实情况逐条逐月向中央报告。1839年，议会又颁布法令，对供应酒类场所的营业时间加以规定：要求在星期六的午夜和星期天的正午之间，不准开门营业。后来又发展到对一周中的每天都加以规定，违者重罚。同时对醉鬼加以处罚：在公共场所、娱乐厅、马路上醉酒将被逮捕罚款，如果因醉酒而扰乱秩序罪加一等，提供酒的酒馆老板也要受罚。与此同时，对不同的娱乐场所供应的酒的种类严加控制。在法律的严控之下，各类酒类供应场所的秩序以及街头秩序得以较好的维持。从18世纪末到19世纪早期，为了进一步加强商业娱乐场所的秩序，限制公共娱乐场所的骚乱、卖淫、酗酒、赌博等违法行为，颁布了一系列的法令：1751年颁行控制娱乐厅骚乱的法案；1830年，法庭结束了对啤酒馆的一系列过度的管制，使民众更多地饮用淡啤酒少喝杜松子酒等烈性酒，以求减少醉酒事件；1834年《葡萄酒和啤酒法案》授予警察进入拥有许可证的公共娱乐场所进行检查的权利；1851年，四季法庭授权法官对日益增加的音乐厅进行控制；1869年《葡萄酒和啤酒馆法案》以及1872年和1874年的《许可证法案》，对公共娱乐场所的赌博、卖淫、酗酒行为进行惩罚。通过一系列的立法行动，在法庭和警察等部门的协同之下，英国娱乐休闲机构的秩序得以很好地维持，减少了骚乱，使民众能够享有文明安全的休闲生活。

除此之外，法制机关还对戏院、马戏团等演出场所地的纪律和秩序加强控制，确保社会秩序稳定。都铎王朝时期，对于流动剧团来说最为头痛的事就是面对流民罪的指控。为此，伦敦等大城市的演艺人员建立了固定的剧院，并力求遵守国家的各种治安条例。此后政府一直对剧院等演出场所保持警惕，控制犯罪行为和危害国家的活动。1737年，由于伦敦的剧院攻击当时的首相渥波尔，于是出台了《戏院执照法案》，加强对剧院的管制。1743年还出台了新的流民法，以控制不守秩序和规章的演艺活动。1752年又通过了"妨碍治安法案"，使治理剧院、马戏团等演出场所秩序的行动进一步有法可依。在治理演出场所治安问题的时候，最初当局多采取粗暴的压制、取缔行动，后来他们不再采取简单的做法，而是在法律许可的范围里加强疏通、管理。为此，通过了1788年《六十日法案》，这一法案表明"官方的态度从最初的警惕、完全的敌意转而认为在正确的控制之下戏院可以成为一个道德场所。"这使英国的马戏馆和戏院等娱乐机构开始进入了一个新的繁荣时期，到19世纪后期，仅仅是大伦敦地区各类演出场所就有800处左右。1843年"戏院法案"迫使音乐厅从公共娱乐厅分离出来，从而使音乐厅成为一个重要的高雅休闲场所；法律当局还对商业赛马、各种球类比赛活动加强管理，对于这些比赛场地要求和规则进行严格限制，力求保证秩序。对于观众来说，他们不能够进入比赛场地，只能在固定的座位上观看，并且依法打击观看过程中的违法行为。通过这些法律行动，使休闲场所的纪律得到控制，培育了良好的休闲环境。

资料来源：李斌. 近代英国民众休闲生活的法治改造 [J]. 廊坊师范学院学报, 2003, 19 (4): 13–17.

在德国，人们最喜爱的休闲活动有体育运动、欣赏音乐、参观博物馆、去图书馆读书、度假等。各种集健身、健美、康复、娱乐、社交于一体的体育娱乐中心遍布大小城镇，体育中心的开放时间都相当长。图书馆、书店、博物馆和各类专业展馆多达数千个，分散在各大城市和乡镇。德国是世界上啤酒消耗量最大的国家，酒吧也是星罗棋布，生意红火。

西班牙是欧洲休闲、旅游业最为发达的国家，自20世纪50年代以来，政府对休闲、旅游业的投资进行刺激和鼓励，早期的旅游投资受到海外援助，但自1951年开始西班牙就有一个政府部门直接负责旅游业的鼓励，即旅行、旅游和沟通部门。政府在旅游业有直接的投资，也对其他旅游投资和基础设施建设进行补助（如发展滑雪胜地）。政府还设立西班牙旅游业基金来提高西班牙旅游业在海外的影响。1968年加入欧盟以后，西班牙还获得了欧洲地区发展基金对其在基础设施建设上的资助。

3. 美国

1872年美国黄石公园的建立标志着国家公园运动的开始，1892年波士顿建立了第一个城市公园系统，1898年纽约开放31个运动场。到19世纪末，美国至少有14个城市拥有公共休闲管理机构，建立较为完善的都市公园和休闲计划模式，各种娱乐、休闲活动作为一项产业来发展，在城市外围出现了很多游乐场。20世纪初，邻里公园和社区休闲计划在美国多数城市开始形成。1900～1904年，芝加哥、洛杉矶、罗切斯特和波士顿四个城市发展了面向市民全年开放的休闲中心，1906年美国运动和游憩联合会（the Playground and Recreation Association）在华盛顿成立，后来改名为国家娱乐和公园联合会，其所倡导的"社区运动"（Community Movement）是第一次世界大战期间美国最有影响的运动。针对工业化所带来的日益严重的城市社会问题，该组织积极促进政府和社会各界关注邻里和社区休闲发展，试图形成一种强烈的社区精神（Community Spirit），由此开始了休闲发展的"邻里组织"阶段（Neighborhood Organization），创办公共学校中心（Public School Centers），促进社会生活的发展和社区休闲开发，在公共学校举办文化、教育、社会和市民活动以满足成年人的休闲需求，成立各种青年组织，促进休闲活动开展。国家娱乐和园林协会开展一些"有益于公民身心健康"社会活动，并积极配合卫生组织的保健行动。这个计划的目标是通过娱乐和园林机构在全国范围内扩展到1000个社区，其目的是开展娱乐活动、利用园林资源、发展体育活动、增强个人体质；娱乐和园林业将作为全国的主导行业，倡导积极的生活方式，并促使社区组织改变策略，为人们创建一个良好的工作、生活和游玩环境（National Recreation and Park Association, 1997）。

美国的休闲发展于第一次世界大战后的十年达到第一个高峰，私人和公共休闲设施如新公园、社区活动中心、游泳池、舞厅、野餐地、高尔夫球场、沙滩、溜冰场等迅速发展，遍及全国，主动参与性的休闲设施的需求不断增加。汽车在休闲领域内发挥日益重要的作用，为城镇与乡村之间的休闲联系提供了最便捷的交通工具，极大地刺激了公共户外活动的发展，为假日旅行提供了更多的机会。第二个高峰是第二次世界大战以后。1941年成立了国家休闲产业联合会,很多社区都建立了公园、游泳池、市政中心等休闲设施,国家休闲协会积极促进、计划和组织都市休闲活动,各种专项休闲活动迅速发展。20世纪50年代以来,美国商业性休闲迅速崛起,1955年迪斯尼乐园诞生,1956年制定了青年健身计划,1964年建立了同意的荒野系统,1966年通过了历史保护法。如今,美国的休闲消遣产品种类繁多,已经形成了一个巨大的市场。大多数产品是体育活动和户外活动器具,以健身和娱乐为目的,如游艇、渔船、钓鱼、雪橇、高尔夫球杆和自行车,也包括摩托车、音响器材、乐器、太阳镜和望远镜等户外休闲用产品在内。

在美国,联邦政府管理着1/3的土地,相当原本忽视娱乐休闲项目的管理机构现在已经意识到它的重要性。例如,对土地管理局而言,娱乐休闲已经成为基本的管理目标。在美国森林业提供给国民生产总值的来源中,大约3/4来自郊外娱乐休闲项目,尤其是露营、钓鱼和登山。森林管理局已向国会申请更多的资金来满足娱乐休闲服务的需要。国家森林公园提供大量的土地用于露营、钓鱼、登山、划船和狩猎,特别是在加利福尼亚州和其他西部地区。仅在加利福尼亚州,就有包括125个湖泊133.4万公顷土地可以游历,450个有鱼湖泊可供探险,其中包括穿越35个重要的野营地带,175条主要溪流和800个可驱车直达的露营地。

二、国内休闲经营管理的状况

从经济学角度而言,无论哪种类型的休闲供给组织,其经营(包括管理)的最终目标是将休闲产品和服务更有效地送达消费者的手中,满足消费者的休闲消费。因此关注人们的休闲消费,了解人们的休闲生活需求,成为休闲供给组织的重要任务。在休闲越来越成为人们生活方式的今天,从人们的休闲生活需要出发成为一个地区、乃至一个国家制订宏观经济政策和产业政策的重要依据。事实上,如果没有人们的消费、尤其是休闲消费,就没有生产发展的动力和条件,生产的最终目的是要满足人们的消费。但这个认识的转变以及由此引起的社会经济循环的转变不是一蹴而就的,在不同的国家或地区、不同的历史阶段有着不同的认识和实践。

我国在改革开放以前,长期持守"重生产、轻生活"的观念,执行"重积累、轻消费"的经济政策,导致人们的生活消费欲望、消费能力长期被压抑。加上休假制度的不合理,人们没有物质产品可供消费,人们没有经济能力消费,人们没有闲暇时间消费。人们的生活水平处在很低的状态,人的尊严和价值、生命的价值和意义没有显现,社会制度的优越性没有得到很好的体现。在很长一段时间内,休闲、娱乐、旅游观光被认为是资产阶级生活方式,商业、服务业、文化娱乐业、休闲旅游业是无法登大雅之堂的,第三产业长期得不到应有的发展,社会经济发展缺乏内在的驱动力。可以说,在改革开放以前我国基本上是不存在休闲经营管理的社会合理性。

我国的休闲经营管理的社会存在,始于改革开放以后。由于休闲行业覆盖范围相当广泛,休闲经营管理的范畴也就非常宽广。我国的休闲经营管理状况主要通过几种重要的休闲行业部门体现:旅游业、文化产业、商业服务业、娱乐业、体育产业。以下从宏观和微观两个层面来简要回顾我国休闲经营管理状况。

由于休闲产业的综合性和休闲经济系统的复杂性,至今我国没有专门的休闲经济管理部门。对休闲经济与产业的管理是根据休闲产业所涉及的相关行业领域实行从中央到地方的垂直归口管理，"条条与块块"结合。休闲产业系统几乎涉及社会经济的各个行业部门，因此休闲经济与产业管理实际上是各行业各部门根据自身行业特点实施以行政管理为主、融经济管理、法制管理、社会管理（行业协会、社会舆情）于一体的综合管理模式。主要涉及以下管理部门：旅游、交通、国土、城乡建设、环境保护、文化、新闻出版、文物、商业、工农业、林业（含园林）、水利、体育、外经贸、工商、公安、质检、卫生、边防、外交等。其中最重要几种产业是旅游业、娱乐业、文化产业、商业服务业、体育产业，其中旅游业又主要包括风景园林、城乡建设、文化文物、农林水利等行业部门。

就管理主体而言，我国休闲经济与产业管理的实施主体主要是政府部门和社会部门。政府实施的是行政管理、经济管理和法制管理，社会部门则是通过民间组织和行业协会对休闲经济部门和行业系统实施监督管理。关于我国各级政府对休闲产业实施行政、法制管理和经济管理，包括制定产业政策、制度、法律法规，本书第十章将专门论述。

政府在休闲产业管理方面可以扮演以下五种角色：①作为公共休闲服务的直接提供者，将公共休闲服务的运行与管理作为政府功能的一部分；②提供休闲服务，但对公共运行与管理保持一定距离，即在政府正常的机构外专门设立一些机构来管理有关设施与项目；③作为赋权者与协调者，选择一些非政府组织与机构来提供公共休闲服务，并在项目的运行、资源的分配上适当地做一些协调工作；④作为民间休闲服务的赞助者，对已在为公众提供有价值的休闲服务的非政府组织给予一定的资助，鼓励它们继续运行；⑤做好有关休闲与休闲服务的立法和规范工作，以促进休闲服务的健康发展。在不同的时期，政府可以根据具体的休闲服务项目、政府所掌握的资源，以及需要协调的各方面关系，灵活地扮演不同的角色，而无须拘泥于一种定格的角色（刘锋，2003）。政府要承担这五种角色的管理职能，需要综合运用行政的、法律的、经济的、科技的、教育的多种手段，才能协调、控制社会整个休闲产业朝着既定的目标发展，这种目标包括了经济发展、社会进步、文化繁荣、政治稳定、民心满足、环境优化等多种利益诉求。

三、休闲经营管理的发展趋势

在我们这个飞速发展的时代，在休闲越来越成为人们重要生活方式的今天，社会经济结构和人们的生活状况正发生着急速的转型。消费正成为引导社会发展的主要因素，服务业将成为社会的主导产业。正如美国学者预测，休闲、娱乐活动、旅游业将成为下一个经济大潮，并席卷世界各地。专门提供休闲的第三产业在未来5年将会主导劳务市场，将在美国GDP中占有一半的份额，在中国也将超过至少30%的比例。世界各国的休闲经营管理，无论是宏观层面的国家休闲产业发展与行业管理，还是微观层面的休闲供给组织的经营管理，都将发生一系列显著的变化。

前美国国家休闲研究院主席、宾夕法尼亚州立大学健康与人类发展研究院教授杰弗瑞·戈比（Geoffrey Godbey）在《21世纪的休闲与休闲服务》一书的第二篇中详细、系统地分析了"日新月异的世界"是如何影响未来休闲业发展的。他分析了包括环境、工业技术、价值观、人口、经济、健康、工作与自由时间以及管理方式在内的八个方面的世界变化，并提出了休闲服务业为了适应这些变化，而应当采取的组织策略和个人策略。艾汀顿·克里斯托弗在《娱乐、公园与休闲服务管理概论》中指出影响休闲经营管理的各种因素，其中首要的也是最重要的因素就是顾客的需要、利益、价值观和消费期望。而顾客的休闲消费及休闲供给组织的服务都会受到经济环境、文化环境、自然环境和政治环境的影响。

未来的休闲经营管理将朝着以下的方向发展，对于我国正在日益壮大的休闲产业、众多的休闲供给组织具有重要的借鉴意义。

（1）随着人口数量、结构和地区分布的变化，特别是人口年龄结构的周期性变动，对国家休闲产业及各类休闲供给组织产生重大影响。西方国家呈现出老年化趋势，中国也在不久的将来进入老年化社会。这些变化都将影响到休闲产品生产与休闲服务供给的适应性调整。我们要未雨绸缪，提前做好准备。

（2）与人口结构变化相应的是家庭结构、男女社会分工的变化以及女性休闲的"崛起"。在我国，休闲消费主要还是集中在家庭单元上，中国核心家庭越来越成为整个社会组织与活动的基本单位。而且随着女性参与休闲机会的增多，休闲产品、休闲服务与休闲管理都将作出相应调整。

（3）城市化的发展，将越来越多的人口带入到城市休闲大潮中。城市生活方式将成为未来中国社会生活的主导，政府和社会要制定战略和策略，应对大量农村人口变为城市人口而带来的休闲需求的增加。

（4）随着"人本主义"的复兴，现代社会人们对"生活方式"和"生活质量"特别关注，越来越重视幸福感。科学、健康、文明的生活方式和多样化、个性化、有意义的休闲生活成为人们追求的生活目标，休闲供给组织提供的产品和服务必须适应这种变化。

（5）"环境觉醒"和"可持续发展"观念的深入，人们对资源（包括休闲资源）的含义理解越来越宽泛，对环境保护越来越重视，传统的自然资源开发模式、休闲消费方式不能很好地体现"生态回归"和"持续发展"的理念。休闲产业的资源开发，产品类型、服务标准等都要作出相应变化。

（6）科学技术的突飞猛进，不仅创造了数不清的社会财富，改变了人们的"生活时间结构"和消费方式。闲暇时间增多及休闲重要性的提升，未来社会"劳动服从于休闲"、"为休闲而劳动"。人们的休闲活动的内容、形式、空间等都越来越丰富，社会政策和制度会作出重大调整，休闲经营管理也会发生根本性的变化。

第三节　本课程的研究范畴

一、本课程的研究对象与范畴

休闲科学在国外发展已经有一百多年的历史，但是我国近十年才受到关注和重视。我国高校休闲学科、专业尚处于萌芽状态，独立的休闲学还没有建立起来。目前的主流是旅游管理学科、专业，但是随着人们休闲生活的多样化以及社会休闲服务的多元化发展，旅游管理学科、专业的课程设置、教材建设远远落后于实践发展。众所周知，旅游只是人们闲暇时间内的一种、但非全部的生活方式。人们闲暇时间内的生活丰富多彩，除了旅游、度假，还有阅读、娱乐、运动、参加志愿活动等，而且随着旅游业暴露出来的弊端逐渐为人们所认识，追求多样化、个性化、人本化的休闲生活成为现代人的价值观。传统的旅游管理三大块：旅行社经营管理、酒店经营管理、景区经营管理已经远远满足不了社会服务行业日益多样化对休闲专业人才的需要。本课程正是基于这样的背景，以整个休闲产业发展为研究对象，从供给与服务、经营与管理角度研究休闲产业的宏观发展态势及微观运行状况。具体来说，本课程内容包括两大部分：休闲供给组织内部的经营管理（休闲组织经营管理）和休闲供给全行业的宏观管理（休闲产业管理）。

休闲供给组织经营管理：以休闲供给组织的存在状态及其变化为基本研究范畴，研究满足休闲组织存在所必需的资源、要素和条件，就是休闲资源。分析这些资源、要素和条件如何转化为组织进一步发展的要素，即休闲产品、休闲项目、休闲服务。探讨这个转化过程得以实现的保障，就是休闲人力资源和产业政策和制度。其中休闲产品、休闲项目、休闲服务是休闲经营管理的重要研究对象。它们把资源和市场通过服务渠道连接起来，构成整个经营管理过程的核心价值链。

休闲产业管理：以整个社会的休闲产业（行业）系统为研究范畴，厘清产业系统构成（分类）——休闲供给组织及行业类型，从宏观经济运行角度分析投入—产出链，即休闲资源—产品（项目）—市场（服务）—质量（效益）的运行路径，并研究产业发展的保障系统，即人力资源和政策法规。

就经营管理概念的核心要素而言，休闲供给组织的经营管理是主要的方面，因此，本课程的重点研究对象是休闲供给组织，即单个的休闲经济细胞——政府休闲组织、非政府休闲组织（非营利性和营利性的）。

二、本课程的研究意义与目标

（一）丰富、完善休闲科学理论体系

休闲科学是一门新兴的交叉科学，其研究对象是现实社会政治经济生活中的休闲现象、休闲问题、休闲事业以及其他休闲领域，即现实的社会休闲问题以及相关的休闲政策、休闲产业、休闲经济、休闲文化、休闲消费、社会休闲工作等。随着国内外对休闲研究的重视和完善，休闲科学已经形成了一个庞大的学科群体，如休闲经济学、休闲社会学、休闲文化学、休闲产业学、休闲工程学、休闲心理学、休闲伦理学、休闲人类学、休闲教育学、休闲技术学、休闲产品学、休闲管理学、休闲美学与艺术、休闲思维学、休闲哲学、东方休闲史、跨文化休闲学。在这些学科的理论研究中，休闲经济学、休闲产业学、休闲产品学、休闲管理学、休闲工程学、休闲心理学等主要从经济现象角度研究休闲问题。从宏观层面的产业经济和微观层次的企业管理两个维度研究休闲问题的"休闲经营管理"学科，是休闲经济研究体系的重要组成部分。因此本课程，能够丰富和完善休闲科学的理论体系，对于发展当代中国的休闲学术研究，具有重要意义。

（二）促进休闲及相关学科建设

休闲学科、专业教育在我国还刚刚起步，与"休闲"相关的学科专业是旅游管理、文化产业管理、休闲体育、城市社会学、城市规划、社会工作等。作为越来越成为一门新兴、独立学科的休闲研究，急待从高校的学科、专业设置、课程建设、教材建设以及相关条件建设方面大力扶持。据调查，目前我国高校开设与休闲相关的专业课程很少，由于没有独立的休闲学科，只有部分院校在旅游管理及相关专业下开设了类似于"休闲学概论"、"休闲学"的选修课程。但是已经有迹象表明休闲设置成独立的学科或者取代旅游管理学

科、专业的时间不会太久了。围绕休闲学科、专业，开设包括"休闲学基础"、"休闲经济学"、"休闲消费学"、"休闲心理学"、"休闲经营管理学"、"休闲社会学"、"休闲文化学"等在内的必修课程及一批选修课程，势在必行。未雨绸缪，"休闲经营管理"课程的建设无疑能促进薄弱的休闲学科、专业建设，加强相关学科、专业的提升，这门课程是其他学科、专业课程不能取代的。

（三）提高学生的专业能力

"休闲经营管理"是高校旅游管理、娱乐管理、文化产业管理、休闲体育、社会工作等有关专业的本专科生专业课程，也可供旅游、娱乐、文化、体育、会展、城市规划与管理、社会工作等行业的工作者阅读。提高本课程的学习，学生、在业者能够掌握宏观层面的休闲产业（行业）管理和微观层次的休闲企业经营管理和服务营销方面的理论知识，并且提高实习、科研、工作等环节获得从事休闲经营管理的实践能力。这门课程是"休闲经济学"、"企业管理"、"市场营销"、"消费心理学"等课程无法取代的。

（四）指导休闲及相关行业发展

休闲产业的综合性，休闲经营管理和服务营销的特殊性，要求有一门符合行业运行规律和学科发展特色的专业理论指导行业实践的发展。与众多的专门针对某一类休闲行业部门经营管理实践的理论课程不同，"休闲经营管理"是从综合性层次、多角度研究休闲产业（行业）经营管理和发展的课程，带有普遍性和全局性。本课程从理论到实践、从国内到国外、从历史到未来，全面研究休闲行业管理和经营运作，指导政府和社会实施全行业宏观管理，指导企业和组织搞好内外经营管理，是其他课程不能代替的。

三、本课程的研究内容与体系

本课程以休闲产业的经营管理为主线，运用经济学、管理学、社会学、系统论的理论，全面阐述休闲经营管理的理论与方法。全书共分十章，内容包括休闲经营管理的基本概念、国内外经验、休闲供给（资源、产品、项目设施、组织、行业）、休闲需求（市场、消费）、休闲产业和行业管理（人、财、物、服务质量、政策、法规），具体研究内容包括：

绪论。主要解决基本概念、基本状况、基本范畴三个重要问题。即休闲经营管理所涉及的一些基本概念，国内外休闲经营管理的基本沿革，休闲经营管理课程研究的基本范畴。在全书中起着统揽全局的导向作用，其后的每个章节都是围绕这三个"基本"展开论述和研究的。

休闲行业的基本类型。在介绍国内外休闲行业分类的基础上，将休闲行业划分为狭义休闲业、广义休闲业、泛义休闲业，或休闲第一产业、休闲第二产业、休闲第三产业。并对几种主要的休闲行业进行归类与分析：包括旅游接待业、体育健身业、保健疗养业、文化休闲业、娱乐休闲业等核心行业，以及休闲农业、休闲工业、休闲建筑业、休闲商业、休闲物业等。

休闲供给组织。在介绍国内外学术界对休闲供给组织分类的部分研究成果的基础上，将休闲供给组织分为商业性休闲供给组织、公共性休闲供给组织和公益性休闲供给组织三部分，对各自的概念、类型、特点，以及经营管理要点都进行了较系统的介绍。

休闲资源。休闲资源概述，主要阐述休闲资源的概念、特点，并从不同角度对休闲资源进行分类；休闲资源的开发，主要包括休闲资源的评价及休闲资源开发的含义、原则、内容、方式及程序等；休闲资源管理，内容包括休闲资源管理的含义、对象、内容、特点和手段。

休闲产品与市场开发。从休闲产品的基本理论范畴入手，详细分析其含义、性质、特征、类型、开发意义、开发方式；探讨休闲产品市场拓展的有关理论和方法，包括休闲产品市场定位、市场营销策略、市场开发流程、市场管理和规范等。

休闲项目管理。介绍休闲场所、设施的含义、类型，探讨休闲场所和设施建设的原则和内容，以及不同类别休闲设施经营管理的内容、方法。分析休闲项目的含义及其与休闲设施的区别，介绍休闲项目的特征、类型，重点阐述详细项目的策划、投资（及效益评估）的方法，探讨休闲项目经营管理的几个重要方面。介绍休闲物业的含义、类型，重点分析两类休闲物业的经营管理的理论和方法。

休闲产业管理。在介绍休闲需求、休闲供给、休闲产业管理相关知识的基础上，对城市休闲产业的规划与管理、乡村休闲产业的管理进行介绍。通过这部分内容的学习，有助于加深读者对休闲经济系统运行、休闲产业系统规划、城市休闲产业和乡村休闲产业规划与管理方面的认识。

休闲服务质量管理。对休闲服务、休闲服务质量以及休闲服务质量管理进行分析和探讨，主要从服务、服务质量、服务质量管理角度阐述休闲服务质量管理的意义、内涵、特点、方法，介绍休闲服务设计、休闲服务质量的度量以及休闲服务的质量管理体系。

休闲人力资源管理。主要探讨休闲业人力资源的特点、休闲业人力资源管理的概念、特征及意义；休闲业人力资源管理的内容与业务流程；开展国民休闲教育的意义与实施途径。

休闲政策法规。分析制定休闲产业的重要意义、休闲产业的类型和功能，介绍国外休闲经营管理的政策，详细阐述我国几种主要的休闲产业政策，并提出促进我国休闲产业发展的政策措施。介绍国内外休闲制度与法律法规，重点阐述中国的休假制度，并分析国外休假制度对我国的启示。

四、本课程的学习方法与要求

（一）结合相关课程、扎实掌握理论

《休闲经营管理》是休闲科学系列课程的一门，主要运用经济学、管理学、市场学、心理学等学科的理论研究休闲消费的供给方式、特点和过程。要学好这门课，需要结合相关课程的学习，如宏观经济学、微观经济学、管理学、企业管理、市场营销、消费心理学、人力资源管理、社会政策学、财务管理。同时要认真学习休闲科学其他课程的理论，包括休闲学概论、休闲经济学、休闲文化学、休闲社会学、休闲项目策划等。只有这样，才能牢固掌握本课程的理论，融会贯通。

（二）深入社会、勤于实践

经营管理是实践性很强的过程及行为，在学好理论的同时，要深入社会，调查、研究休闲行业的经营管理状况，从现实中发现问题、分析问题。勤于实践，不断将理论联系实

际，是学习本课程的必然要求和最佳方式。社会的发展和人们休闲生活方式的改变要求从事休闲行业领域的经营、管理者和研究者始终立足于现实，在实践中深化对理论的认识，而不是从书本到书本。作为休闲或相关专业的大学生，为了提高自身的专业素质、增强适应社会的能力，应该在专业课程学习中，充分利用一切在校的实践机会，深入休闲行业实践，可以结合学校的一些科研活动、学生社团活动，开展针对本课程有关内容的实践调查研究。如大学生创业计划竞赛、大学生"挑战杯"课外学术科技作品竞赛、学生科研课题研究等。

（三）善于思考、注重研究

休闲产业是一个综合性的行业系统，而且其服务的对象是有知识、有文化、有感情、有思想的人。休闲消费者的需求复杂多样、变化很快，其中每时每刻都有新事物、新现象产生，我们要在学习中要养成善于提问、善于思考的习惯。注重研究新情况、新问题，才能适应行业变化的要求，做到活学活用。比如，自然灾害和突发事件对人们休闲消费的信心、休闲活动空间的影响；社会闲暇生活中出现的公共危机；经济波动对公众休闲消费支出及公共休闲政策调整（如休假制度、财政支付、货币信贷）的影响等，都需要结合本课程的学习深入思考。

本章小结

本章首先介绍了本课程涉及的几个关键概念：闲暇与休闲、休闲消费与休闲供给、休闲产业与休闲经济、休闲经营管理。其中休闲供给、休闲产业、休闲经营管理是贯穿于全书的最基础、最重要的三个核心概念，读者要了解这三个核心概念的内涵和外延，包括国内外学者对这些概念的研究状况。第二节简要回顾了国内外休闲经营管理的发展状况，国外的发展状况以英国、德国、法国为欧洲代表，美国为代表的美洲，日本和新加坡为代表的亚洲。中国的休闲经营管理状况主要从行业综合管理（包括政策、制度和法律法规）角度进行回顾。通过这些材料读者可见休闲经营管理在休闲这种复杂的社会经济活动中的重要地位。第三节，系统阐述了本课程研究范畴，包括研究对象与范畴、研究意义与目标、研究内容与体系、研究方法与要求。本课程以整个休闲产业发展为研究对象，从供给与服务、经营与管理角度研究休闲产业的宏观发展态势及微观运行状况。主要包括两大部分：休闲供给组织内部的经营管理（休闲组织经营管理）和休闲供给全行业的宏观管理（休闲产业管理）。本课程研究对于休闲科学发展、学科建设、人才培养、行业发展都有重要的意义。课程包括十章内容，构成一个完整体系。学习本课程要理论联系实际，不仅要学习相关专业的课程理论，更要深入实践，多观察、多思考、多调查研究。

本章思考题

1. 如何理解休闲产品、休闲消费、休闲服务、休闲供给、休闲经营管理几个概念？

2. 国外休闲经营管理的历史和经验对我国有什么启示，如何提高我国休闲经营管理的水平以满足人们的休闲消费需求？结合实际谈谈你的看法。

3. 如何区别"休闲经营管理"与"企业管理"、"休闲经济学"、"休闲项目管理"等课程的研究对象与内容？

4. 结合自己的体会，谈谈如何才能学好"休闲经营管理"这门课程。

本章延伸阅读

[1] 世界休闲组织　www. worldleisure. org

[2] 世界旅游组织　www. worldtourism. org

[3] 中国休闲研究网　www. chineseleisure. org

[4] 中国旅游网　www. cnta. com

[5] 中国旅游研究院　www. ctaweb. org

[6] 中国文化产业网　www. cnci. gov. cn

[7] 中国文化信息网　www. ccnt. com. cn

[8] 中国文化市场网　www. ccm. gov. cn

[9] 中华文化社区网　www. sinoct. com

[10] 全国文化信息资源共享工程　www. ndcnc. gov. cn

[11] 中国大众体育网　www. chinasfa. net

[12] 中国运动休闲网　www. 88a8. com

[13] 中国户外运动网　www. 583. com. cn

[14] 中国休闲农业网、乡村旅游网　www. crr. gov. cn

[15] 中国乡村网　www. china – village. org

[16] 香港康乐及文化事务署　www. lcsd. gov. hk

[17] 美国国家娱乐与公园协会　www. nrpa. org

[18] 休闲机会　www. leisureopportunities. co. uk

[19] 澳大利亚旅游者协会　www. atc. net. au

[20] 文化、新闻和体育部　www. culture. gov. uk

[21] 休闲学院以及休闲场所管理　www. ilam. co. uk

[22] 接待、休闲、运动及旅游网络资源　www. altis. ac. uk

第二章　休闲行业的基本类型

本章导读

工业革命特别是第二次世界大战以后，人类进入工业化和城市化时代，经济结构与社会生活方式急速转型，大众旅游、大众休闲成为世界潮流。休闲作为人们生活不可或缺的部分，正成为新的社会变革引擎，驱动着环境、经济、政治、社会、文化的变革。国民经济和社会生活日益朝着休闲化、服务化方向发展，休闲行业逐渐成为最大的行业。休闲行业经营管理的重要性日益凸现，科学、规范、高效的经营管理需要建立在对休闲行业科学、明晰的分类基础上。本章探讨休闲行业的基本类型，为后面各章内容提供基本的研究框架和范畴。休闲行业作为满足人们的休闲需要而生产休闲服务、休闲物品的行业，可以依据不同经济理论研究与经济管理实践的需要而划分为狭义休闲业、广义休闲业、泛义休闲业，或休闲第一产业、休闲第二产业、休闲第三产业。其中主要包括旅游接待业、体育健身业、保健疗养业、文化休闲业、娱乐休闲业等核心行业，以及休闲农业、休闲工业（休闲装备业）、休闲建筑业、休闲商业、休闲物业等延伸、衍生产业，构成休闲行业体系。

随着国民经济的发展与闲暇时间的增多，以及社会文化特别是消费文化的变迁，大众消费渐呈"闲化"（休闲化）、"软化"（服务化）趋势，国民经济、区域经济也朝着"闲化"和"软化"方向发展，使休闲业、休闲服务业愈益成为国民经济、区域经济新的增长点。因此，对国民经济、区域经济及休闲业的经营管理首先需要了解休闲业、休闲服务业的基本理论范畴，包括休闲行业的内涵、外延及其结构类型。

第一节　休闲行业及其基本特征

自美国凡勃伦的《有闲阶级论》问世以来，西方一直把休闲作为一种重要的经济活动加以研究，休闲经济学成为西方经济学研究中重要的分支学科。中国对休闲行业学术层面的研究始于改革开放以后。20世纪80年代初，著名经济学家于光远先生提出要对休闲现象进行研究。2002年他又在《论普遍有闲的社会》一文中指出：争取有闲是生产的根本目的之一，休闲行业是为人的全面发展服务的，因此要加强对休闲学的研究。于老的开创性工作，对中国休闲学术研究起到了奠基的作用。不过，休闲行业真正引起人们的重视是在90年代中期我国实行"黄金周"休假制度并由此引起休闲消费扩张之后。随着休闲消费逐渐成为人们生活的重要组成部分，社会舆论开始关注并讨论休闲行业（包括其地位、作用、服务方式、服务质量等）问题，国内学者也涉足休闲行业的研究，取得了一批质量较高的学术成果。近年来，随着我国经济转轨、生活方式转型，休闲行业越来越受到人们的重视，并逐渐成为国家制订国民经济和社会发展政策时重点关注的领域。

一、休闲行业的概念

休闲行业（供给）产生于休闲需求，休闲需求产生于闲暇时间长短与可自由支配收入多少，以及休闲欲望程度等主客观条件。尽管休闲与生俱来、古已有之，但在休闲消费需求不断集中化、规模化的基础上，以及行业分工逐渐专业化、精细化的现代工业社会中，休闲需求已经不能如原始渔猎社会、古代农业社会那样单靠自我供给求得满足，必须通过社会分工、产业供给与市场交换休闲产品（休闲物品、休闲服务）得以实现，于是以满足人们身心发展与享受的需要为目的和内容的提供休闲产品与服务的行业便应运而生。虽然我国在《国民经济行业分类》（GB/T 4754—2002）中并没有列出休闲行业类型，但在社会经济生活中休闲行业、休闲经济是客观存在并在承担着重要的社会功能。

究竟如何界定休闲行业及其范围呢？这是目前国内学术界进行休闲研究时遇到的分歧较大的问题之一。休闲行业分类不仅直接关系到对休闲行业的经济统计问题（如休闲行业的产值和就业统计），而且涉及对休闲行业在国民经济、区域经济中的定位问题，对休闲经济学的学科建设与理论研究也会产生影响。实际上，由于休闲行业的关联性与区域性特征，即使在对休闲经济研究比较深入的欧美发达国家，对休闲行业的范围界定上也没有形成完全一致的看法，如美国、英国和澳大利亚所统计的休闲产业就不完全相同。

休闲行业也称闲暇行业，这一概念自提出以来就引起学者们越来越大的兴趣，存在许多不同的理解。例如：布朗和威尔认为，休闲行业主要是指那些为满足人们在闲暇时间里的消费而向他们提供物品、服务和设施的组织和个人的集合；美国学者穆森则尝试用列举法界定休闲行业范围：宾馆、汽车旅馆、饭店、田径运动、高尔夫球场、网络俱乐部、健身俱乐部、剧院、主题公园、游泳池、私人经营的可供游泳的湖泊、划船俱乐部和码头、马术场、收费的垂钓园、钓鱼船只出租、天然小径探险、岩洞探险、风景游览、狩猎向导、射击场、台球厅、保龄球馆、滑雪场、溜冰场、假日农场和度假牧场、度假宿营地、野营中心、探险旅行和野炊场所，等等。此外，那些为以上活动提供咨询、订票服务，进行经营管理，以及提供"菜单"服务的行业，还有那些专门制造、发送、销售如体育器材等娱乐装备的行业，也都应该包括在休闲行业的范围之内。

于光远（2005）认为"休闲产业就是为满足人们的休闲需要而组织起来的产业"，"休闲产业就是休闲得以实现的条件；这里所说的不是陶渊明'息交游闲业，卧起弄书琴'诗中的那个'闲业'，也不是古代文人学士在闲暇时间弄弄琴棋书画之类的活动，而是近现代社会中一个很大的产业部门。"尽管这一定义概括性很强，但内涵与外延并不明确。"休闲需要"是指休闲的直接需要？还是休闲的间接需要？如果是前者，休闲装备业等就被排除在外；如果包括后者，范围就宽泛无边。因为根据休闲行业的关联性，为人们休闲需要提供间接产品的行业都可归入休闲行业，以致国民经济中几乎所有行业都可以一部分或全部归入休闲行业。

马惠娣（2004）认为休闲产业是"与人的休闲生活、休闲行为与休闲需求（物质的与精神的）密切相关的产业领域，特别是以旅游业、娱乐业、服务业为龙头形成的经济形态和产业系统，现已成为国家经济发展的重要产业。休闲产业一般涉及国家公园、博物馆、体育（运动项目、设施、设备、维修等）、影视、交通、旅行社、导游、纪念品、餐饮业、社区服务以及由此连带的产业群。休闲产业不仅包括物质产品的生产，而且也为人的文化精神生活的追求提供保障"。与于光远的定义一样，"密切相关的产业领域"也不明确。而且，马惠娣（2001）曾认为："休闲产业与其他产业的边界十分模糊，相互之间都有交叉与渗透，界定不同称谓不同。如在我国，过去统称第三产业，经合组织称服务业，在美国休闲产业被划定一个范围。目前，在全世界范围内都没有统一的界定，只是大致相似。"可见她也认为"休闲产业在全世界都没有统一的界定"。但是，没有统一界定不等于不能够和没有必要界定，否则"实践将陷入混乱"。

二、休闲行业的范围

休闲行业与其中的旅游接待业相比，其边界更难以确定。在我国，将旅游者所涉及的"食、住、行、游、购、娱"等六要素，以及"景区点业①、旅行社业、住宿业、旅游交通业（旅游基本行业），以及餐饮业、旅游购物业、休闲娱乐业"七个行业（旅游直接相关行业）界定为旅游行业，实际上包含了旅行业和接待业两大方面，内涵外延相对明确。休闲需求一方面促进了国民经济既有行业的休闲化发展，如农业休闲、工业休闲、商业休闲等；另一方面又催生了许多新兴行业，如休闲农业、休闲工业②（休闲生活用品业、休闲装备用品业）、休闲体育业、休闲娱乐业、休闲旅游业等；同时，还促进了其上游产业的发展。这样，国民经济中几乎所有行业都可以将其中一部分或全部归入休闲行业，这便形成了泛义化的休闲行业（"泛义休闲业"）。尽管"泛义休闲业"显得宽泛无边，但却揭示了未来产业发展趋势，有利于指导经济发展。

基于上面的分析，本书形成了对休闲行业概念与范围的一个基本分析框架（图2-1），即：休闲服务业→休闲物品业（休闲服务用品与休闲生活用品）→休闲产品（服务品与物质品）上游行业，从而可以将休闲行业分为三个层面（表2-1）：

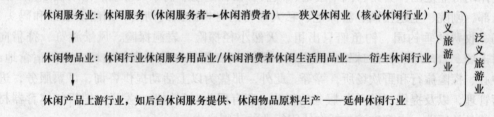

图2-1　休闲行业范围的基本分析框架

（1）狭义休闲业。从休闲需求角度，依据满足直接的"休闲消费需要"原则，将休闲业定义为"国民经济中那些满足休闲消费者的直接休闲消费需要、生产休闲服务产品的行业总称"，主要包括旅游接待业、体育健身业、保健疗养业、娱乐休闲业、文化休闲业等五大行业，属于核心休闲行业。狭义休闲业便于数据统计，指导具体行业发展。

（2）广义休闲业。从休闲服务、休闲物品（消费者休闲生活用品与行业休闲服务用品）角度，结合"直接休闲消费需要"与"直接休闲娱乐活动使用"原则，将休闲业定义为"国民经济中那些满足休闲消费者的直接休闲服务、休闲物品消费需要，生产休闲服

---

① 即风景名胜与自然保护区，森林与城市及主题公园，博物馆与纪念馆，工业与农业旅游点等以门票收入为主业的行业。

② 休闲工业包括休闲生活用品制造业，如休闲服饰、休闲家具、休闲住宅以及休闲装备用品制造业，包括消费者休闲娱乐用品与企业休闲服务用品，如高尔夫"行头"生产、游乐设施设备生产，与工业旅游、工业休闲是两码事。

务、休闲物品的行业总称"，除了狭义休闲业（休闲服务业），还包括休闲物品业，即休闲服务设施设备生产行业，以及消费者休闲生活用品生产行业。广义休闲业也便于数据统计，指导休闲服务业和休闲物品业发展。

（3）泛义休闲业。从休闲服务、休闲物品及其上游行业角度，依据满足"直接与间接休闲消费需要"原则，将休闲业定义为"国民经济中满足直接与间接休闲消费需要、生产休闲服务、休闲物产的行业总称"，如前所述，"泛义休闲业"几乎存在国民经济所有行业中。尽管显得宽泛无边，但揭示了未来产业发展趋势，有利于指导休闲经济发展。其实，旅游接待业、体育健身业、保健疗养业、文化休闲业、娱乐休闲业都可以依据这一分析框架进行分类。

此外，也可以依据我国第一、第二、第三产业的分类法，将休闲业分为休闲第一产业、休闲第二产业、休闲第三产业（表2-2）。

表2-1 按行业范围对休闲业的分类

休闲行业范围	狭义休闲业（休闲服务业）	广义休闲业	泛义休闲业
包括主要行业	1. 核心休闲行业 （1）旅游休闲业 （2）体育健身业 （3）保健疗养业 （4）文化休闲业 （5）娱乐休闲业 2. 休闲延伸行业 （1）观光农业/休闲农业 （2）工业旅游/工业休闲 （3）休闲商业/旅游购物业 （4）旅游物业/休闲物业	1. 狭义休闲业 2. 休闲物品业 （1）休闲业休闲服务用品业 （2）消费者休闲生活用品业	1. 广义休闲业 2. 休闲产品上游行业 （1）后台休闲服务提供 （2）休闲物品原料生产

资料来源：作者依据相关资料进行整理。

表2-2 按行业层次对休闲业的分类

层次	休闲第一产业 （广义休闲农业）	休闲第二产业 （休闲工业）	休闲第三产业 （休闲服务业）
主要行业	（1）休闲种植业（狭义休闲农业） （2）休闲林业 （3）休闲牧业 （4）休闲渔业 （5）休闲副业（手工艺）	（1）休闲生活用品加工业 （2）休闲服务用品制造业（设施设备） （3）休闲建筑业	（1）农业（渔业/林业/牧业/副业）旅游农业（渔业/林业/牧业/副业）休闲 （2）工业旅游/工业休闲 （3）休闲商业，购物旅游/购物休闲 （4）旅游/休闲房地产（旅游/休闲物业） （5）旅游接待业 （6）体育健身业 （7）保健疗养业 （8）文化休闲业 （9）娱乐休闲业

资料来源：作者依据相关资料进行整理。

三、休闲行业的特征

休闲行业主要是满足人们闲暇时间内个体身心发展与享受需要、提供休闲产品与服务的经济部门的总称，与满足人们基本的生存需要而构成的传统经济部门不同，休闲行业具有自身的特征。

在行业性质方面，休闲业主要属于资金密集型、劳力密集型、知识密集型的服务行业。

在产品属性方面，除休闲上游行业如休闲装备业外，以生产满足休闲消费者发展与享受需要的物质与劳务终端产品为主，具有体验性、时尚性、高需求弹性等特征；大部分休闲产品属于私人性（市场价）外，少部分还具有公共性（免费）、准公共性（成本价），如博物馆、纪念馆、图书馆、档案馆、体育馆、城市公园、自然保护区、风景名胜区等。

在与其他行业关系方面，休闲行业具有很强的关联性。国民经济中几乎每一个行业都可以延伸出与休闲相关的工作与产品，包括休闲农业、休闲工业、休闲商业、休闲房地产业等。正如旅游业一样，要么从休闲消费支出量而非休闲产品生产量来进行统计，要么像建立旅游卫星账户（TSA）一样建立休闲卫星账户（LSA）进行统计。

在资源环境方面，存在休闲资源的垄断性和地方性（如旅游资源）、休闲项目用地的规模性与环境的依赖性（如旅游景区）特征，故休闲行业具有区域性特色。

在行业演进方面，受经济水平、闲暇时间、文化教育、国家政策等的影响，休闲行业结构始终出于不断调整与优化过程中。

在行业效益方面，休闲行业十分关注综合效益，注重国民身心素质的提高、生活方式的提升和生活质量的改善，不仅局限于经济效益，更加强调生态环境效益（如旅游休闲业）、社会文化效益（如文化传媒业、体育健身业、休闲娱乐业），故政府政策支持、规范引导不可或缺。

在行业地位方面，休闲行业不仅属于国家或区域硬实力的一部分，而且也是衡量国家或区域软实力的重要指标，有利于国民整体素质的提升和国家综合实力的增强。

第二节　旅游接待业

外出旅行、旅游、休闲尽管古已有之，但在近代以来，特别是第二次世界大战以后，成为了现代人，特别是现代城市人一项基本的活动内容与生活方式，成为人们生活的重要组成部分。与传统社会不同，现代社会的旅行、旅游、休闲活动，具有相当规模性和复杂性，需要相关行业提供物质和服务支持，旅游接待业、休闲业便应运而生。

一、旅游接待业的概念与范围

如何界定旅游接待业这一概念，国内外学术界也存在争议，主要涉及这个概念的定义角度（需求角度还是供给角度）、性质（产业还是事业）、范围（满足直接需求还是间接需求）等方面。在我国改革开放初期，曾经历了对旅游接待业性质、范围的广泛讨论，最终官方将旅游接待业限定于"食、住、行、游、购、娱"六大要素。后来又定义其为第三产业（服务业）的重要组成部分，甚至是地方经济发展的支柱产业、主导产业或龙头产业。目前旅游接待业概念的理论研究有了比较统一的认识。

其实，旅游接待业尽管存在公益性的成分，但主要还是一种经营性的产业。确定这个概念的范围需要与从概念的内涵入手。定义旅游接待业的概念一般有两个角度——需求角度与供给角度，前者可以说是需求学派，后者可以说是供给学派。

从需求角度看，旅游接待业可以定义为满足旅游者的旅游（观光、娱乐）需求及其衍生需求的系列企业集合。其中，观赏娱乐业构成了旅游核心行业；再加上旅游交通业、住宿业、旅行社业则构成了旅游基本行业（狭义旅游业）；再加上餐饮业、旅游购物业，即食、住、行、游、购、娱六要素，便构成了旅游直接相关行业（广义旅游业）；再加上旅游物品（旅游者旅游用物品与旅游企业服务用物品）生产加工业，即旅游间接行业或旅游装备行业，以及提供公共与准公共服务的政府旅游部门、社会旅游组织（国际国内非政府、非企业的旅游行业组织，如行业协会），便构成了所谓的"大旅游业"（泛义旅游业）（图2-2），其体系为：旅游核心行业→旅游基本行业（狭义）→旅游直接相关行业（广义）→大旅游业（泛义）。

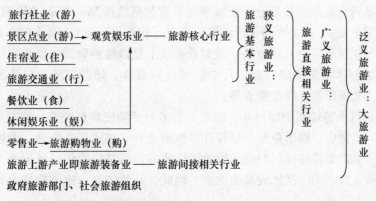

图2-2　旅游接待业结构体系（1）

从生产供给角度看，旅游接待业可以被定义为提供旅游产品的系列企业集合。其中提供核心旅游产品的观赏娱乐业属于狭义旅游业；提供组合或线路旅游产品的旅行社业、观赏娱乐业、住宿餐饮业、旅游交通业、旅游购物业，即食、住、行、游、购、娱六要素七行业属于广义旅游业；提供一个区域整体旅游产品的行业，还涉及提供旅游物品（旅游者旅游用物品与旅游企业服务用物品）的旅游装备业，以及提供公共与准公共服务的政府旅游部门、社会旅游组织（国际国内非政府、非企业的旅游行业组织，如行业协会），也可以将它们统称为泛义旅游业（图2-3）。

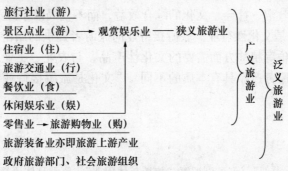

图2-3　旅游接待业结构体系（2）

无疑，旅游接待业属于休闲业的重要组成部分，故常称为"旅游休闲业"①，对旅游者而言，则是异地休闲业；对本地休闲者而言，就是休闲业，构成了当今世界上规模最大的行业之一。旅游接待业的休闲价值在于为旅游者提供了一个异地观光、度假、特种活动等旅游体验经历，具有审美、教育与娱乐价值。

二、旅游接待业的特征

（1）旅游接待业是综合性行业。旅游接待业提供的旅游产品，不论是单项旅游产品，还是组合旅游产品、整体旅游产品，都是旅游吸引物、旅游环境、旅游设施、旅游物品、旅游服务的组合。而这些需要由多个部门、行业合作提供，其中包括物质产品生产部门，如轻工业；也包括服务产品、精神产品生产部门，如文化、体育、园林、宗教；同时还包括系列旅游企业、行业，如旅游"六要素"。只有这样，才能满足旅游者一次旅行、旅游体验多方面的需要。

（2）旅游接待业是服务性行业。大旅游业尽管包括旅游第一产业（休闲农业）、旅游第二产业（休闲工业），但主要属于旅游第三产业（旅游服务业）。而且在许多国家和地区已经成为第三产业（服务业）的龙头。旅游业实质上是以旅游资源、旅游设施为依托，向旅游者提供旅游、休闲服务的行业，其中包括代办服务、导游服务、交通服务、酒店服务、餐饮服务、文娱服务、商业服务等。

（3）旅游接待业劳动密集型行业。旅游企业多为劳动密集型企业，特别是旅行社、餐饮企业、酒店、购物店、娱乐企业。尽管许多旅游企业，如酒店、交通、景区、高科技娱乐企业，具有资金密集性特征，但由于旅游接待业的产品是以提供劳务服务为主，其劳动力成本在全部营业成本中占据比较高的比重。因此，从整体看，旅游接待业属于劳动密集性企业。

（4）旅游接待业是敏感性行业。由于旅游接待业的产品主要满足人们发展与享受的需要，需求弹性系数大，容易受到包括自然、经济、政治、社会等环境因素的影响，体现了旅游接待业外部环境的敏感性。另外，旅游接待业的供给需要旅游"六要素"的密切配合，以及旅游地的各种支持，一旦发生某个环节的意外，也会影响旅游接待业的效益，体现了旅游接待业服务链环节的敏感性。

（5）旅游接待业是一定公益性行业。尽管旅游接待业主要属于经营的产业，但其中旅游景区点如风景名胜区、自然保护区、森林公园、城市公园、博物馆、纪念馆等属于事业化、准事业化经营，主要向国民提供公共、准公共旅游产品。此外，从效益看，旅游接待业具有环境、经济、政治、社会、文化的综合效益，而不仅局限于经济效益。

（6）旅游接待业是文化性行业。旅游接待业向旅游者提供的旅游产品实际上是满足旅游者审美、教育、娱乐等精神方面需要的文化性产品，与农业、工业提供的物质产品，以及其他服务业提供的服务产品具有本质的不同。"文化是旅游接待业的灵魂，经济是旅游接待业的表象"。

---

① 可以理解为"旅游业"，也可以理解"旅游与休闲业"，要看具体语境。而"休闲旅游业"是"旅游休闲业"的一部分。

三、旅游接待业的经营与管理

旅游接待业的经营管理包括对旅游企业、旅游行业及旅游地的经营管理。管理目标在于通过对环境、市场的调研分析，资源的优化配置，有效服务的提供，提升企业、行业、目的地的效益，形成企业、行业、目的地的竞争力。

（1）旅游企业管理。旅游企业的经营管理属于旅游业的微观管理，除了像一般企业建立现代企业制度，按照市场规律与规则经营，实施人力资源管理、财务管理、物业管理外，需要特别是关注服务管理、危机管理，以及营销管理。一方面通过流程化、标准化、信息化提升企业效率，另一方面通过企业文化建设养成员工的营销意识、服务意识、质量意识，形成企业的个性、特色、品牌。

（2）旅游行业管理。旅游行业的经营管理主要涉及两个方面：①行业组织的自律性管理，通过旅游非政府、非企业组织，即各种行业协会、研究会，指导旅游行业的健康发展，这是我国特别需要加强的方面；②政府部门的行政性管理，如旅游部门、工商部门、卫生部门、建设部门、林业部门、园林部门、文化部门、文物部门、体育部门等，需要严守国家政策法规，"执法必严"、"违法必究"；并注意政企（企业）分开、政事（事业）分开、政协（协会）分开，政府不能既做裁判员，又做运动员，专职于行政管理、公共与准公共产品的提供，尽量减少行业标准、部门法规的制定，前者要下放给行业协会、后者要归位到人大层面。

（3）旅游目的地管理。旅游目的地可以指景区点、区域（行政区域、地理区域、文化区域）、国家。由于旅游者是流动的，旅游活动涉及整个旅游目的地，甚至跨旅游目的地，故旅游行业管理需要向旅游目的地管理升级，旅游目的地又要向跨旅游目的地联合。由于旅游地管理具有综合性，因此需要政府主要首脑牵头（"一把手"工程），成立由各个相关部门参与、企业、公众代表、专家学者参与的旅游委员会，统一协调管理，而不仅局限于旅游部门。旅游地管理关键要在旅游规划策划、旅游基础设施建设、旅游环境建设、旅游资源与生态环境保护、旅游品牌形象促销传播、公共与准公共旅游产品提供、政府公共服务效率提升、跨区域旅游合作等方面有所作为。

（4）跨区域旅游管理。由于游客活动、自然生态与族群文化的跨区域性，区域旅游规划、开发与管理不能局限于单一的行政区域，需要政府部门进行跨区域联合规划、开发与管理。组织跨区域旅游线路、建设跨区域旅游基础设施（如旅游交通、自驾游服务设施）、建立并维护跨区域旅游品牌形象、进行跨区域的资源环境保护互动（如下游地区对上游地区的生态补偿）等，形成区域之间的合作共赢，如闽粤赣客家文化旅游区、粤港澳大珠江三角旅游区、三峡旅游区等等。

第三节　体育健身业

体育健身业的形成和发展，有两个背景：一方面，在现代社会，人们的工作压力、生活压力、环境压力大，身心健康受到威胁，"花钱买健康"成为时尚。体育市场逐步形成，需要发展体育健身业来满足人们对身心健康追求的需要；另一方面，随着人们对生活质量和生命价值的越来越重视，在闲暇时间内，越来越多的人越来越倾向于从事休闲运动、体育健身来满足身心健康、和谐发展的目标诉求。

一、体育健身业的发展及其概念

体育健身业尽管具有公益性一面，但主要属于经营性的产业。体育产业是当今世界上最具发展潜力的"朝阳产业"之一。20 世纪五六十年代来，随着世界经济的快速增长，人们生活水平大幅度提高以及闲暇时间大量增加，体育产业在全世界迅速发展起来。80 年代是世界体育产业迅猛发展的高峰期，而我国适逢改革开放体育产业开始起步。但长期以来，体育被视为公益性事业，一直"政府主办"开展各项活动，尤其是为竞技体育发展投入了大量资金。1992 年"十四大"后，在广东中山会议上国家体委首次明确提出体育产业化问题。1995 年国家体育总局推出了《1995—2010 年体育产业发展纲要》，对中国体育产业发展的指导思想、重点、目标、基本政策、基本措施提出了指导性意见，明确提出我国体育产业发展目标是：用 15 年左右时间，逐步建成适合社会主义市场经济体制，符合现代体育运动规律、门类齐全、结构合理、规范发展的现代体育产业体系。

体育健身业，有时简称体育产业。在我国，对于其内涵主要有以下三种观点：①体育健身业是体委系统各部门为经营创收而兴办的各种产业；②体育健身业是以活劳动非实物形态向社会提供各类体育服务，其产业主体是体育综合服务业；③体育健身业是由体育部门主办的向社会提供体育运动物品和劳务的经济组织。实际上，体育健身业包括体育健身产业和体育健身事业；前者为营利性、经营性的产业，由市场运作；后者为非营利性、非经营性的社会事业，或由政府为公众兴办，或由机关、事业、企业单位为内部员工兴办，其中以基础性体育为主。因此，体育健身业可以定义为提供有关体育健身服务及其体育健身用品的系列企业单位与事业单位的集合，其中主要包括体育健身服务业及其延伸、衍生行业，如体育健身装备业、体育彩票业、体育健身媒介业等。

二、体育健身业的分类与特征

按照国际上通行的分类方法，体育健身行业包括了 12 项内容：消遣性与参与性体育健身业（前者如狩猎、钓鱼等体育娱乐业，后者如健美俱乐部、健身俱乐部等各种体育俱乐部），体育健身用品业，体育健身广告业，体育彩票业，体育健身场地出租和体育纪念品销售业，体育赛事经营业，体育冠名权经营业，高尔夫球场和滑雪场建筑业，体育健身场馆及相关体育健身设施建筑业，体育健身保险业，体育健身报刊、体育健身卡片经营业，体育健身书籍出版、体育健身文化展览等经营业。

依据中国国家体育总局制定的《1995—2010 年体育产业发展纲要》，现阶段我国体育健身业包含三大类别：第一为体育健身主体产业类，指发挥体育自身的经济功能和价值的体育经营活动内容，如对体育竞赛表演、训练、健身、娱乐、咨询、培训等方面的经营；第二指为体育健身活动提供服务的体育相关产业类，如体育健身器械及体育健身用品的生产经营等；第三指体育部门开展的旨在补助体育健身事业发展的其他各类产业活动。这是目前比较权威的体育结构划分方法。

依据理论完备性和实践可操作性的要求，体育健身行业可以有如下几种划分方法，即：

按照行业性质，它包括了体育健身产业与体育健身事业。

按照行业链条，可以分为体育健身服务业与体育健身装备业。

按照产品属性，可以分为体育健身核心行业与体育健身连带行业，前者包括竞赛表演行业（竞技体育）、健身娱乐行业（休闲体育）；后者是前者的延伸与衍生，主要包括：体育彩票业、体育健身媒介业、体育健身中介业（竞技衍生为主的活动和人才中介）、体育健身建筑业、体育健身用品（器材）业、体育健身信息（咨询）业、体育教育（培训）业、体育旅游业、体育金融业、体育证券业、体育健身物业等。

从与其他行业的差别看，体育健身业主要属于服务性、文化性、休闲性、健康性行业，并具有一定的公益性。体育健身业所提供的健康产品，无论是竞技观光体育，还是娱乐休闲体育，都为人们健康休闲提供了广阔的舞台，属于休闲健身业的基本行业之一。

三、体育健身业的经营与管理

体育行业经营管理的目标是要增强为社会服务的功能，而关键路径在于体育行业的产业化发展，除了学校、社区等基础体育以及大型体育赛事主要由政府负责外，其他竞技体育与休闲体育及其延伸、衍生体育行业都可以按照市场规律与规则进行市场化运作，建立有效的经营机制，如美国的 NBA 机制，并建立健全相关行业协会，加强行业自律性管理；国家体育主管部门主要从事公益性体育事业建设、进行行政性管理和有关业务指导，从既做运动员，又做裁判员角色到只做裁判员角色。

迄今为止，我国体育健身业发展时间并不长，还远未成熟，尚存在一些有待解决的问题，其中主要包括：①体育健身业总体规模不大，与发达国家存在相当差距。发达国家体育健身业在 GDP 中的比重一般在 1%～3% 之间，我国体育健身业仅占 GDP 的 0.3%，提升空间很大。②体育结构不合理。体育健身用品业与体育健身服务业比利失调，体育健身服务业市场占有率低；所有制结构失调，国有资本在体育健身业中所占比重过高；项目和地区发展不平衡，如乒乓球普及率高，群众基础好，而其他项目缺少市场；我国东西部经济发展不平衡，导致体育健身业发展不平衡；竞技体育发展很快，但是群众体育（特别是休闲体育）发展滞后。③体育产业投资融资渠道不畅，行业限制较多，时常壁垒较高，民间资本进入不畅或成本较高。④体育产业缺乏国际竞争力。体育用品出口以来料加工为主，国际知名中介公司垄断市场，体育产业政策体系不健全，体育人才特别是经营人才缺乏。

因此，我国体育健身业要健康发展，提升国际竞争能力，需要从以下一些方面入手：①以产业化与社会化为方向，改革国家体育管理体制与运行机制。②适应体育消费市场的同时，引导体育消费市场，通过营销宣传和有效供给激发有效需求。特别是要加强休闲体育的发展，培育群众基础，提升国民体质和生活质量。③通过产业政策与市场机制，培育国际知名的民族体育企业。提高出口体育产品质量，实施多元化市场战略；同时强化自主创新，培育民族品牌体育产品与企业。④全面开放国内体育市场，促进投资融资的多元化。⑤加强市场监管，通过政策、法规、标准，维护消费者权益，促进消费者身心健康。⑥采取多种途径，培养体育健身服务人才，特别是体育健身商务人才。

第四节　保健疗养业

促进人们身体健康，保健疗养与体育健身一样重要。随着社会经济发展和人民生活水平的提高，人们开始把疾病预防、疗养保健纳入生活质量的范围之内。保健意识也日益增强，保健休闲成为人们生活不可或缺的一部分，对保健服务和保健物品的需求日益增加，保健疗养业成为休闲行业中的重要组成部分。

一、保健疗养业的发展及概念与分类

在我国传统医学中，"保健养生"就有着悠久的历史，《老子》、《庄子》、《黄帝内经》等古籍中，早已阐述了"顺其自然"、"恬淡虚无"、"行神共养"等精髓的学说与理论。并提出了环境、气候、生活规律、情绪以及饮食调理等均与健康有关的证据，应用了矿泉、药膳、针灸、气功、推拿、食物等方法来促进人体的疾病预防、疗养康复，提高身体素质，在国际疗养界具有一定的地位和独特的影响。除了利用药物、饮食、矿泉、气功、按摩来达到保健目的，还很早利用温泉洗浴进行保健，如唐代华清池的建造。

在西方，早在古罗马时代，洗浴保健就已十分流行。自中世纪以来，SPA一直风行欧美。SPA是拉丁文"Solus Par Aqua"的缩写，意为"健康之水"。指人们利用天然水资源结合沐浴、香薰和按摩来促进新陈代谢，满足人体视觉（自然景观）、听觉（疗效音乐）、嗅觉（天然香薰）、味觉（健康餐饮）、触觉（按摩呵护）和思考（内心放松）六种愉悦感官的需要，从而达到身心畅快的享受。最早的SPA源于15世纪中比利时一个叫Spau的温泉小镇，那是一个拥有美丽森林和丰富矿物质温泉的地方，小镇居民常常通过浸泡温泉治疗各种疾病与疼痛，由此当地温泉浴远近闻名。18世纪后，SPA开始在欧洲贵族中风行，除了传统的温泉疗养，还结合香薰疗法。随着时代推进，如今SPA已演变成一种人人都可享受、有不同主题诉求的时尚水疗法。其中，度假SPA逐渐成为全球极为热衷的一种流行活动。一般来说，它通常与当地景观结合，融入各地人文或自然资源，周边旅游设施也较齐备，并以推出旅游观光、医疗养生、美容美体等综合服务吸引度假休闲游客。最负盛名的当属英国的BATH SPA、以色列的死海SPA、印尼的秘境SPA，以及日本、泰国经典的SPA之旅。

SPA风靡全球，近年才正式进入开放的中国，SPA倡导的保健理疗方式与中国中医药浴在养生理念上不谋而合，集治疗、保健、休闲、运动、修养身心、缓松释压、美容美体于一体的SPA概念在中国很快便成为流行时尚。国内度假SPA则因结合历史悠久的中医药浴而成为世纪新宠，集治疗保健、修养身心、缓松释压、美容美体于一体的休闲健康活动无疑是现代人度假疗养之首选。我国SPA以台湾、广东、云南等地较为出名。

身心健康是人生幸福快乐的源泉和追求向往的目标，故人生的历程与人类的历史也是一场与疾病、衰老抗争的过程。预防疾病与延缓衰老，以及诊治疾病、康复身心成为人们的健康需求。其中诊治疾病成为人们基本健康需求，从而促进医疗（医院与疗养院）行业的发展。预防疾病、延缓衰老成为人们较高层次的健康需求，从而促进保健行业（保健物品业、保健服务业）的发展。康复身心包括两个方面，一方面配合疾病治疗进行康复，另一方面是因工作和生活压力而出现身心疲惫如"亚健康"状态而需要身心康复，前者属于疾病疗养，与医院行业相配合形成疾病疗养院行业，后者属于休闲疗养，与旅游休闲行业配合形成休闲疗养。可见，保健疗养业即指为满足人们身心健康需要而提供保健与疗养服务、保健与疗养物品（保健疗养者用物品和保健疗养企业、事业用物品）行业的总称。其中疗养院业主要属于公益性事业，其他属于经营性产业（表2-3）。

表2－3　医疗行业与保健疗养行业比较

	行业	行业举例	产品举例	功能	备注
医疗行业	医疗服务业	医院/疗养院	疾病诊治/疗养服务	疾病诊治/疗养	公益性事业
	医疗用品业	医疗药品/医疗器械行业	医疗药品/医疗器械	提供医疗服务用品	营利性产业
保健疗养行业	保健疗养服务业	洗浴业/按摩业/沐足业/桑拿业/美容美体业/营养业/氧吧业/健康咨询检查业/温泉业等	休闲保健服务/休闲疗养服务	休闲保健/休闲疗养	营利性产业 休闲性产业
	保健疗养用品业	保健药品业/保健食品业/保健饮品业/保健器具业等	保健药品/保健食品/保健饮品/保健器具等	提供保健用品/保健器具（个人/企业用）	营利性产业 休闲性产业

资料来源：作者依据相关资料进行整理。

二、保健疗养业的特征

保健疗养业与其他休闲业，特别是体育健身业、休闲娱乐业、文化休闲业、旅游休闲业，以及医疗业既存在一定联系，又存在一定区别，具有自己的特征（表2－4）。在联系方面，医疗业是保健疗养业的基础和支撑，保健疗养业则是医疗业的延伸和提升；而体育健身业、娱乐休闲业、文化休闲业、旅游休闲业与保健疗养业的作用相辅相成，互为表（身体健康）里（心理健康），其中体育健身业在于通过积极的运动达到身体健康目的，娱乐休闲业、文化休闲业、旅游休闲业则主要通过心理或精神愉悦来达到心理或精神健康目的，而保健疗养业则通过被动的保健服务和保健品享用来求得身体健康目的，具有异曲同工之效。在区别方面，保健疗养业存在行业营利性、产品休闲性、物质依赖性（保健疗养服务必须借助各种保健物品、保健器具才能达到保健目的）、被动性（休闲消费者是被动接受而不是主动参与服务）等。

表2－4　保健疗养业与医疗业、体育健身业比较

行业	区别	联系
保健疗养 医疗	营利性、休闲性、预防疾病、康复"亚健康"等 公益性、事务性、诊治疾病、康复疾病等	达到身心健康；服务依赖物品（药品、器具）；后者是前者的基础，前者是后者的发展等
保健疗养 体育健身	营利性、被动性、静态、中老年人、亚健康态等 一定公益性、主动性、动态、各年龄段、健康态等	达到身心健康；作用于身体；生产休闲服务与休闲物品等

资料来源：作者依据有关资料进行整理。

三、保健疗养业的经营与管理

目前，我国在身心健康投入方面：主要以疾病诊治为主，而缺少疾病的预防和疾病后的康复意识与服务。因此，随着人们保健意识增强，社会保健服务提供与保健品开发将成为一大产业。

在保健疗养行业经营管理方面：①强化行业行政性管理，通过提高准入门槛，严格执法规范行业健康发展，防止行业事故发生，以及行业欺骗行为，提高保健服务与保健品安全。②强化自律性管理，通过组织行业协会，知识技术培训，建立行业标准，定期自我检

测，提高行业水平，提升竞争力。

在保健疗养企业经营管理方面：①需要加强市场调研，把握健康需求动向，既要适应市场又要引导市场消费；②项目开发要与旅游、休闲、娱乐等流行时尚，以及商务、会议等事务活动结合起来，注意与资源环境的组合，以及其他休闲项目的组合开发，形成规模效应、集群效应；③注意提供"一站式"服务，形成"健康检测→健康评估→健康干预（保健疗养）→健康监测"的"一条龙"健康管理服务；④积极培训专业人士，加强安全卫生管理，特别是中老年人安全卫生管理。

第五节　文化休闲业

文化（culture）作为人类创造物，与休闲密不可分；休闲生活创新了文化，文化也丰富了休闲生活。如果说体育健身业和保健疗养业的发展主要满足了人们身体健康休闲的需求，那么文化休闲业的发展则主要满足人们心理或精神健康休闲的需求，体育休闲、保健休闲与文化休闲成为现代社会人们身心健康休闲的基本形式。

一、文化行业的起源及其含义

自工业革命来，随着物质生活的满足，精神生活需求被提上日程，西方文化产业迅速兴起、发展，影响全球。我国自改革开放以来，吸收西方先进文化，各项文化事业和文化产业发展突飞猛进，取得了举世瞩目的成就。在西方，文化产业被称作"文化工业"（cultural industry），源于德国法兰克福学派对"大众文化"（mass culture）的研究与批判。因而，在欧美国家，文化产业与"文化工业"是同一个词，并且与"大众文化"范畴十分接近。比如，在法兰克福学派理论中，"文化工业"通常就是指借助大众文化传播媒介（广播、电影、电视、报刊、广告等）得以在大众中流行的通俗文化。由于国家战略、地域特征和文化政策等差异，不同国家和地区对文化产业也有不同的提法。如美国从知识内容、市场权益角度出发，主要以"版权产业"作为文化产业的总体理念；英国、澳大利亚等国从创造者、策划者、设计者的创造力角度出发，主要推出的是"创意产业"概念；日本、韩国等国从文化产品的自身内容角度出发定义为"内容产业"。

我国通常将文化行业分为文化事业与文化产业。其中由政府直接管理的那些面向社会大众服务的、不以赢利为目的的公益性文化部分，属于文化事业，归属文化行政部门管理，主要包括学术研究、文化艺术、博物馆、图书馆、公益性群众体育和非赢利性大众娱乐休闲文化等。当然，某些公益性文化设施如体育馆、图书馆、博物馆、文化馆、纪念馆、公众休闲场所，有时也可以采取市场化方式经营管理，收取一定管理费用、维护费用，实施有偿服务等，但不以利润最大化为目标，成为准公益性文化产品。那些面向市场由企业（公司）经营管理的具有营利性质的经营性文化，则属于文化产业，如报业、出版业、演出业、影视业、娱乐业、广告业、网络业、旅游业、会展业、咨询业、策划业、文化经纪业。可见，文化行业是指为满足人们精神文化需要而提供文化服务、文化物品的企业与事业单位的集合。文化事业与文化产业的划分，体现了文化的公益性与营利性，一般遵循下列原则路径发展文化事业与文化产业，即：严肃文化、精英文化、高雅文化→文化事业；娱乐文化、大众文化、通俗文化→文化产业。

可见，文化行业与"注意力经济"、"体验行业"、"休闲行业"密切联系，后者更为关注文化产品的视觉性、体验性、休闲性。文化行业与休闲行业在很大程度具有重合性，文化行业所提供的文化服务、文化物品具有休闲功能，休闲行业所提供的休闲服务、休闲物品也具有文化功能。文化行业范围广泛，国民经济中的许多行业都可以纳入文化行业（表2-5），其中包括文化服务业（狭义文化行业）及其装备业（广义文化行业）。

表2-5 文化行业类型及其性质

	文化行业	文化事业	文化产业
文化服务业	纸质传媒业（报纸业、期刊业、出版业）		√
	广播影视业（广播业、电影业、电视业）		√
	网络文化业（新闻性、专业性、商业性网络传媒）		√
	广告业（广告传媒业、广告经纪业）、策划业		√
	文化旅游业		√
	休闲娱乐业		√
	演艺业（艺术表演业、艺术设计业、艺术品业）	√	√
	体育业	√	√
	文化教育业、学术研究业	√	
	博物馆业、图书馆与档案馆业、文物保护业	√	
	会展业		√
	培训业、咨询业		√
	文化经纪业		√
文化装备业	文化物品生产业（文化服务用品、文化生活用品）		

资料来源：欧阳友权.文化产业通论.湖南人民出版社，2006：33.有改动。

此外，有关文化行业的分类，学界与政府界还有多种方式。其中包括：①纵向层面的分类模式。如花建在《产业界面上的文化之舞》一书中按照文化行业的价值链而将其分为文化生产业，如报社、出版社、杂志社；文化销售业，如书报摊、书画店、花鸟市场；文化服务业，如图书馆、博物馆、网吧三大类。②横向层面的分类模式。如2002年由社会科学文献出版社出版的《中国文化产业蓝皮书》，从横向层面将文化行业分为三类：主体或核心行业，如文化娱乐业、新闻出版业、广播影视业、音像业、网络与计算机业、旅游业、教育等；前沿文化行业，如文学、戏剧、音乐、美术、摄影、舞蹈、电影电视创作、工业与建筑设计，以及艺术博物馆、图书馆等；拓展文化行业，如广告业、咨询业等。③行业性分类模式。叶朗在《中国文化产业年度发展报告（2003）》中依据我国文化行业发展现状，将文化行业划分为13类，如新闻出版业、广播影视业、娱乐业、艺术业、群众文化业、图书馆业、文物业、博物馆业、文化旅游业、博彩业、竞技体育业、广告业、其他。④统计角度的分类模式。

2004年国家统计局正式颁发了《文化及其相关产业分类》标准，首次从统计角度对文化及其相关产业作了科学、权威的规范和界定，其中分为五大类：提供实物型精神文化产品与娱乐产品的活动，如书籍、报纸、杂志；提供可参与和选择的精神文化服务和休闲娱乐服务以及相关的文化保护和管理活动，如广电服务、文化表演服务；提供文化管理和研究等服务，如文物和文化遗产保护、图书馆服务；提供文化、娱乐产品所必需的设备、材料的生产与销售活动，如印刷设备、文具；提供文化、娱乐服务所必需的设备、用品的生产和销售活动，如广电设备、电视机。它们分属文化行业核心层、外围层和相关层。

二、文化行业的特征

作为满足人们精神文化生活需要的文化行业与满足人们物质文化生活需要的农业、工业等相比，具有鲜明的特征。

（一）行业性质的突出公益性

文化产品既满足了人们的精神需要，同时又影响了人们的价值观念、行为方式，对国家未来、社会发展、文化传播具有正面的、负面的双重作用。故此，不仅需要通过政府以事业形式发展基础文化、严肃文化、高雅文化来引导娱乐文化、大众文化（流行文化、通俗文化），而且需要以行政管理形式严格规范娱乐文化、大众文化发展，以保证国家文化安全、文化效益。

（二）产品功能的精神性、体验性

文化行业提供的文化产品是文化环境、文化设施、文化物品、文化服务的组合，主要满足了人们心理或精神生活需要——或审美体验、或娱乐体验、或教育体验、或遁世体验，追求精神休闲生活的最高境界——"畅爽"、充实，不仅与满足人们基本物质生活的农业、工业不同，而且与满足人们生产、生活服务的一般服务业也有所不同，因此被人们称之为"第四产业"，而与第一、第二、第三产业相区别。

（三）产品内涵的知识性、创造性

文化行业是知识经济的典型形态，是技术密集型和人才密集型的行业领域，技术、信息、人才、知识和智力相互融合形成了"资本"与"知本"的联姻，成就了文化行业的创意形态、内容产业和非物质模式。数字电脑、印刷复制、电子排版、录音录像、网络传输等技术在文化领域的广泛应用，使文化产品可以复制和批量生产。

（四）产品价值的难以估量性

作为文化性的服务品与物质品，文化产品特别使艺术产品的价值不可能像一般物质产品那样很容易估量出来，因为其中包含了文化创造者需要长期的知识积累才能创造出来的知识成果。因此，许多文化产品需要版权保护，以保护文化创造者的权益，如著作、画作。

三、文化行业的经营与管理

文化行业涉及行业众多，其特征各不相同，经营管理方法也千差万别。总体看来，文化行业经营管理要注意以下几个方面。

（1）政府要确立恰当的文化行业运行机制。依据不同行业的基本属性，各个国家的具体国情，政府要明确文化行业的具体运行机制——事业化运行、产业化运行、社会化运行，保证政事（事业）、政企（企业）、政社（社会组织）、政协（协会）分开，政府财政投资于基础文化、高雅文化、严肃文化，引导娱乐文化、大众文化，促使文化行业健康有序又充满活力地发展。

（2）政府要形成明确的文化产业政策。由于文化行业具有公共性与私人性、积极性和消极性，加上我国文化产业散、小、弱、差的局面，中央与地方政府必须制定适当的产业政策，通过区域文化资源的保护、开发、利用，扶植、保护、促进区域文化行业发展，形成文化行业特色。

（3）文化行业既要适应又要引导市场需求，合理配置资源，提升行业竞争力和文化软实力。由于文化消费效果具有正、负面双重作用，文化事业与文化企业既需要适应市场需求，又需要引导市场需求，充分发挥文化消费积极的一面，成为对国家、对社会负责任的事业与企业。同时，通过文化资源、产业资源（人力资源、技术资源、组织资源、资本资源、品牌资源）的优化组合，特别是要通过资本运营、品牌运营，以及普世文化价值理念的提炼，合理商业模式的形成，企业组织文化的建设，创意文化的发展，向全球输出文化产品、文化影响，提升行业竞争力和文化软实力，正如美国好莱坞电影、有线电视等大众文化一样，让"华流"影响全球。

（4）行业自律性管理与政府行政性管理互相配合，相互支持。政府一方面要通过政策、法规的严格执行，加强行政性管理；另一方面又要通过各种行业协会组织，加强自律性管理；同时，还要通过社会舆论、公共道德、文化习俗的正确引导，培养文化消费者的自觉意识、独立思考能力，形成软性规范。

（5）在文化事业与文化企业的具体管理中，注意加强对顾客的体验管理和对员工的快乐管理，创造自由宽松文化环境、文化氛围，引导创新创意。文化事业与文化企业是创新创意性的组织，员工的幸福快乐是文化产品特别是文化服务产品质量提升的前提，进而提升文化体验质量，提高顾客满意度。

第六节　休闲娱乐业

随着工业化与城市化的发展，一方面是人们经济收入越来越高、闲暇时间越来越多，但另一方面人们工作节奏越来越快、生活压力越来越大。从而促使人们寻求休息休闲以恢复、发展体力与智力，获得身心健康发展，"花时间休闲"、"花钱买健康"成为时尚，从而促进了异地休闲旅游、本地休闲娱乐发展。工业革命特别是第二次世界大战以来，不仅大众旅游、大众休闲迅速兴起。我国自改革开放特别是 20 世纪 90 年代以来，大众文化兴起，休闲娱乐迅速普及，休闲娱乐业成为国民经济的亮点。

一、休闲娱乐业的概念与范围

"休闲"（leisure）可以从时间、活动、存在状态、心态、制度等多个纬度加以理解，但休闲的本质是人们在尽到职业、家庭与社会责任后，一种以自身为目的的自由活动，特别是娱乐活动（recreational activity）。"recreation"中文意思是"体力、精神上的恢复（restoration）、康复（recovery）"，在韦氏（Webster）大辞典里，是指在辛劳过后，使体力及精神得到恢复的行为。"recreation"在内地一般被译为"娱乐"，在港澳被译成"康乐"，在台湾则被译作"游憩"。"休闲"是经过一系列活动来充实完成的，而这一系列活动主要就是娱乐活动，人在娱乐中获得休闲，休闲与娱乐成为一体，不能分开，合称"休闲娱乐"（leisure and recreation），即旅游以观光为本，休闲以娱乐为主。故此，成立于 1952 年的世界休闲组织（World Leisure Org）前身称作世界休闲与娱乐协会（World Leisure and

Recreation Association）。

休闲娱乐可以成业，一系列为休闲娱乐活动提供服务的行业部门构成了休闲娱乐业。20世纪中叶以后，西方（主要表现为城市社会）逐渐进入消费社会，鼓励休闲娱乐，从而发展起了庞大的休闲娱乐业，享乐主义成为生活信条，一改韦伯时代的"禁欲苦行主义"。改革开放以来，随着中国迈入观光旅游需求膨胀，以及休闲多样化需求与多元化选择的门槛（人均GDP达到1000美元与2000美元），加上周末"小闲"、大小黄金周"中闲"、带薪休假"大闲"的闲暇生活格局形成，人们休闲欲望日益增强，休闲娱乐亦逐渐成业。

其实，休闲娱乐业既是一门古老行业，也是一门新兴行业。娱乐业一般有三种含义：①影视戏剧业，即"娱乐圈"；②包括影视戏剧业在内的娱乐业；③不包括影视戏剧业在内的娱乐业，即港澳粤所称的康乐业，包括歌舞娱乐业、音像放映业、电子游戏业，洗浴按摩业、美容美发业，休闲体育业、户外游乐业、博彩业，乃至非法色情业（在许多资本主义国家具有合法性）等。在我国《国民经济行业分类》（GB/T 4754—2002）中，"娱乐业"（代号92）范围较为狭窄，主要包括"室内娱乐活动"（代号9210）、"游乐园"（代号9220）、"休闲健身娱乐活动"（代号9230）、"其他娱乐活动"（代号9290）。其实还应包括"居民服务业"（代号82）部分内容，如"美容美发服务"（代号8240）、"洗浴服务"（代号8250）等。作为旅游业、休闲业的重要组成部分——休闲娱乐业为旅游地的核心吸引力之一，如美国的拉斯维加斯、中国的澳门，与提供旅游观光的景区（点）业一起又构成了观赏娱乐业。本节所称的"休闲娱乐业"是指不包括影视戏剧业在内的狭义休闲娱乐业，即港澳粤所称的康乐业。如上所述，其中包括旅游休闲业、文化休闲业、体育健身业、保健疗养业的一部分，是这些行业的交叉部分。

二、休闲娱乐业的特征

作为一种既古老又新兴的行业，休闲娱乐业的基本特征突出地表现在以下几个方面：

经营性或营利性。休闲娱乐业属于经营性非公益性行业，主要以产业化运作而非事业化、社会化运作为主，靠私人资本投资促进发展。政府与社会的作用主要是加强行政性管理与自律性管理，强化运营安全管理、公共治安管理、事故危机管理，特别是防止黄、赌、毒等地下经济出现。

时尚性或潮流性。休闲娱乐业属于时尚或潮流产品，生命周期短、弹性系数大，需要把握市场需求变化，经常调整经营战略、策略。

时代性与文化性。休闲娱乐业具有鲜明的时代特征，其内容与表现形式凝聚着时代发展的价值、观念和意识流。代表着当时的社会文化特质，尤其代表了流行文化、通俗文化或民间文化。能够影响着消费者的思想观念和行为方式。

娱乐性或休闲性。休闲娱乐业产品以恢复发展人们身心健康为目的，其中或针对人们身体健康需要，如体育健身产品、保健疗养产品，或针对人们心理或精神健康需要，如旅游休闲产品、文化休闲产品，可以促进人们体力、精神上的恢复、康复，具有休闲功能。

安全与邪化隐患。休闲娱乐产品的事故隐患多，甚至还触及道德与法律底线，产生黄、赌、毒现象，出现地下经济，严重败坏社会风气、危害社会安全。

三、休闲娱乐业的经营与管理

当今的休闲是现代社会全新的生活方式，需要体现科学、展现文明、富有个性、蕴含健康，因而需要对休闲娱乐活动、休闲娱乐行业进行科学化的经营管理。

（一）实施产业化经营

由于传统观念（如"玩物丧志"）的影响，以及法制的不健全和政策引导不够，我国休闲娱乐业的发展显得"散、小、弱、差"，乃至"邪"（如地下娱乐），严重影响了休闲目的地的形象，减弱了休闲目的地的吸引力。休闲娱乐业的产业化发展涉及诸多复杂问题，在我国主要表现为：休闲娱乐业的产业政策易变、行业法规不健全、行政执法不严格、传统道德观念制约、与其他产业未形成良性互动等。但是，产业化发展是现代休闲娱乐业的最终趋势。

休闲娱乐业的产业化就是在充分考虑休闲娱乐业的公益性质外，主要将休闲娱乐业作为一大产业来经营，按照市场运作方式，合理组合、优化配置休闲娱乐业资源，将资源优势转化为产业优势，形成产业竞争力。休闲娱乐业的产业化发展是一个不断从初级产业向高级产业、传统产业向现代产业、不规范产业向规范产业发展的渐进过程，是以休闲娱乐业为龙头，带动相关产业（上下游产业）协调发展，不断整合、提升乃至成熟的过程。休闲娱乐业的产业化标志具有多个层面：①市场化与规范化——休闲娱乐业产业化的基本前提和运作方式。②规模化与集约化——休闲娱乐业产业化的成熟标志。③国际化与现代化——休闲娱乐产业化的水平标志。④集群化与特色化——休闲娱乐业产业化的竞争优势。

（二）强化行业管理

由于休闲娱乐产品的事故隐患多，甚至还触及道德与法律底线，产生黄、赌、毒，败坏社会风气，危害社会安全，阻碍社会进步。因此，行政管理部门、行业协会组织、社会组织、企业组织需要形成合力，强化运营安全管理、公共治安管理、事故危机管理，运用政策、法规、道德、舆论、习俗等硬性和软性力量规范行业健康发展。

（三）创新服务体验

由于消费者以追求身心健康、休闲体验为目的，休闲娱乐企业需要通过环境氛围营造、设施建设、设备布置、项目创新、服务参与、体验文化与高科技元素融入形成产品的有机组合，并通过差异化、特色化来满足消费者娱乐体验需要，从而形成产品或企业的吸引力与竞争力，如美国迪斯尼乐园、华侨城"常变常新"的"欢乐谷"。

（四）注意快乐管理

没有快乐的员工，就没有满意的顾客。由于休闲娱乐企业以提供体验服务为核心产品，既需要顾客的参与配合，更离不开员工的快乐服务。因此，企业需要实行快乐管理，"以人为本"，首先满足员工的身心健康需求，然后员工才能去满足顾客的身心健康需求。

第七节 其他休闲行业

改革开放以来，随着国民消费的"闲化"趋势，以及休闲消费的"软化"趋势，国民经济也呈现出"闲化"趋势，休闲产业发展也呈现出"软化"趋势。不仅兴起了新兴的休闲产业，而且传统行业也趋向休闲化发展，产生了新兴的延伸、衍生产业（表2-7）。休闲正成为新的变革引擎，驱动着经济、社会、政治与文化的全面变革。

一、农业→休闲农业→休闲饮食品与日用品加工业→农业休闲

农业作为传统的基础产业，在休闲消费，特别是城市休闲消费的拉动下，休闲化发展趋势十分明显，衍生出"休闲农业（种植业）、休闲林业、休闲渔业、休闲牧业、休闲副业（手工艺）"这些休闲第一产业，与"休闲饮食品加工业、休闲日用品加工业"这些休闲第二产业，以及"农业（种植业）观光（或旅游）、农业（种植业）休闲、林业休闲、渔业休闲、牧业休闲、副业（手工艺）休闲"这些休闲第三产业（表2-1）。这是从严格意义的角度对农业的休闲延伸、衍生产业的分类。

（一）狭义休闲农业

狭义休闲农业指休闲种植业，是指种植业中那些专门种植观赏娱乐用或兼具观赏娱乐价值的农作物的行业或部门，提供休闲用农产品，如特色瓜果的种植、花卉盆景的栽种等，属于休闲第一产业。狭义农业旅游、农业休闲，即种植业旅游、种植业休闲，是指有关组织或个人利用种植业资源（种植业文化、种植业环境）向消费者提供旅游、休闲服务，如有关种植业的观光服务、娱乐服务，属于休闲第三产业。同样，休闲渔业是指渔业中专门养殖与捕捞观赏鱼的行业或部门，提供休闲用鱼产品，属于休闲第一产业；渔业旅游、渔业休闲是指有关组织或个人利用渔业资源向消费者直接提供旅游、休闲服务，如渔业观光服务、垂钓休闲服务，属于休闲第三产业。休闲林业与林业休闲、休闲牧业与牧业休闲、休闲副业与副业休闲亦同。但由于"休闲饮食品与日用品加工业"（休闲第二产业）、"农业休闲"（休闲第三产业）都属于"休闲农业"（休闲第一产业）的延伸、衍生，故广义休闲农业还包括"休闲饮食品与日用品加工业"，以及"农业休闲"。"休闲渔业、休闲林业、休闲牧业、休闲副业"亦然。

（二）广义休闲农业

广义休闲农业不仅包括休闲性的农、林、牧、渔、副等产业部门，而且还包括休闲农业（休闲第一产业）、休闲饮食品与日用品加工业（休闲第二产业）、农业休闲（休闲第三产业）等上下游产业链条。台湾农业委员会所制定的《休闲农业辅导管理办法》中认为"休闲农业是指利用田园景观、自然生态及其环境资源，结合农林牧渔生产、农业经营活动、农村文化及农家生活，提供人们休闲，增进人们对农业与农村体验为目的的农业经营"，几乎包括了基于农业的所有旅游休闲经营活动，实际上就是广义休闲农业概念。

此外，观光农业与休闲农业的区别在于前者重在观光欣赏，后者重在娱乐参与。实际上，观光农业也是休闲农业的一部分。

二、工业→休闲工业—工业休闲

工业的休闲化发展最先体现在"工业旅游"领域，即将工业遗产，以及工业企业的历史、文化、环境、产品及其生产流程作为旅游资源而开发出来的一种旅游形式或产品，如法国波尔多的"葡萄酒之旅"，德国斯图加特的"汽车之旅"，澳大利亚巴拉腊特（Ballarat）的"淘金之旅"。在美国，所有大企业与机构几乎都有向公众开放的制度，只要事先与有关部门预约，在公司职员引导下，任何人都能在对外开放日参观公司，因而许多受公众注目的著名企业成为旅游胜地，像华盛顿国家造币厂、休斯敦宇航中心。在亚洲，日本与韩国也毫不逊色，如日本北海道有"玻璃之旅"，韩国有"汽车之旅"；我国山东烟台的"葡萄酒之旅"，青岛的"啤酒之旅"也很有名。"工业旅游"更为强调观光欣赏，而"工业休闲"则更为强调参与娱乐（如工业DIY）。实际上，由于观光旅游也是休闲旅游的一部分，休闲旅游属于一种异地的休闲活动，因此"工业旅游"也是"工业休闲"的组成部分，属于休闲第三产业。

旅游活动与休闲活动离不开相关装备物品的支持，如设施设备、辅助物品，从而促进了延伸产业——"休闲工业"（休闲第二产业）的发展，包括休闲食品加工业、休闲用品制造业、休闲建筑业等，如旅游商品的加工、休闲日用品的生产、娱乐设备的制造、娱乐设施的建设等。科学技术、工业生产为人类的旅游与休闲生活服务成为未来工业发展的基本方向之一。"休闲工业"与"工业旅游"、"工业休闲"关系既类似于"休闲农业"与"农业旅游"、"农业休闲"的关系，但也略有不同，"农业旅游"、"农业休闲"属于"休闲农业"的衍生，但"工业旅游"、"工业休闲"却不一定是"休闲工业"的衍生。

三、商业→休闲商业→购物休闲

在休闲消费的拉动下，商业也向休闲化方向发展，商业设施的规划建设不仅重视商业购物环境的建设、气氛的营造，而且将餐饮、娱乐、运动、保健等休闲项目融入其中，形成休闲步行街、休闲商业城、会展中心、大型MALL等，通过享受性购物，留驻消费者，增加购物支出。这样，促使本地购物休闲、异地购物旅游成为休闲者、旅游者的基本休闲活动之一。这是第三产业（服务业）休闲化发展的典型特征。

四、房地产业→旅游房地产业（旅游物业）、休闲房地产业（休闲物业）

房地产业的休闲化发展，衍生出旅游房地产、休闲房地产，使旅游物业、休闲物业发展起来，包括对旅游与休闲设施设备，特别是住宿设施设备的服务管理，如休闲住宅、度假村、时权酒店、产权酒店、养老酒店、培训基地等。

五、公共服务业→公共休闲服务业

《休闲宪章》指出"休闲同健康、教育一样对人们的生活至关重要。"休闲正成为人类成长、发展与幸福的源泉。可见，拥有休闲、享受休闲不仅是上层阶级、中产阶级的生活标志，也是国家实现休闲人权、促进国民幸福的基本途径之一。因此，政府有责任通过财政投资、事业发展，向国民提供公共、准公共性的休闲产品，从而形成公共休闲服务业。如前所述，其实公共休闲服务业已被包含在旅游接待业、体育健身业、保健疗养业、文化休闲业等行业中（表2-6）。这些公共休闲业无疑需要公共财政投资、事业化运营，以及其他政府部门、社会服务部门、企业组织的支持配合。

表2-6　公共休闲服务业构成

休闲行业	公共休闲服务业部分
旅游接待业	景区点业：风景名胜区业、自然保护区业、森林公园业、城市公园业、博物馆、纪念馆等
体育健身业	基础体育：学校体育、社区体育等，大型体育赛事业，体育彩票业等
保健疗养业	疗养院
文化休闲业	演艺业、文化教育业、学术研究业，博物馆业、图书馆与档案馆业、文物保护业等
娱乐休闲业	无
休闲农业	无
休闲工业	无
休闲商业	无
休闲物业	公共休闲服务设施与场所管理

资料来源：作者依据相关资料整理。

表2-7　传统行业的休闲化发展

基础产业 ＼ 衍生产业	休闲第一产业（延伸产业）	休闲第二产业（延伸产业）	休闲第三产业（衍生产业）
农业	观光农业，休闲农业：休闲种植业/休闲林业/休闲渔业/休闲牧业/休闲副业（手工艺）	休闲饮食品加工业；休闲日用品加工业。（属于广义休闲农业部分）	农业观光，农业休闲：种植业休闲/林业休闲/渔业休闲/牧业休闲/副业休闲（属于广义休闲农业部分）
工业		休闲工业（休闲食品加工业/休闲用品制造业/休闲建筑业）	工业旅游（观光）/工业休闲（如DIY）
房地产业			旅游房地产业（旅游物业）/休闲房地产业（休闲物业）
商业服务业			休闲商业/旅游购物业→购物休闲/购物旅游
公共服务业			公共休闲服务业

资料来源：作者依据相关资料整理。

　　总之，传统行业的休闲化发展及其延伸、衍生行业的兴起（表2-7），使旅游服务业（异地休闲服务业）、休闲服务业范围大大拓展开来，为"大旅游"（泛义旅游业）、"大休闲"（泛义休闲业）发展奠定了基础，从而有利于促进国民经济中旅游与休闲行业格局形成和地位提升，为"休闲社会"的到来准备了条件。

本章小结

　　第二次世界大战以来，随着大众旅游、大众休闲的兴起，旅游与休闲日益成为人们生活不可或缺的部分，促进了世界各国各地区国民经济的休闲化、服务化发展，休闲产业成为全球最大的行业。休闲行业作为满足人们发展与享受需要而生产休闲服务、休闲物品的产业，可以依据不同经济理论研究与经济管理实践的需要而划分为狭义休闲业（休闲服务业）、广义休闲业（休闲服务业及其装备业）、泛义休闲业（休闲服务业与休闲物品业），或休闲第一产业（休闲农业）、休闲第二产业（休闲工业）、休闲第三产业（休闲服务业）。休闲行业主要包括旅游接待业、体育健身业、保健疗养业、文化休闲业、娱乐休闲业等核心行业，以及休闲农业、休闲工业（休闲装备业）、休闲建筑业、休闲商业、休闲物业等延伸、衍生行业，构成了休闲行业结构体系，旨在为消费者提供促进身心健康的休闲产品（休闲服务、休闲物品）。其中：旅游接待业也可以依据学术研究和实践管理需要，从需求与生产两个角度，将其划分为狭义旅游业（旅行社业、景区点业、旅游交通业、住宿业——需求角度，或观赏娱乐业——生产角度）、广义旅游业（六大要素、七大行业）、泛义旅游业（旅游服务业、旅游物品业），其中主要在狭义旅游业方面存在差别。体育健身业主要包括体育核心行业（竞技体育、休闲体育）与体育连带行业（体育延伸与衍生行业）。保健疗养业主要包括保健疗养服务业、保健疗养服务用品业。文化行业包括文化服务业、文化装备业，涉及许多具体门类，大部分属于文化产业，少部分属于文化事业。休闲娱乐业即康乐业，实质上是旅游接待业、体育健身业、保健疗养业、文化休闲行业中具有娱乐成分的部分。而农业、工业、商业、物业、公共服务业的休闲化发展，延伸、衍生出了休闲农业、休闲工业、休闲商业、休闲物业、公共休闲服务业等。

本章思考题

1. 名词解释
（1）休闲行业
（2）旅游接待业　体育健身业　保健疗养业　文化事业　文化产业　休闲娱乐业
（3）休闲农业　休闲工业　休闲商业　休闲物业　公共休闲服务业
2. 简单答问
（1）简述休闲业的分类方法。
（2）简述旅游接待业的分类方法。
（3）简述体育健身业的分类方法。
（4）简述保健疗养业的分类方法。
（5）简述文化休闲业的分类方法。
（6）简述娱乐休闲业的分类方法。
3. 论述答问
（1）谈谈休闲行业的特征。
（2）谈谈休闲行业的公益性特性。
（3）谈谈休闲行业与文化行业的区别与联系。
（4）谈谈传统行业的"闲化"（休闲化）与"软化"（服务化）发展的原因和趋势。
（5）谈谈如何建立休闲产业的统计指标体系。

4. 材料分析题

阅读材料：

"国民休闲计划"与"国民旅游计划"——提振经济还是增加社会福利？

在 2008 广东国际旅游文化节暨泛珠三角旅游推介大会期间举行的首届"广东开放论坛"，一场关于"国民休闲计划"、"国民旅游计划"的大讨论轰轰烈烈地展开，专家、学者、业界、政府官员分正反两方展开了激烈的辩论，国民旅游计划是仅仅为了提振经济而提出还是为了增加社会福利而设？现场明显分为两派，支持国民旅游计划的一方，以业界与政府官员为主，则认为该计划对拉动经济起到积极的作用，而且是一项长远的战略；而对此保留意见的一方，以专家、学者为主，则认为老百姓的旅游意识已经被激发，不需要设立这样的计划去推动，关键是要增加社会福利，落实带薪休假，经济好转了，人们自然也就选择出去旅游。

资料来源：摘自《南方日报》，2008 年 12 月 3 日。

问题：

（1）国家即将推出"国民休闲计划"、"国民旅游计划"的初始目的是什么？体现了什么价值取向？你认为应该体现什么价值取向？

（2）专家、学者与业界人士、政府官员的观点有什么不同？为什么？

（3）你更倾向于其中哪种观点或有第三种观点？请简要说明理由。

本章延伸阅读

[1] 卿前龙，胡跃红．休闲产业：国内研究述评 [J]．经济学家，2006，4（4）．

[2] 卿前龙．休闲产业：概念、范围与统计问题 [J]．旅游学刊，2007，8（8）．

[3] 卿前龙，刘祚祥．国民经济"闲化"趋势与休闲产业"软化"趋势 [J]．哈尔滨工业大学学报：社科版，2007，9（5）．

[4] 王国新．我国休闲产业与社会条件支持系统 [J]．自然辩证法研究，2001，12（12）．

[5] 宋子千．旅游业及其产业地位再认识 [J]．旅游学刊，2007，6（6）．

[6] 王全福，杨英法．文化产业的界定和统计的难题及解释 [J]．求索，2008，1（1）．

[7] 刘少和．发展休闲娱乐业，创造旅游吸引物 [J]．旅游学刊，2006，12（12）．

第三章 休闲供给组织

本章导读

休闲经营管理的基本对象是休闲行业，尤其是各类休闲供给组织的经营管理活动。休闲供给组织是构成休闲行业、休闲经济系统的细胞，构成了休闲经营管理活动的逻辑起点。休闲供给组织是指一切提供休闲设施和服务的组织，要想对休闲业的历史、现状和趋势有一个系统的认识，对休闲业实施科学、有效的经营管理，首先就需要了解休闲供给组织（当然离不开对休闲需求的分析）。休闲产业的供给内容从根本上取决于休闲消费需求状况，现代社会休闲需求的复杂性、多样性和动态性决定了我们必须对休闲供给进行深入的研究与规划。由于休闲活动与休闲消费具有很强的社会属性，不同经济、政治、文化背景的国家，提供休闲服务的方式也各不相同。国内外学术界对休闲供给组织的研究呈现多元化趋势，出现了多种划分休闲供给组织类型的方法。结合现有的分类方法，本书将休闲供给组织分三部分进行阐述：商业性休闲供给组织、公共性休闲供给组织和公益性休闲供给组织[1]。

西方学术界关于休闲的研究较早，对休闲服务的供给渠道也曾有过较为广泛的讨论。如把休闲服务的供给渠道分为自给供给、公共供给和商业供给三种。这种分类方法简单明了，因此流传较广。还有学者将休闲服务的供给分为8种，即由公共机构提供的休闲服务，这类机构一般由政府拨款；由自愿的非营利性组织提供的休闲服务；由商业营利性机构提供的休闲服务；由特别组织提供的治疗性的和特别的游戏活动；由学校和大学组织的休闲活动；由部队组织的休闲活动；由公司为雇员组织的休闲活动；由私人俱乐部向会员提供的休闲服务。这种分类方法从供给渠道上详细地列明了各种供给服务，但八种供给渠道的阐述显得较为繁琐。还有许多学者认为可以根据休闲供给机构的财政来源和管理方式来区分它们，如将其划分为私有（志愿性组织）、公有和商业性娱乐机构或是盈利性组织（私人部门）、非盈利性组织（公共部门）和公益性组织（志愿性组织）。

在我国，也有学者就休闲服务的供给组织问题提出了不同观点。如将休闲供给分为自给性休闲服务、社会供给性休闲服务和商业供给性休闲服务三类。或将休闲组织划分为商业性休闲组织、政府休闲组织和第三部门休闲组织。还有观点认为可将休闲服务的国内供给渠道分为四类：自我供给的休闲服务、私人部门供给的休闲服务、公共部门供给的休闲服务和志愿性组织供给的休闲服务。考虑到休闲服务进口的情形，休闲服务的供给还可增加一个渠道，即国际渠道。也有学者认为经营休闲产业的组织单位主要有三类：①营利性组织，由个人或股东对其设施及企业拥有所有权，按市场机制以营利为目的来满足人们变化多样的休闲需求。②非营利性组织，其设施和企业多由政府直接领导，并享有一定的经营自主权，仅向休闲者收取成本费用。③公益性组织，设施和企业是由慈善组织或联合协

---

① 需要说明的是，这三类供给组织所提供的休闲服务不能涵盖所有的休闲活动，如自给性休闲。

会经营管理。

第一节　商业性休闲供给组织

现代社会存在多种商业性休闲供给组织，包括提供旅游设施（旅游景区、旅游饭店、俱乐部）、休闲产品（玩具、游戏器材、运动设备、书籍、车辆制造与销售）及文化娱乐活动（协会组织、体育比赛、文娱演出或康体健身活动）等的营利性组织。这些组织提供的一般是私人产品，但也可能是半公共产品，如影院提供的就是半公共产品。当然它也可以提供公共产品，但由于这和营利性组织利润最大化的目标不一致，因此商业性休闲供给组织一般都不会供给纯公共产品。

一、商业性休闲供给组织的概念及类型

商业性休闲供给组织是指由个人或股东所拥有，以盈利为目的提供休闲设施和服务的组织。这类组织属于营利性组织，以利益最优化为基本准则，以利润最大化为目标开展经营活动，提供休闲设施和服务。休闲的供给是商业性休闲供给组织获取利润的手段，因此只要愿意支付相应费用的人都能获得这类组织提供的服务。这类根据市场原则获得的休闲产品和服务填充了人们的休闲时间，对人们的休闲生活产生了巨大的影响。

由于商业领域经营形态的复杂性，不同学者对商业性休闲供给组织给出了不同的分类法，美国学者曼森（1978）的理论是其中有代表性的一种观点，他认为商业性休闲供给机构的组织形式可分为5种情况：①个人所有企业，如度假牧场；②地方公司，如滑雪度假村；③大型的全国性公司，如健身连锁俱乐部；④特许经营，如野营地或其他设施，即根据特许经营协议对公共财产进行开发经营的；⑤制造商经营的企业。如保龄球器材制造商经营的保龄球馆。曼森还将这类机构所提供的商业性休闲服务项目作了如下分类：宾馆、汽车旅馆；饭店；田径运动场；高尔夫球场；网球俱乐部；健身俱乐部；剧院；主题公园（如迪斯尼乐园）；游泳池；私人经营的可供游泳的湖泊；划船俱乐部和码头；马术场；收费的垂钓园；钓鱼船只出租；天然小径探险；岩洞探险；风景游览；狩猎向导；射击场；台球厅；保龄球馆；滑雪场；溜冰场；假日农场和度假牧场；度假宿营地；野营中心；探险旅行和野炊场所，等等。

M. 丘博和 H. 丘博（M. Chubb，H. Chubb）将商业性娱乐机构划分如表 3-1 所示。

表 3-1　丘博的商业性娱乐机构划分

类　型	机　构
购物场所	传统的各类店铺 其他零售店：如订购单销售（catalogue sales），集市（markets）
餐饮服务	食品店和饮料店，快餐店，咖啡馆，餐馆，酒吧和夜总会，某些特定场合的餐饮服务（Refreshment Services）
大众休闲场所	舞场，运动场
娱乐性公园（amusement park）	传统公园，主题公园
博物馆、园林和绿地公园 展览会、观光塔和市容游览	旅行演出（Travelling Show），俯瞰市容观光和乘车市容观光

类　型	机　构
露天大型体育场和跑道	
野营地、旅店和度假村	野营广场和码头，旅馆和客栈，设施独立的度假村（如季节性风景区），温泉和疗养风景区，体育度假村，旅游俱乐部，观光游艇，流动性的资源：河流、湖泊、偏僻的乡村
田地和房产	
土著居民的商业组织	
露营地（camps）和学校	
产品和服务	娱乐产品，专业服务，租赁

资料来源：杰弗瑞·戈比. 你生命中的休闲［M］. 康筝，译. 昆明：云南人民出版社，2000：162 - 163.

约翰·特莱伯（2007）从不同的企业组织形式角度出发，对提供休闲服务的营利性组织分为无限责任组织和有限责任组织（图3-1）。

营利组织
├ 无限责任组织 ┤ 单一所有权
│　　　　　　　 └ 合伙企业
└ 有限责任组织 ┤ 私人有限公司
　　　　　　　　└ 公有有限公司

图3-1　约翰·特莱伯的营利性私营休闲企业划分

资料来源：约翰·特莱伯. 休闲经济与案例分析［M］. 李文峰，译. 沈阳：辽宁科学技术出版社，2007：21.

知识链接

在商业性休闲供给组织供给休闲服务的情形中，有这样一个值得讨论的问题，即如何看待企业为职工免费提供的休闲服务？此种情况下企业是否化身为公共性或公益性休闲供给组织？学者卿前龙（2007）对此做过阐述，指出这仍是私人营利性组织提供休闲服务的例子，因为企业本身是一个营利性组织，它是以利润最大化为目标的，它向员工免费提供的休闲服务其实并不是真正的免费，它本身属于职工福利的一部分。因此，职工的这部分福利就是这部分休闲服务的价格。其次，企业通过向职工提供休闲服务，能获得职工生产率提高所带来的外部性收益，这也是符合企业利润最大化目标的。只不过在这种免费供给的例子中，企业并不向员工以外的消费者提供服务，因此它属于私人部门内部供给的情形，它和公共部门或志愿性组织免费供给的情形不同。

二、商业性休闲供给组织的特点

（一）商业性休闲供给组织是目前市场休闲服务供给的主体

休闲服务行业是20世纪的新事物，目前正方兴未艾，而商业领域是迄今为止休闲供给组织分布最广泛的领域。从全球来看，在各类有关提供休闲服务的组织中，商业性休闲供给组织的数目是最多的，商业化休闲资源的开发在国外达到了特别高的程度。

以美国为例，商业化的休闲资源的开发在美国达到了特别的程度，美国的休闲产业中95%都是由营利性服务机构承担休闲服务项目，非营利性和公益机构主要为青少年和老年服务。在每年用于休闲消费的3500亿美元中，有大约60亿~70亿美元为政府提供的服务，150亿美元由非营利性服务机构提供的服务，其余部分则属于营利性服务机构。又如在加拿大，共有大约25000家饭店，8500多家旅馆，近2500家旅行社，另有20000多家电影院、录像带租售店等娱乐性企业，在艺术、文化、娱乐和运动等部门的就业人数高达386000人，其中有230000人是在营利性休闲服务部门，它们的小时平均工资差不多是加拿大联邦最低工资水平的2倍。西班牙也是如此，该国的休闲业由国家和民营企业共同投资和经营，以民营为主。另有资料表明，商业性休闲供给组织在休闲服务方面的支出至少是公共性和公益性组织支出的10倍。

近年来我国商业性休闲供给组织也如雨后春笋般增加，家庭旅馆、休闲吧随处可见，旅行社、度假村遍布各省，大型主题公园如迪士尼乐园也在我国落脚。这类企业既有个体所有制企业、国有企业、也有上市公司、大型跨国集团公司。可以说，在某种程度上，现代的旅游业、主题公园、专业化和商业化的体育设施以及其他许多商业企业所提供的休闲服务，已占据了人们很大一部分闲暇时间，对人们的休闲生活产生了巨大的影响。

由于在所有提供休闲服务的组织中，私人部门的数目最为庞大，私人部门提供的休闲服务也占了市场化休闲服务的最大比例。因此可以说，商业性休闲供给组织都已成为现代社会市场化休闲服务的主要供给者。换言之，商业性休闲供给组织是市场休闲服务供给的主体。

（二）以营利为目的，能有效把握市场需求

由于商业性休闲供给组织是营利性组织，其收入全部来自市场，市场高度敏感和资本优化配置使其在顺应休闲时尚、紧跟时代潮流方面具有较大的灵活性，能够较好地满足人们变化多样的休闲需求。

受到利润驱使，商业性休闲供给组织一般都是主动发掘市场需求，主动为消费者提供服务，大多经营方式灵活，能有效地根据市场需求变化提供休闲服务，因而对市场需求变化具有高度敏感性，供给的一般都是那些供给弹性高的产品，提供的休闲服务也是能够顺应市场需求灵活调整的，能更加多方面、多层次地满足公众的休闲需求。

此外，休闲服务本身的产品特点也决定了商业性休闲供给组织需要灵活把握市场需求，及时作出反应和调整。由于休闲服务是无形的、不能贮存，企业无法通过闲时大量贮存产品来对供求进行调节，因此必须随时适应市场的变化而做出快速反应。

（三）受到较多制约，供给规模一般较小

一般物品的供给可以通过交通运输的方式来满足异地需求，许多企业也正是采用此种做法来满足异地需求扩大供给规模。而在一些服务的供给中，由于所提供的服务是无形的，不能贮存，生产与消费具有同时性，因此无法像一般物品的供给一样通过交通运输的"网络效应"来更多地满足异地需求。受到地域性需求制约这一特点在休闲服务的供给中表现得尤为明显。

对于商业性休闲供给组织来说，异地需求的满足往往必须通过异地消费者向商业性休

闲供给组织空间位移来实现，而实现这种空间位移所导致的高额成本（包括经济成本、时间成本、精力成本等）加之休闲的非必需特征会在很大程度上抑制这种异地需求。尤其当商业性休闲供给组织所供给的休闲服务具有强可替代性时，这种抑制将是非常严重的，它使得商业性休闲供给组织的供给只能建立在主要甚至完全依赖本地需求的基础上。而对于休闲服务来说，本地需求面又往往比较狭窄。当商业性休闲供给组织的供给主要受到当地需求的制约时，其供给规模的扩大是相当困难的，从而决定了大多数商业性休闲供给组织的供给规模较小，比如餐饮企业、娱乐场所、运动场馆等，一般都是立足于本地需求，规模一般不大。

理论上说，如果商业性休闲供给组织供给的服务是一种弱替代性的、独具特色、难以复制的休闲服务，就能很好地吸引异地需求，从而使企业规模不断扩大。但在现实中，很多特色休闲服务的供给往往是以某种特殊的稀缺资源为供给基础的，这种资源不但不可再生，而且不可替代，其供给量也是非常小甚至是唯一的。而许多特色资源，其供给的承载力往往是非常有限的，即使这种资源全部被某单个企业获得，那么以这种资源为要素的产品也存在一个有限的最大供给，企业规模的扩大就无可避免地受到这些特殊资源禀赋的约束。我们可以在商业性休闲供给组织的服务提供中发现大量此类现象的存在，比如那些完全依赖于某一特殊自然资源或人文资源的旅游休闲服务，它的供给能力主要是以特殊的自然或人文资源的承载力为基础的，其生产能力即接待游客的能力不可能像在工业生产中一样可以通过不断扩大规模而实现，更不可能无限增加。长城和故宫的游览就是如此，过多的游客涌入景区，将会对景区资源造成严重的破坏。依赖于某一特殊生产机制的文化、运动、娱乐等休闲服务也是如此，如中央电视台的春节联欢晚会、北京奥运会比赛开幕式的现场观看等。属于这种情形的还有那些供给严重依赖某些特殊人力资本的休闲服务，如营养专家提供的咨询指导、演艺明星的见面会等。由于受到这些特殊资源禀赋的约束，供给基础的有限承载力也对许多商业性休闲供给组织扩大规模有制约作用。

还有另一种值得关注的情况，如果商业性休闲供给组织开发出独具特色的休闲服务模式，并采取注册商标、版权经营等方式，使这种服务所依赖的特定资源难以被其他企业替代或仿制，将可能通过企业自身的异地复制方式持续扩大规模。如迪斯尼主题乐园就是一个优秀的范例。目前，这种方式在使用上还存在一定的法律盲点，比如如何将商标的使用许可标注在无形无体的休闲服务上，从而更好地加强商业性休闲服务的版权保护，这将是一个值得研究的课题。

材料阅读

三百辆三轮车获准什刹海胡同游

2008年5月12日，北京市首个三轮车"胡同游"特许经营在什刹海地区开始，三百辆具有民俗特色的"新三轮"持交管部门颁发的正式牌照在该地区获准从事"胡同游"经营，其他三轮车今后不得在这里上路拉客。

什刹海"胡同游"始于1994年，高峰时有1800多辆车，由于多方面原因，存在着黑车宰客、干扰居民生活等现象。2007年8月，《北京市人力客运三轮车胡同游特许经营若干规定》颁布，什刹海成为执行该规定的第一片区域。由于什刹海集居住、风貌保护和旅游三重功能于一身，因此特许经营范围限定为五家公司、三百辆车。2007年12月起，什什刹海公开招标，12 家公司报名，11 家公司参与竞标。经过一系列评审，5 家企业中标。如果没有特殊情况，今后，什刹海三轮车数量将不再扩大。

资料来源：摘自 2008 年 5 月 13 日《北京日报》，作者有删改。

三、商业性休闲供给组织的经营管理

我国的商业性休闲供给组织涉及的组织数量众多，其特征各不相同，经营管理方法也千差万别。但其中大多是规模小、地域分散、人才和经验缺乏的"散兵游勇"型企业，经营管理水平较低。因此，提高经营管理水平，加强经营管理质量，增强竞争力是我国许多商业性休闲供给组织的当务之急。总体看来，商业性休闲供给组织的经营管理要注意以下几个方面。

（一）把握市场需求，开发多元化的休闲产品

休闲消费不是生活必需消费，而是选择性消费，换言之，可以消费也可以不消费，可以多消费也可以少消费。但是，休闲产品的供给会直接影响到消费者的消费决定和满足程度。由于我国休闲行业整体还处于初步发展阶段，商业性休闲供给组织所提供的休闲品种较为单一，每逢节假日，消费者集聚于一些消费热点，势必造成局部拥挤和供给不足。根据中国人民银行发布的统计数据显示，2008 年 7 月，我国居民储蓄总额突破 20 万亿。如何让一部分存款用于休闲消费，主要取决于市场上的休闲产品能否适应不同收入、不同年龄、不同性别、不同职业者的多样化需求。如前文所述，商业性休闲供给组织是市场休闲服务供给的主体，因此在开发多样化的休闲产品品种方面更应当担起重任，迎合市场需求来开发有特色的休闲新产品（如网络旅游、生态旅游、森林旅游）。要秉承大众休闲理念，以大众消费为主体，以个性消费为突破口，在产品开发上实施多元化战略，科学设计休闲产品结构，吸引大众目光，保证人们休闲生活的丰富性和充实性，从而实现休闲产业的多层次、个性化发展。由于休闲业的定位关键是在国内市场，因此休闲新产品的开发要符合我国的国情，在产品结构上可采取"中低档为主，兼顾高档"的设计模式，以满足不同层次休闲者的个性化需求。

（二）重视质量管理，不断提高休闲服务质量

休闲市场的不断扩容给企业带来了大量机会，也使得一些企业忙于开拓市场、扩大规模，重视产品数量，却忽视了服务质量的提高。部分商业性休闲供给组织没有摆正短期利益目标与中长期发展的关系，没能从宏观上把握休闲市场的发展趋势和顾客日益增强的精神消费需求，缺少长远的经营战略。只是注重眼前的经营利益，从而形成一种只顾低头寻求眼前的和局部的利益的急功近利心态。更有一些企业将自己的长远利益和市场信用作为赌注，采用"打一枪，换一个地方"的游击战式市场经营战略，在一定程度上加剧了我国商业性休闲供给组织整体"小、散、弱、差"的经营局面。在这种战略指导下进行企业经营，所提供的服务质量可想而知。

具体来说，休闲企业提供的是服务，员工服务理念、手段和方法的缺乏，也就意味着企业难以在市场中立足。而许多商业性休闲供给组织员工培训体制滞后，缺少系统的培训企业服务员工的途径、手段，用于服务质量管理的资金投入量低，造成服务人员专业化服务水准低，因而提供的服务技能难以适应人们追求精神享受的休闲服务需要。例如，上海环球乐园开业时，70% 以上的第一线员工缺少系统的岗前培训，仅仅是完成了从脱下农装

到穿上工装的转变。这样的企业要想在激烈的市场竞争中生存下来是难以想象的。

另外，由于商业性休闲供给组织在我国发展的历史尚短，经营管理人才和经验的不足也直接反应在其所提供的休闲服务质量上。因此，商业性休闲供给组织要积极引进休闲产业发达国家的管理人员和先进经验，借鉴其优秀的管理方法和手段，加快自身发展。

（三）重视以人为本，规范人事管理体制

休闲服务的质量不但与实物产品的质量存在很大的不同，而且与一般非休闲服务的质量也有区别。对于很多非休闲性服务来说，消费者消费的并不是服务过程而只是服务结果，如裁缝、洗衣、清洁服务。而休闲服务的生产却完全是直接的"人—人"的传递，休闲服务质量基本都是通过"服务的接触"来体现的，因此休闲服务的传递者——尤其是直接与消费者进行接触的服务人员，将会很大程度上影响休闲服务的生产，这种"人—人"的互动过程也会使得产品质量的一致性和稳定性难以保持。这种情况下，员工的管理对于商业性休闲供给组织的重要性就显而易见了。

但现实情况是，我国商业性休闲供给组织大多以私营企业为主，且规模较小，造成一些组织内老板"一人说了算"的局面，或者虽也设立了诸如市场部经理、人事部经理之类的职位，也实行了定职、定责、定岗，但因为都得对老板"负责"而流于形式。更有的企业因为实力的制约，往往还一人身兼数职，责、权、利不明晰，造成了人事管理上的盲目和混乱。在员工的人事管理方面，许多私营企业主只顾自身利益和短期利益，而没有考虑员工的利益和企业的长远发展，为眼前的蝇头小利而使企业员工缺乏安全感。在劳动者的社会福利、保障方面的体系建立相当不完善，有些甚至是空白。比如将社会保险看作是企业的多余开支，不参加社会保险，甚至随意拖欠员工薪水或解聘员工，导致企业员工人心不安，从而造成企业人才流失，甚至造成各种冲突，使企业的发展受到阻碍，成为阻碍中国休闲行业健康发展的制约因素。商业性休闲供给组织要想吸引人才留住人才，必须以人为本，规范人事管理体制，重视社会保障体系的建立，为员工解除后顾之忧。

[材料阅读]

兼职舞蹈教练未签协议遭欠薪

舞蹈教练张小姐反映，位于真华路的欧洛健身会所拖欠数位兼职舞蹈教练的工资："当初谈好第二个月支付上月的报酬，但现在都已经过去两个月了，还没有拿到第一个月的报酬。"她表示，在与欧洛会所建立劳动关系的两个月内，该会所的店长就已经换了两个人，最初的负责教练也已经不知去向，前台小姐的面孔也常常换新的。

另一位兼职舞蹈教练被欠薪，因此早就不再去店里上课。而据她所知，至少还有4位兼职教练也面临着同样的处境。"所以，舞蹈教练才会换了一批又一批。"

两位教练表示，她们都没有与欧洛会所签订用工协议，唯一能确认劳动关系的是一本签到簿。因此向劳动部门投诉的时候，没有任何书面依据。

由于各类舞蹈课程的独立性和差异性，舞蹈教练无法像健身器械教练那样，在一个健身会所内呆很长时间，只有在几个会所中分别兼职才可能赚到比较多的收入。因此造成的现状是，舞蹈、瑜伽课程的兼职教练与健身会所不签订用工协议的情况非常普遍。没有固

定协议对教练而言比较自由，但当她们遇到劳动纠纷时，则往往比较被动，这也导致会所教练频繁轮替，难以保证会员利益。

资料来源：摘自 2007 年 12 月 10 日《上海商报》，作者有删改。

（四）诚信经营，抵制违背市场伦理道德的行为

与人们生活水平提高同步发展的是休闲活动市场规模的不断扩容，而市场的不断扩容意味着休闲市场蕴含着巨大的市场回报率，这对任何从事休闲产品经营的商业性休闲供给组织来讲都是梦寐以求的商业讯号。企业讲究经济效益，追逐商业利润，本是天经地义的事情。但这种市场经营原则需要受到各种职业道德的制约，从而在各种情形下都能有效地维护消费者的权益，并进而维护整个行业的健康发展。

目前，部分商业性休闲供给组织，过分强调自身企业的利益刚性，表现为一味地追逐商业利润，而置企业经营必须遵守的市场道德价值取向于不顾。如在休闲产品和服务的经营上，以企业为中心，而不是以顾客为中心，欺诈现象时有发生，致使顾客尽兴而来，败兴而去。例如，一些经营旅游线路的中巴司售人员，先用低价诱惑将外地游客骗上中巴车，而后常常在中途强迫游客缴付更多的车费，如果有游客拒绝付费，就将游客中途抛下，这种不顾职业道德而强行获取不义之财的做法自然遭到游客的强烈反对。可现实是，在很多时候，游客势单力薄，在缺少援助的情况下，被迫就范。

部分商业性休闲供给组织违反市场经济基本伦理道德的这些做法，搅乱了休闲市场的秩序，极大地损害了休闲行业的形象。虽然通过这些做法，少数人和少数企业能得到一定的赢利，但是却失去了立足市场的基本形象要素——企业诚信。一个企业没有了市场职业道德的制约，就不可能与消费者形成公平的市场买卖关系，将会使消费者总是处在时不时就要被欺骗甚至损害的消费恐惧之中。即使是一家组织的个别行为，也会使顾客在心里对其他组织所提供的产品产生是否有"猫腻"的疑问，其对整个休闲行业、乃至服务行业的消极影响难以估量。可以说，企业道德价值的跌落令企业失去了最宝贵的市场信用和声誉，已经成为损害广大消费者的正当利益、阻碍中国商业性休闲供给组织健康成长的制约因素。因此，遵守诚信经营的基本市场道德准则应成为各类休闲组织，尤其是商业性休闲供给组织的经营共识，自觉抵制各种违背市场伦理道德的行为，共同维护休闲行业的健康发展。

[材料阅读]

美容院一夜间人去楼空　经理老板无法联系

2008 年 4 月 29 日，准备做美容的王小姐来到罗湖宝安南路一家美容院，却发现大门被两把铁锁紧紧锁上，她透过窗户一看，里面已经人去楼空。在打电话给认识的美容师后她才发现：美容院的老板与美容器械在一夜之间都不见了！

多名老顾客反映，这家美容院从去年年底开始，就渐渐在走下坡路。"原来的美容师都走了，新来的人业务根本不熟练，主要就给我们推荐美容产品。服务倒成了次要的事情了。"顾客赵女士说："现在我们基本每个人都还有数千元的美容费还没用完，现在老板不见了，我们的钱怎么办呢？"

同在店门口的还有数名该美容院的员工。"拖欠我两个月工资先不谈，工作时交了

1000 元押金现在还不知道下落呢。"一名工作人员诉说，"美容院里大约还有 1000 多会员的资料，其中绝大部分人还有美容费没用完。"她说，很多顾客至今还不知道美容院老板失踪的消息。

该物业一名工作人员也表示，这家美容院目前已经拖欠了数月的租金和水电及管理费，在得知顾客反映老板失踪后，他们就在门前装上了两把大锁保证顾客的资料安全。目前，美容院会员们已经报警。

资料来源：摘自 2008 年 4 月 30 日《晶报》，作者有删改。

第二节　公共性休闲供给组织

现代社会中，休闲活动的社会化趋势明显。休闲活动不仅仅是个人或私人的事情，同时也是社会的福利和公共事业，需要政府部门出面进行统筹规划、组织实施和维持管理。例如：图书馆、博物馆、美术馆、公园、公共空地、商业带的步行区、电视台、广播台、体育场馆、少年宫、儿童活动中心、老年活动中心、大型节庆活动等等，均需要国家拨款或通过筹集赞助作为社会公共福利事业来管理。简单地说，老百姓的休闲玩乐离不开一些基本的公共设施和服务，因而需要纳入政府部门规划和管理的议事日程之中。我们所说的精神文明建设，也包括了国家对社会公共休闲设施和服务的投入、建设和供给。这种社会化的公共休闲构成了休闲产业的一部分，公共性休闲供给组织成为休闲供给组织中必不可少的一种类型。

一、公共性休闲供给组织的概念及类型

公共性休闲供给组织是指国家所有的提供休闲设施和服务的组织。如国家所有的博物馆、美术馆、科技馆、公园、图书馆、活动中心等。这类组织一般由政府部门直接领导，从政府部门获得拨款或资助，提供的一般是公共产品或半公共产品。有些公共性休闲供给有一定的自主经营权，仅向休闲者收取成本费用，如一些博物馆、图书馆、公共娱乐场所等，通常享有一定的政府补助。而另外一些公共性休闲供给则实施免费服务，向公众完全免费开放，如公共绿地、公共运动场地等。

一些国家有专门的政府组织是与休闲供给密切相关的，但更多的情况是，政府的许多部门虽然并非为休闲的供给而设立，却也成为公共性休闲供给组织的成员。以美国为例，与休闲最相关的政府机构是内务部下属的遗产保护和娱乐管理局，各州也都设有以户外游憩为首要职责的专门机构。但还有很多并非为休闲服务而设的政府机构也渐渐介入到了户外娱乐活动之中。比如田纳西河流域管理局（The Tennessee Valley Authority）建设了一个系统的大坝工程，在制洪发电的同时提供户外娱乐；国家公园管理局（The National Park Service）下辖的 3000 万英亩（1 英亩 = 4046. 86 平方米）面积成为具有国家历史、文化、自然和娱乐意义的户外活动地区，还有许多其他联邦机构间接地与娱乐和休闲有关，因为它们涉及老年人、弱智、运输、商业和艺术等相关课题（刘嘉龙等，2008）。

根据伯尔顿等人的框架，发达国家的政府在休闲服务领域可以扮演以下 5 种角色中的一个或多个：①作为公共休闲服务的直接提供者，将公共休闲服务的运行与管理作为政府功能的一部分。政府部门利用公共资金建立并维护休闲设施，经营休闲项目，提供休闲服

务，如市政府的休闲服务或者公园与游乐部所经营的游泳池。②提供休闲服务，但对公共运行与管理保持一定距离，即在政府的常设机构之外，建立一些专门机构，由政府提供资金和主要负责人，来管理有关设施与项目。③作为赋权者与协调者，选择并确定一些非政府组织与机构来提供公共休闲服务，并在项目的运行、资源的分配上适当地做一些协调工作。这种鼓励和帮助一般是通过政府提供的培训和咨询服务来实现的。④作为民间休闲服务的赞助者，通过提供资金等方式，对已经在为公众提供有价值的休闲服务的非政府组织给予一定的支持，鼓励它们继续提供更加良好的服务。这类机构可能是商业性休闲供给组织也可能是公益性休闲供给组织。⑤做好有关休闲与休闲服务的立法和规范工作，通过建立法律规范来管理那些提供休闲服务的机构，同时也规范人们在休闲环境（如国有公园）中的行为，以促进休闲服务的健康发展。在不同的时期，政府可以根据具体的休闲服务项目、政府所掌握的资源，以及需要协调的各方面关系，灵活地扮演不同的角色，而无须拘泥于一种定格的角色。

引例

文化、新闻及体育部（DCMS）　（英国）

DCMS的目标是通过文化与体育活动提高人们的生活水平，为发展卓越的旅游业、创意产业和休闲产业提供支持。我们的愿景是推广优秀项目，通过宣传提高我们项目的吸引力。

为了达到这一目标。我们围绕着我们的工作内容提出四项优先战略：

·孩子与年轻人优先战略：使孩子们与年轻人能更多地接触文化与体育活动，给他们机会来充分发展他们的天赋；

·社会优先战略：向广大公众开放我们的机构，促使人们终生学习，提高社会凝聚力；

·经济优先战略：尽可能通过旅游、娱乐和休闲活动为英国经济作出贡献；

·服务优先战略：增加赞助机构，努力达到顾客第一的目标，使我部门的服务提供途径现代化。

DCMS的工作是：

负责政府以下方面的政策制定和实施：艺术、体育、国内博彩、旅游、图书馆、博物馆、美术馆、广播、影视、音乐产业、言论自由及其约束、许可证办理、赌博活动管理以及历史遗迹保护。

同时负责管理以下项目：建立历史建筑名录，按照时间顺序排列古迹，文化作品出国许可证的办理，政府艺术收藏馆和皇室公园的管理。

我们与财政部协商确定的2003~2006年公共服务目标是：

·增加5~16岁孩子进行体育运动的机会，现在这个年龄段的在校学生在体育课以及体育运动方面最少的每天只花费了2小时，希望通过努力将这个时间能够提高25%~75%；

·显著提高20岁以上人员优先接触各种文化活动和体育活动的机会；

·提高旅游、娱乐和休闲产业的生产力；

·显著提高政府资助部门的资金价值。

资料来源：节选自英国文化、新闻和体育部网站（www.dcms.gov.uk）。

约翰·特莱伯（2007）从不同级别角度出发，将提供休闲服务的公共组织分为国家政府所有和地方政府所有，其中国家政府所有的组织又可以进一步分类为公有企业、政府部门以及其他政府机构（图3-2）。

图3-2 约翰·特莱伯的公共休闲部门划分

资料来源：约翰·特莱伯. 休闲经济与案例分析［M］. 李文峰，译. 沈阳：辽宁科学技术出版社，2007：21.

二、公共性休闲供给组织的特点

（一）资金主要来自政府财政

公共性休闲供给组织一般由政府部门直接领导，资金主要来自政府财政，通常通过拨款或资助形式获得。根据约翰·特莱伯（2007）的观点，公共性休闲供给组织的资金有多个来源渠道，其中主要的是税收收入以及政府借贷，此外还有国有企业经营利润和公私合作①收益，有些国家的国内彩票发售也是重要资金来源。

引例

彩票发售成为公共性休闲供给组织的资金来源之一

在英国，由于公共开支经常受到财政部其他支出的挤压，因此娱乐、休闲和旅游投资主要来源于国内彩票。28%的彩票收入（据统计1998—2002年间大约为每年50亿英镑）被五个主要方面获得，而其中四个方面都有利于休闲与旅游的发展，它们是慈善团体、艺术机构、体育机构、国家遗产、千禧基金。

受益于国家彩票收入的艺术项目主要有以下几个：一是伦敦的南岸艺术中心。在彩票基金的帮助下，国家戏剧院的大厅部分很快就完成了重建工作。二是泰特美术馆表现现代艺术的Bankside博物馆，国家彩票为该项目提供了投资资金。这一工程是在伦敦东部一个废弃的发电站基础上改建而成的，该项目的预计投资需求量为8000万英镑。英国国家剧院也在寻求彩票资金用于修复伦敦大剧院。

英国体育委员会已经设立了彩票局来分配它的那份彩票资金，价值在5000英镑到500万英镑范围内的项目得到批准的比例高达65%。而大的项目，包括新的Wembley国家体育场以及地区委员会的运动设施也会被批准。

国家遗产纪念基金则负责引导资金投入到以下几个方面：博物馆藏品搜集、历史性建筑保护以及纪念碑、景区、图书馆以及工业遗产等方面的投资。

---

① 公私合作是指政府与私营企业为了一个投资项目未来的收入而签订合同，在资金筹措、项目设计、建设、经营和维护等方面进行合作的一种方法。

彩票基金用于休闲和旅游项目投资的其他案例还包括以下几个方面，这些项目是于1999年对外公开的：国家历史博物馆地球美术馆（从遗产彩票基金中支出600万英镑）；国民托管组织对利物浦 Paul McCartney 青年时的故居进行修缮（从遗产彩票基金中支出4.75万英镑）；重点恢复位于朴次茅斯的皇家海军博物馆（传统彩票基金）；位于莱斯特的国家空间科学中心（从千禧基金中支出2300万英镑）。

资料来源：约翰·特莱伯. 休闲经济与案例分析［M］. 李文峰，译. 沈阳：辽宁科学技术出版社，2007：214.

（二）服务价格低于成本或免费

公共性休闲供给组织与商业性休闲供给组织不同，它们遵循不同的经济发展原则。公共性休闲供给组织是为社会提供公共产品和准公共产品的，非营利性和公益性是这类组织的经营宗旨。正如道尔等人的观点：在一个充满爱心的社会里，为人们提供休闲的机会是一项必要的社会义务。这与商业性休闲供给组织以盈利和利润最大化为目的运行方式有很大区别。从休闲供给的目的来看，公共性休闲供给组织提供休闲服务的主要目的是为了尽可能多地让人们享受到基本的休闲服务，保证一般民众享有基本的休闲权利从而促进休闲机会的平等，而不是获取利润，因此往往以低于成本价格甚至免费的方式为公众提供休闲设施和服务。

由其目标所决定，公共性休闲供给组织并不会涉足所有的休闲领域，而是只提供一些特定的休闲服务。在这类组织所提供的休闲服务中，有些甚至是专门针对某些特殊弱势群体的，如一些专门为青少年和老年人提供休闲服务的公共组织就属于此类。这类休闲服务以纯社会福利的方式出现，弱势群体利益的考虑也是公共性休闲供给组织持续低于成本甚至免费提供休闲设施和服务的原因。

（三）供给行为具有较强的正外部性

这些由公共性休闲供给组织直接提供或是给予支持的休闲设施和服务一般都是纯公共产品或半公共产品，这类产品通常具有较大的正外部性[①]，如果由私人部门提供这类服务，则会由于经济上难以获利或难以承担投资风险而使私人不愿意供给，即使供给也可能是低效率甚至是无效率的，从而会出现供给偏少，产生市场失灵，导致具有重要公共价值的基础休闲项目被忽略，造成很高的社会福利损害并损失未来的可能收益。这无疑偏离了政府的效率目标。虽然公共性休闲供给组织的这种供给从单个经济主体角度看来是不经济的，但从整个社会来看，这种供给却是有效率的，因而适合于由政府供给。

当这类休闲服务具有较大的正"外部性"时，如果由私人部门提供这类服务，那么供给将是低效率甚至是无效率的，从而会出现供给偏少，产生市场失灵，造成很高的社会福利损失，这无疑偏离了政府的效率目标。

公共性休闲供给组织的贡献之一就是提供了商业性休闲供给组织认为在经济上不可行的休闲娱乐设施和服务。比如，在城市兴建大型公园需要大笔费用进行征购、开发和维护，商业性休闲供给组织从经济上可能难以负担，但对公共性休闲供给组织来说却是可行的。公共性休闲供给组织还给予许多有价值的休闲设施、产品和服务以各项支持，使其能

---

① 正外部性是指经济主体的活动使他人或社会受益，而受益者无须花费代价。

延续生存并持续发展。例如动员或利用社区内的资源来打造更优秀的休闲服务，这只有政府才能做到，因为只有政府才能给予持续的、多方面多层次的支持。有些艺术形式的生存也部分地取决于公共性休闲供给组织直接或间接的支持，尤其是一些有价值的民间艺术形式，如民族传统手艺等，都可能获得政府提供的资金支持或其他形式的帮助。此外，公共性休闲供给组织还致力于为社会保护有历史意义的地区和独特的自然景观，或是负担起向有特殊需要或残疾人群，如精神失常者、弱智者、残疾人、老年人和囚犯等提供休闲服务的任务。

知识链接

关于公共部门投资的争议

公共部门的投资受到了极大的争议，反对公共投资的主要观点集中在以下几个方面：

1. 公共部门并不能很好地了解人们的需求，因此常常投资在一些大而无用的项目上；

2. 公共部门并不善于有效利用资金，通常会导致浪费；

3. 公共部门的投资会引起税收增加或公债增加；

4. 公共部门投资会排挤私营部门投资。

但世界上仍然有许多国家倾向于保留强有力的公共部门。赞同公共部门投资的论点主要有以下几点：

1. 私营企业投资公共项目的动机不纯；

2. 私营企业很少会在主要产生社会利益的项目上进行投资；

3. 私营企业可能不会为一个非常大的项目承担投资风险；

4. 公共部门的投资可以帮助那些产业结构重组后的地区尽快恢复经济；

5. 当失业率较高时公共部门的投资可以产生一些工作机会。

资料来源：约翰·特莱伯. 休闲经济与案例分析 [M]. 李文峰，译. 沈阳：辽宁科学技术出版社，2007：216－217.

三、公共性休闲供给组织的经营管理

公共组织提供休闲设施与服务同促进民众休闲机会的平等息息相关，公共性休闲供给组织应该看准时机，适时、适点、适度地介入休闲产业发展中，建构有利于休闲权利福利化、休闲消费文明化的社会环境，促进休闲业的持续健康发展。为实现这一目的，需要对公共性休闲供给组织进行科学化的经营管理。

（一）寻求兼顾效率与公平的新型管理模式

不同国家的公共性休闲供给组织提供休闲设施与服务的主要理由虽然相似，但目标体系下的各个具体目标却不尽相同。有些公共性休闲供给组织以提供公共休闲服务为己任，利润被排除在组织的目标体系之外，甚至有一些是持续亏损的。这种情况下的公共性休闲供给组织不会追求获取利润，不采用商业性休闲供给组织的管理模式。但在其他一些国家（以英国和美国为代表），公共性休闲供给组织也会模仿私营企业的管理模式，将投资回报率作为自己的目标之一。这类公共性休闲供给组织的目标通常都体现在它们的章程之中。

在我国休闲业的许多重要领域中，常常可以发现公共性休闲供给组织的身影，此类组织大多是行政实体，在管理体制上保留着政府机关、事业单位或国有企业的形式，带有浓厚的行政性色彩，甚至是明显的计划经济体制色彩。在一些公共性休闲投资领域，一方面是资产迅速增长，另一方面却是效益增幅的下降，其结果是公共性的休闲供给效率低下。在向社会主义市场经济体制转轨的今天，有必要调整与创新传统的行政性管理模式，形成更适应市场的新的管理机制。可在适当时机学习西方国家的先进经验，使公有组织适当、适度地模仿私营企业的管理模式，如制定效益目标、效率指标、投资回报率目标等，以兼顾效率与公平。

需要说明的是，新型管理制度本身的生产是有代价的，新管理模式的调整是一项系统工程，包含多种关系的调整，牵涉到各方面的问题，对其中的各种关系如果处理不当，可能会引发公共性休闲供给组织的严重问题，甚至使先期的成果化为泡影。因此各种调整必须在成熟的理论探讨、全面周详的设计的基础上分阶段、分层次逐步进行，时机和策略的选择都需要加以注意，避免因为各方利益冲突造成的破坏性结果。

（二）强化不同部门间的协调与配合

我国已经开始逐步步入休闲社会，国家层面与休闲供给相关的主要政府机构有国家旅游局、文化部、住房与城乡建设部、国土资源部、国家林业局、国家体育总局、国家广电总局、国家文物局等，相应地各级地方政府也设置对应的机构。虽然没有休闲产业的专项财政支出，但有许多支出实际上也是用于休闲业的。比如，博物馆的建设，城市休闲广场和公园的建设，城市图书馆的建设等。在这种情况下，公共性休闲供给组织的正常和持续供给毫无疑问需要多个部门共同努力。不同公共性休闲供给组织部门之间的良好协调与配合是为公众提供有价值的休闲设施和服务的有利条件，而进行相关配套管理是促进不同部门间良好配合的方法之一。近年来，公共建设项目的"豆腐渣"工程屡见不鲜，虽然在休闲领域还不多见，但足以为我们敲响警钟。应尽早展开相关配套管理，用清晰的归口管理制度、可操作性强的具体政策等配套管理方式来强化不同口径、不同部门的公共性休闲供给组织之间的良好配合，加强各部门的责任意识，从源头上杜绝各部门间遇到问题后踢皮球，互相推诿责任的情况。

（三）与传媒合作开展各项相关配套工作

除提供休闲场馆、打造休闲空间等休闲设施与服务外，公共性休闲供给组织还需要注重休闲信息的提供，积极培育健康的休闲文化氛围，防止休闲的过分消费化和低俗化，引导健康、向上的休闲观。可与传统的大众传播媒体配合开展此项工作，或利用各种新兴传播媒介进行，这是开展相关配套工作的重要内容之一。近年来我们看到，有些城市的公共性休闲供给组织已经利用互联网着手打造城市休闲信息平台，取得了很好的社会效益，有些还获得了一定的经济效益。

通过与传媒配合提供休闲信息的方式，还可以对一些公共休闲资源进行宣传，减少居民休闲需求得不到满足与部分休闲资源闲置浪费的矛盾；还可以对休闲主体，即公众提出一些要求，如倡导休闲的公众要有公共道德意识，自觉维护公共休闲设施；还可以结合多种途径在公众中发展志愿者，让公众参与休闲空间的后期维护与管理，减轻公共部门对公共休闲设施管理的压力，取得开展相关配套工作的多方面成效。

第三节　公益性休闲供给组织

过去，人们一般认为产品或服务要么由公共部门提供，要么由私人部门提供。但韦斯伯德指出，这种将产品或服务的供给者简单地分为公共部门和私人部门是不正确的。实际上，除了商业性供给组织、公共性供给组织以外，各种公益性组织也是休闲服务的一类提供者。

一、公益性休闲供给组织的概念

公益性休闲供给组织是指提供休闲设施和服务的非营利性民间组织，这类组织也被称为志愿性组织、第三部门组织或私人非营利性组织。一般由慈善组织、联合会或俱乐部等机构组成，依靠社会各方面的捐助以基金会或托管委员会的形式进行经营管理。许多文化类和旅游类社团、协会、俱乐部等都属此范畴，如业余戏剧协会、业余运动俱乐部、桥牌协会、鸟类观察协会。作为义务性质的非营利民间组织，它们关注人类自身基本的休闲需要和脆弱的休闲环境及设施，并积极地给予支持和援助。

知识链接

"社团革命"

自20世纪70年代以来，人们对"帮助人们自助"以及"参与式发展"的关注成为世界性的潮流，公民社会理论再度流行起来，其中，最具代表性的就是美国的约翰·霍普金斯大学赛拉蒙教授主持的非营利部门国际比较项目。

基于对41个国家的分析，赛拉蒙发现：在世界上几乎所有的国家里，都存在一个由非营利组织构成的庞大的社会部门。这个部门的平均规划大约是：占各国GDP的4.6%。他惊呼一场全球性的"社团革命"正在悄悄兴起。他甚至认为全球社团革命对20世纪晚期的意义，或许同民族国家对19世纪晚期的意义一样重大。

资料来源：作者依据相关资料进行整理。

公益性组织供给的休闲服务既可能是纯公共产品和半公共产品，也可能是私人产品。因此，所供给的休闲服务的产品属性并不能作为判断一个组织是否为商业性组织、公共性组织或公益性组织的依据，只要是非政府组织以非营利方式供给的休闲服务，就属于志愿性部门供给的情形。

具体来说，虽然也有一些公益性休闲供给组织供给纯公共产品和私人产品，但大多数公益性组织供给的都是半公共产品，它们只向自己的会员免费或以低于成本的价格提供这类休闲服务，而不向社会公众提供，这主要存在于各种协会或俱乐部中，如各种棋类俱乐部、大学里的各种协会、民间的各种兴趣小组如戏曲爱好者协会、京剧爱好者协会、天文爱好者协会等。这类组织一般采取排他性的组织形式，它们只允许有共同爱好者加入该组织，组织也只为其成员提供休闲服务，这样的休闲服务对于组织内部成员来说是公共产品，而对于组织外部成员来说则是私人产品。

部分公益性休闲供给组织

·国家遗产基金会（英国）：这是一个不受政府约束的慈善组织。该组织的基金来源于成员们的馈赠、遗产和礼品，以及通过收取入场费，还有通过商场、酒店的经营等途径获取的资金。该基金会受国家遗产基金法的管理，其主要目的是保护历史古迹以及自然风貌。

·纽约公路长跑者协会（美国）：这是一个不产生任何利润的团体，他们致力于发展为了健康、娱乐以及竞争而进行的长跑运动。他们每年会举办超过 75 次的比赛。

·澳洲海滩救护队（澳大利亚）：这是澳大利亚维护水域安全以及救援的权威组织，也是世界上最大的志愿者组织之一。它的任务是：在整个澳大利亚营造安全的海滩和水上环境。澳洲海滩救护队在游泳的季节会在澳大利亚大部分有名的海滩上进行巡逻，提供救护服务。

·地方旅游权利组织（美国）：这是一个由本地人组成的本地社团和网络系统，目的是保护他们的领土、权利和文化。其任务是通过交流来了解旅游对他们生活的影响，并对其进行调整和控制。

·旅游关注组织（英国）：它的任务是通过选美活动或一些商业活动对旅游业产生影响。旅游关注组织与目的地国家的相关组织协同工作，以减少与旅游有关的社会与环境问题，同时也与英国发展良好的旅游企业合作，以寻求旅游业的发展途径，确保当地人从旅游发展中得到更多的利益。

资料来源：（英）约翰·特莱伯．休闲经济与案例分析［M］．李文峰，译．沈阳：辽宁科学技术出版社，2007：31.

二、公益性休闲供给组织的特点

（一）资金主要来自组织自筹

与公共性组织相比，公益性组织虽然也是非营利性组织，但它在提供休闲服务时不是以政府的名义供给的，其主要资金来源也不是政府财政，而是来自组织筹资。从西方国家的数据资料看，公益性休闲供给组织的资金主要来自组织筹资，常见的资金来源途径有社会（个人或其他组织）捐赠，政府资助，基金资助，会员会费等。

对许多公益性组织而言，社会捐赠在其资金来源中占有重要地位。以美国为例，从总体上看，公益性组织的资金约一半来自于捐赠，27% 来自会员费，15% 来自政府渠道，剩下的来自于其他渠道。此外，美国的公益性组织在运作过程中还可以享受很多政策性优惠，如免缴企业所得税、可以接受免税捐赠、可以免缴地方财产和销售税、可以享受某些由政府调控的服务项目所提供的特殊优惠待遇，如邮资优惠。据估计，各种公益性组织收到的联邦免税捐赠总额高达 500 亿美元。

加拿大的情况也是如此。1997 年的一次调查显示，在 15 岁以上的加拿大人中，有78% 在过去的一年中曾为慈善机构或非营利组织捐过款，总额高达 45.1 亿美元。其中捐款在 150 美元以上的人占了全部捐款人数的 1/3 和捐款总额的 86%，捐款中有一半以上是捐给了宗教组织（51%），其次是健康组织（17%），社会服务组织 11%，慈善和志愿性组织6%，教育和研究组织4%，国际组织3%，环保组织2%。

巴特逊曾对英国242个运动休闲公益性组织的收入和支出的数据进行统计，从表3-2我们可以看出公益性组织的资金主要来自组织自身筹集这一特点。

表3-2　英国公益性运动休闲组织收入和支出情况

收入		支出	
收入项目	占总收入的百分比（%）	支出项目	占总支出的百分比（%）
补贴		管理	41
运动协会补贴	18	举办活动、比赛	33
其他补贴	2	训练	13
合计	20	购买设备、设施	7
自身收入		转让给其他组织	3
会费	12	其他支出	3
投资收入	4		
教练	4		
举办活动、比赛	39		
其他收入	10		
合计	69		
外部收入			
活动冠名权、广告	3		
捐赠	8		
合计	11		
总收入合计2000万英镑	100	总支出合计1900万英镑	100

资料来源：卿前龙. 休闲服务与休闲服务业发展［M］. 北京：经济科学出版社，2007：186.

（二）志愿者的无偿劳动是其人力资源基础

公益性休闲供给组织的第二个特征是，它们所提供的很多休闲服务都是建立在志愿者①无偿劳动的基础上的。一种典型的公益性休闲供给组织的结构就是，设置一个配有专业化的专职人员的全国性总部，再组建多个由志愿者组成的地区性办事处或分会。如果没有志愿者提供的无偿劳动，公益性休闲供给组织的存在和发展都是不可想象的。

西方国家以志愿者的形式休闲度假已经有很长的历史，在19世纪就形成了相当的规模，成为普遍的社会现象。以美国为例，人们在节假日，自愿地组成各式各样的社团组织，广泛开展社区服务活动，对弱势群体进行帮助、募捐、做义工、筹办节庆活动、助学、为教堂做服务生、参加环境保护、动物救治等。公益性组织经常利用大量的志愿者和受过培训的专业人员开展活动，这些活动项目繁多、内容丰富。在1987年，加拿大有近150万人在休闲、娱乐和运动组织中进行义务性休闲服务，平均每人服务的时间为118小时，即使按最保守的估计，这些无偿劳动的价值也高达数百亿美元。据统计，志愿者在休

① 根据《中国注册志愿者管理办法》第二条，志愿者（Volunteer，也称志愿人员、义工、志工）是指不以物质报酬为目的，利用自己的时间、技能等资源，自愿为社会和他人提供服务和帮助的人。

闲、娱乐和运动组织中从事的 6 项主要服务活动分别为：组织；监督、协调；募集资金；担任教练和裁判；向他人提供信息；招募志愿者。

（三）志愿者是商业性和公共性组织的有益补充

公益性休闲供给组织是公共组织和商业组织之外的一支重要社会力量。可以这样理解，公益性组织的休闲供给是政府公共休闲服务的延伸，但这种延伸是以民间的形式出现的，它是商业性和公共性组织休闲供给的有益补充。

早有学者指出过，政府不是万能的，它不可能获得市场需求的所有信息，不能解决所有的市场失灵问题，还可能因为种种原因产生政府失灵问题，从而导致有些公共产品既没有商业性组织供给又没有公共性组织供给，而公益性组织提供的恰好是这样一些公共产品。可见，自愿性组织是在政府失灵和市场失灵同时存在时的产物。在美国，公益性休闲供给组织数量最多的地区正是政府的公共性服务比较薄弱的地区，这种现象也印证了这一理论。

由于公益性组织供给的休闲服务一般不通过市场交换，因此对这类组织供给的休闲服务缺乏相应的统计资料。但可以肯定的是，公益性组织在休闲服务的供给方面起着非常重要的作用。有资料表明，在芬兰目前的 480 万总人口中，仅加入了体育俱乐部的就达 100 万人。挪威到 1987 年全国共有 10615 个体育俱乐部，共 130 多万会员，占总人口的 30%。瑞典到 1993 年共有 27292 个体育俱乐部，每三个居民中就有一个是会员。丹麦到 1982 年共有 9000 个体育俱乐部，参加者 150 万人，占总人口的 30%。英国在居民区建立的体育俱乐部就有 15 万个，而法国 1994 年参加体育俱乐部定期锻炼的人数已占总人口的近 1/5。德国自统一后，全国共有 79434 个体育协会和体育俱乐部，共有会员 2365 万多人。我们相信，随着社会的进步，公益性组织在休闲服务供给中的地位还会进一步提高。

三、公益性休闲供给组织的经营管理

世界上的各个公益性休闲供给组织有着不同的规模和目标。他们中有一些具有非常大的活动能量，并且跨越了多个行业部门，有些只是小型的由于特殊兴趣而成立的组织，或者专业协会和地方社团，因此在经营管理方面存在着很大不同。大体看来，公益性休闲供给组织的经营管理应注意以下方面：

（一）增强筹资能力，突破资金瓶颈

公益性休闲供给组织通常有着清晰的使命、愿景与战略方向，但其发展依然面临着巨大的挑战，尤其是资金不足常常成为公益性休闲供给组织发展的瓶颈。要想有效的开展项目和提供服务，可靠和可持续的资金是必不可少的，筹资对公益性休闲供给组织的重要性不言而喻。因此，增强筹资能力，突破资金瓶颈是许多公益性休闲供给组织的当务之急。

公益性休闲供给组织在筹资中，首先要遵守国家法律、法规和制度要求，还要有透明和诚信的组织文化，有组织内部的治理结构、战略规划和策略，有好的管理机制和制度，在筹资过程也要保证良好的心态与程序。在此基础上，筹资还需要一个系统的程序，一个有奉献精神的团队，并且团队的成员应该认识到筹资是他们在公益性休闲供给组织的一个基本任务。这就需要增强与筹资有关的系列能力，包括本组织区别于其他机构的定位，识别潜在的捐赠者，决定是否以及如何把捐赠者的目标和组织的需求结合起来，以及根据捐

赠者的标准提出申请并坚守组织的使命。同时还需要在筹资过程中与捐赠者保持良好关系，做好项目管理和报告。这样才能通过筹资突破资金瓶颈，获得组织实力的上升并且建立长久的战略伙伴关系。

（二）加强志愿者的个体培育和团队建设

由于志愿者的无偿劳动是公益性组织人力资源的基础，因此志愿者的队伍建设对组织的生存与发展具有十分重要的意义。公益性休闲供给组织应了解并研究志愿者管理机制（图3-3），通过各种方法加强对志愿者的个体和团队管理，创造培育志愿者的合适的土壤，并促进公众参与公益性组织，无偿提供休闲服务的积极性和创造性。

从志愿活动开展的经验来看，公益性组织可以采用如下方法，加强志愿者的个体培育和团队建设：

（1）制订相应的志愿者管理办法。包括志愿者的计划、招募与甄选，注册登记，工作任务、职责、评价和激励办法等。其目的不是为了约束志愿者，反而是为了保障志愿者和相关各方的权利和利益。

（2）开展志愿者培训。健全培训制度，坚持培训的经常化，把志愿者初次培训、阶段性培训和临时性技能培训结合起来，使志愿者能够提供更专业的休闲志愿服务，同时将相关培训作为吸引潜在志愿者的方式予以宣传。

（3）实行相应的激励措施。如举办志愿者经验交流、联谊等活动，增进感情沟通；实行星级评定和表彰，颁发星级荣誉证书，激发荣誉感；为志愿者购买保险，完善相关内部服务流程，营造良好的志愿服务工作氛围。

（4）实行规范化服务。如微笑服务、首问服务、弹性服务、应急服务。

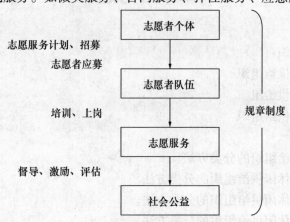

图3-3 志愿者管理机制简图

资料来源：作者依据相关资料进行整理

（三）制定公关策略，提高组织公信力

公益性休闲供给组织筹资的基础是公信力。具有诚信形象和良好社会声誉的公益性组织才能够得到包括受益人、资助者及合作伙伴和公众的认可，组织要通过实际行动来树立自己提供非营利休闲服务、管理有效、财务负责和真诚承诺的形象。很多公益性组织已经意识到培养公信力的重要性，并且从公信力培养的过程中获益。

要扩大公益性组织的正面影响，提高组织公信力还是有技巧的，这就需要制定公共关系策略，善于与媒体合作。通过媒体的报道，不仅能够提高公众对公益性休闲供给组织与该组织针对的社会问题的认知，还能够吸引更多的工作人员、志愿者、会员和更多的资金；同时媒体的报道也是公众监督的一种形式，是一种加强公益性休闲供给组织透明度和公信力的方式。

很多组织做了大量实际而有效的工作，但是因为缺乏与媒体合作的经验和能力，而默默无闻；有的组织，却因为担心报道失实而对媒体敬而远之。其实，作为公益性休闲供给组织，需要媒体来提供公众对组织认知的渠道，并扩大影响，并在不断的合作中，同样会使媒体从业者意识到，与公益性组织的合作，也是担当社会责任的方式。

本章小结

现代社会存在着无数休闲供给组织，休闲业的供给结构因需求的多样化而变得复杂，国内外学术界也存在多种划分休闲供给组织类型的方法。本章在介绍国内外学术界对休闲供给组织分类的部分研究成果的基础上，将休闲供给组织分为商业性休闲供给组织、公共性休闲供给组织和公益性休闲供给组织三部分进行阐述，对其各自的概念、类型、特点，以及经营管理要点都进行了较系统的介绍。通过对本章的学习，读者应该对三种类型的休闲供给组织有了比较清晰的了解和认识，对开展休闲行业具体的经营管理工作有所裨益。

本章思考题

1. 名词解释
（1）休闲供给组织
（2）商业性休闲供给组织
（3）公共性休闲供给组织
（4）公益性休闲供给组织
2. 简单答问
（1）简述休闲供给组织的分类方法。
（2）简述商业性休闲供给组织的分类方法。
（3）简述公共性休闲供给组织的分类方法。
（4）简述公益性休闲供给组织的分类方法。
3. 论述答问
（1）谈谈商业性休闲供给组织如何提高服务质量。
（2）谈谈对公共部门投资休闲设施的看法。
（3）谈谈公共性休闲供给组织与公益性休闲供给组织的区别。
4. 材料分析题
阅读材料：下表是某休闲供给组织的目标列表。

目标名称	重要程度
利润最大化	高
组织的成功	
消费者满意	
员工的福利	
公众积极性	
媒体关注度	↓
社会效益	
生态影响	低

问题：

（1）这个目标列表比较符合以下哪一类组织？为什么？

    a. 商业性休闲供给组织

    b. 公共性休闲供给组织

    c. 公益性休闲供给组织

（2）你认为另外两类组织的目标列表应如何按重要程度进行排序？请简要说明理由。

（3）当经济学家需要理解休闲供给组织的定价策略时，为什么需要首先了解该组织的类型？

本章延伸阅读

[1] 章海荣，方起东. 休闲学概论［M］. 昆明：云南大学出版社，2005.

[2] 宁泽群，等. 现代休闲方式与旅游发展［M］. 北京：中国旅游出版社，2007.

[3] 克里斯·布尔，等. 休闲研究引论［M］. 田里，等译. 昆明：云南大学出版社，2006.

[4] 托马斯·古德尔，杰弗瑞·戈比. 人类思想史中的休闲［M］. 成素梅，马惠娣，等译. 昆明：云南人民出版社，2000.

[5] 孙海植，等. 休闲学［M］. 朴松爱，李仲广，译. 大连：东北财经大学出版社，2005.

[6] Burton T L. The Roles of Government in the Leisure Services Delivery System［A］. the VIIth Commonwealth and International Conference on Sport, Physical Education, Recreation and Dance［C］, Brisbane, Australia, 1982.

第四章　休闲资源

本章导读

随着社会经济的发展，人们的物质和精神生活不断提高，休闲成为人们生活不可或缺的组成部分。而休闲资源是休闲产业发展的核心和基础，一个国家、一个地区休闲产业的发展状况与本国本地区的休闲资源息息相关。休闲业作为一项新兴的产业，其内涵和外延处在不断发展和完善之中，对于休闲资源这一概念的具体界定还存在着不同的认识。休闲经营管理一项重要的内容就是如何科学、有效地开发利用休闲资源，休闲资源是休闲产业发展、休闲经济运行的基本物质条件，是休闲经济学的重要组成部分。本章共分为三节：第一节为休闲资源概述，主要阐述休闲资源的概念、特点，并从不同角度对休闲资源进行分类；第二节为休闲资源的开发，主要包括休闲资源的评价及休闲资源开发的含义、原则、内容、方式及程序等；第三节为休闲资源管理，内容包括休闲资源管理的含义、对象、内容、特点和手段。

休闲资源是休闲业存在和发展的物质基础，是休闲产业的核心要素，是休闲经营管理的重要对象和内容。休闲资源作为休闲经济活动的对象与客体，以其种类多样、特色各异、分布广泛吸引休闲者产生休闲动机、完成休闲活动。没有休闲资源，休闲活动和休闲业就失去依托。休闲业正是利用休闲资源，并对其进行开发、组合为休闲产品供休闲者消费，从而实现其价值。要保证休闲业的可持续发展，必须对休闲资源进行科学合理的开发利用并实施有效的管理。

第一节　休闲资源概述

众所周知，休闲者是构成休闲活动的主体，休闲资源是休闲活动的客体，是满足休闲者休闲活动的客观存在物。一个国家或地区休闲资源的特色、丰度状况、利用程度及开发水平，直接影响到其休闲业经营的规模和与之相关的休闲消费水平。世界许多城市和地区成为人们向往的休闲胜地，就是因为这些地方有类型多样、特色鲜明、知名度高、吸引力强的休闲资源。

在人类物质和精神文化需求日益增长的今天，休闲业包括的范围越来越广泛，客观上要求对休闲业发展基础的休闲资源进行有效的界定。对休闲资源的深入研究，是推进休闲业发展的重要任务之一。

一、休闲资源的含义

（一）资源的概念

资源通常被解释为"资财之源，一般指天然的财源"（《辞海》）。由于人们在研究领域和研究角度上存在着差别，资源又有广义、狭义之分。广义的资源指人类生存发展和享受所需要的一切物质的和非物质的要素。因此，资源既包括一切为人类所需要的自然物，如阳光、空气、水、矿产、土壤、植物及动物，也包括以人类劳动产品形式出现的一切有用物，如各种房屋、设备、其他消费性商品及生产资料性商品，还包括无形的资财，如信息、知识和技术，以及人类本身的体力和智力。由于人类社会财富的创造不仅来源于自然界，而且还来源于人类社会，因此资源不仅包括物质的要素，也包括非物质的要素。

狭义的资源仅指自然资源，联合国环境规划署（UNEP）对资源下过这样的定义："所谓自然资源，是指在一定时间、地点的条件下能够产生经济价值的、以提高人类当前和将来福利的自然环境因素和条件的总称"。《英国大百科全书》中把资源说成是人类可以利用的自然生成物以及生成这些成分的环境功能。前者包括土地、水、大气、岩石、矿物及其森林、草地、矿产和海洋等，后者则指太阳能、生态系统的环境机能、地球物理化学的循环机能等。

（二）休闲资源的概念

休闲资源是众多资源中的一种，与一般的资源一样，休闲资源也是自然界和社会界中客观存在的。至于什么是休闲资源？它的科学概念如何来定义？目前在理论界没有统一的认识和看法。休闲资源的概念如同资源的概念一样，与人类社会经济生活紧密相关，并随着社会经济活动的发展而不断扩展和深化。它是人类社会经济发展到一定阶段，休闲活动进入到社会经济领域，并以大量休闲企业、休闲生产的涌现为标志的休闲业出现后才被明确提出来的。随着人类认识的不断深化、社会生产水平的不断提高，特别是休闲经营者的不断开拓，休闲资源的内涵逐渐丰富，范畴相应扩大。

在目前的休闲研究中，对休闲资源给予明确定义的尚不多见。李仲广（2004）将休闲资源定义为："凡是能引发休闲情趣的自然、人文、社会经济事物及现象都属于休闲资源的范畴。"马勇等（2008）《休闲学概论》一书中，将休闲资源定义为："休闲资源是指那些凡是能够激发休闲者的休闲动机并促动其实现休闲活动，可为休闲业发展所利用，并由此产生一定的经济、社会及生态环境效益的一切自然存在和社会创造。""休闲资源泛指人们在从事休闲活动过程中所涉及的各类事物，这些事物既包括物质的要素，也包括了非物质的要素。如国情民俗、山水风光、历史文化和各种物产等。"任晓敏把休闲的对象、手段，以及休闲的设施统称为休闲资源。

通过对现已经过开发的休闲资源进行系统研究，可以发现，大多数休闲资源都至少有以下三个共同点。

（1）休闲资源既包括自然界形成的，也包括社会界创造的，其存在是客观的；休闲资源是自然界和社会界中客观存在的，休闲资源作为休闲活动的客体与人们的休闲活动紧密相关，当社会经济发展到一定的阶段，具有休闲条件的时候，休闲者开始把他们所喜爱的、能引起他们兴致的、能激发他们休闲动机的各种对象称之为休闲资源。休闲资源是随着休闲业的发展而出现的专业术语，具有资源的一般属性。

（2）休闲资源是与休闲者直接联系的，能激起休闲者的休闲动机，能满足休闲者的特定需要，是休闲者休闲活动的对象物，这是休闲资源的最大特点，也是休闲资源理论的核心；

（3）休闲资源是与休闲业直接联系的，能为休闲业所开发利用，并产生一定的效益。休闲资源的属性规定了，作为休闲资源，其开发利用必然能带来一定的经济效益；或者受当前科技水平的限制尚未被利用，但在未来存在着被开发利用的可能。

需要强调的是，休闲资源有物质的，也有非物质的；有有形的，也有无形的。人们普遍对于山川、泉瀑、园林、寺塔等形态化的物质资源认同感较强。而容易忽视文化、民俗等无形的不易感知和触摸到的非物质的休闲资源。实际上，精神性的、非物质的休闲资源，是在物质基础上产生的，并依附于物质而存在。

一般而言，休闲是人们在自由时间里的一种存在状态，在这种状态下，休闲者不受任何约束及支配达到放松身心的目的。因此，结合休闲活动的内涵，休闲资源在现代休闲活动的三要素理论体系中所具有的结构性功能作用。我们将休闲资源定义为：休闲资源泛指能激发休闲者产生休闲动机的自然和社会因素，亦即休闲者的休闲对象或目的物都是休闲资源，也可成为休闲吸引物。无论这种对象或目的物是否已经被开发利用或立刻产生经济效益，它包括现时的和潜在的对象或目的物。休闲资源是一切休闲现象产生和存在的最基本条件。

二、休闲资源的类型

休闲资源是多种多样的，涉及自然、社会和人文多个方面，而且随着休闲业的不断发展，休闲资源还将不断丰富。为了深入认识与研究休闲资源，以便更好地开发利用，更大限度地满足休闲者的需求和取得良好效益，必须对休闲资源进行科学的分类。休闲资源的分类，是根据资源存在的同质性和差异性，按一定的目的、一定需要进行集合归类的一个科学区分过程，目的是为休闲资源的开发和保护提供科学依据。

（一）划分休闲资源类型的原则

我们可以从不同的角度，按照不同的需要，遵循不同的原则和分类标准，对休闲资源进行分类。但首先我们要了解休闲资源分类的原则。

1. 独立性原则

这是进行分类时要遵循的首要原则。即所划分出的同一级同一类型的休闲资源必须具有共同的属性，不同的类型之间必须具有一定的差异性。不能把具有共同属性的休闲资源划分为不同的类别，也不能把不具有共同属性的休闲资源分到同一类型。一个各种类型相互包容的分类系统既不科学，也没有实际意义。

2. 整合性原则

就是从不同角度将休闲资源的基本架构分解为几大部类，而这几大部类整合在一起仍能够保持休闲资源基本架构的整体性与完整性。因此，在进行休闲资源的分类过程中，要遵循概念的一致性原则。对同一类资源必须恰当地说明这种资源区别于其他资源的地方；在进行下一步分类时，必须以其定义为出发点并能包容其下属资源的属性。

3. 系统性原则

休闲资源是由各种不同的资源个体组成的一个系统，具体而言，休闲资源分类的系统性体现在三个方面：逻辑对应、逐级划分、相互独立三层含义。逻辑对应也可称为对应性原则，即所划分出的次一级类型的内容必须完全对应于上一级类型的内容；不能出现次一级的内容超出上一级内容的现象，否则就会出现逻辑上的错误。逐级划分及分级与分类相结合，休闲资源是一个庞大的复杂的系统，它可以分出不同级别、不同层次的亚系统。因此，分类时可以把分级与分类结合起来，逐级进行分类，避免出现越级划分的错误。相互独立即所划分出的类型相互之间必须是独立的，不能出现相互重叠的现象。因此，不同级别或不同类型的划分不能采用相同的标准；对每一类型直接划分次一级类型时必须采用相同的标准，以避免出现分类的重叠。

4. 实效性原则

休闲资源分类原则是建立在一定意义基础之上的，它可以从特定角度更加清楚地认识休闲资源的内容与特性。从而更有效地予以开发、利用和保护。确定的分类指标和体系，必须可以指导休闲资源的调查与开发，否则将会与实际脱节，成为纯理论的专项研究，淡化休闲资源分类的目的和意义。

（二）休闲资源的类型

目前，国内众多学者们从不同的角度、依据不同的标准，对休闲资源进行分类的结果也有所不同。本书综合了各种分类方法，将休闲资源分为以下类型。

从满足休闲需求的功能的角度对休闲资源进行分类。本书第二章对休闲行业进行了详细的阐述，依据狭义休闲业中的休闲行业的类型将休闲资源划分为核心休闲资源和延伸的休闲资源；其中核心的休闲资源包括了旅游休闲资源、体育健身休闲资源、保健疗养休闲资源、文化娱乐休闲资源和娱乐休闲资源四类（因文化休闲资源和娱乐休闲资源存在很大的重复性，因此把两者合并成文化娱乐休闲资源）；延伸休闲资源包括了休闲农业资源、休闲工业资源、休闲商业资源和休闲物业资源四类；具体分类见表4-1。

表4-1 按满足休闲需求的功能的休闲资源类型系统

主类	亚类	基本类型
核心休闲资源	旅游休闲资源	风景名胜区、自然保护区、森林公园、城市公园、博物馆、纪念馆、民俗园等
	体育健身休闲资源	狩猎、健身俱乐部、滑雪场、高尔夫球场、体育场馆、俱乐部、健身房、球技馆、游泳馆、球技馆、游泳馆、保龄球场等
	保健疗养休闲资源	温泉疗养、医疗养生、美容美体、洗浴保健等
	文化娱乐休闲资源	博物馆、图书馆、会展公司、花鸟市场、茶室、茶馆、演艺厅、夜总会、歌舞厅、影剧院、游乐场、博彩城等
延伸休闲资源	农业休闲资源	果园休闲采摘资源、农园休闲观光资源、畜牧养殖休闲观光资源、渔场垂钓休闲资源、综合生态农业休闲观光资源等
	工业休闲资源	类同于旅游资源中的工业旅游资源
	休闲商业资源	步行街、商业城等
	休闲物业资源	休闲住宅、度假村、时权酒店、产权酒店、养老酒店、培训基地等

资料来源：作者依据有关资料进行整理。

按资源的存在方式划分，可将休闲资源分为休闲景观资源（自然休闲资源、人文休闲资源、社会休闲资源）和休闲经营资源（休闲用品工业资源、休闲食用资源、休闲人才资源等），如图4-1所示。

按休闲资源的属性划分，可分为物质性休闲资源和非物质性休闲资源。

按休闲资源的性质和成因划分，可分为自然休闲资源（气候天象、地文景观、水域风光、生物景观等）和人文休闲资源（文物古迹、文化艺术、民俗风情、城乡风貌等）。

按休闲资源的生成背景划分，可分为天然赋存性休闲资源和人工创造性休闲资源。

按休闲资源的可持续利用潜力划分，可分为可再生性休闲资源和不可再生性休闲资源。

按休闲活动的性质和功能，可以将休闲资源分为：观赏愉悦型休闲资源、运动健身型休闲资源、文化学习型休闲资源、科学研究型休闲资源、娱乐消遣型休闲资源等。

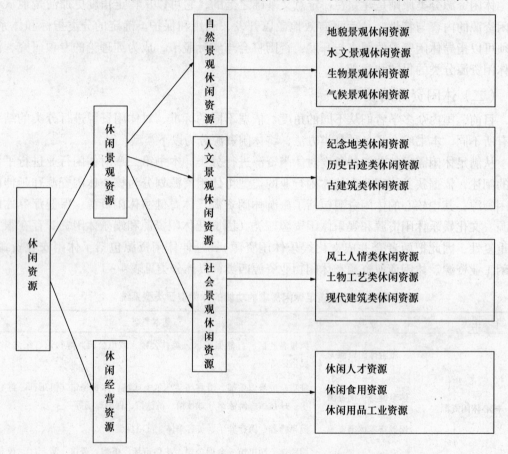

图 4-1 按资源存在方式的休闲资源类型

第二节 休闲资源开发

休闲资源是休闲业赖以发展的物质基础，要把这些物质基础变成实实在在的经济、社会价值，就要对其实施有效的开发。而休闲资源开发的前提是要摸清休闲资源的现状，即要对休闲资源进行调查和评估。较之其他资源，由于休闲资源的内涵极其丰富、外延相当宽泛，休闲资源开发的程度具有很大的伸缩性。因此运用科学的休闲资源评价方法是合理开发休闲资源的关键。

一、休闲资源的价值评估

目前，国内外对于休闲资源的评估主要借鉴旅游资源的游憩价值评估方法。国外对旅游资源游憩价值评估的研究已有 50 多年的历史，起初主要根基于费用——效益分析理论。费用—效益分析的产生最早可以追溯到 1667 年英国经济学家威廉·配第，其起初是作为评价公共事业部门投资以及环境影响经济评价的一种方法发展起来的；而现代的费用—效益分析则是由琼斯·迪皮特（Julse Dupuit）提出，他在 1844 年发表的题为《论公共工程效益的衡量》论文中首次使用了"消费者剩余"（consumer surplus）概念，并提出一个公共项目总效益的评价标准，即净生产量乘以相应市场价格所得的社会效益的下限与消费者剩余之和。这以后，侧重于公共投资的环境影响和自然资源价值评估研究的约翰·克路蒂拉（John Krutilla）于 1967 年发表了《自然保护的再思考》，这成为自然资源经济学的奠基之作。而后，随着世界旅游业的迅猛发展以及旅游与环境冲突问题的日益严重，他又与艾斯琳·费（Anthony C. Fisher）合著了《自然资源经济学：商品型和舒适型资源价值研究》，提出"舒适性资源的经济价值理论"。该理论为后来旅游资源游憩价值评估的发展奠定了坚实的理论基础。

（一）休闲资源价值评估的目的

休闲资源价值评估就是在休闲资源调查的基础上，对休闲资源的数量规模、质量等级、区域环境、开发条件、利用前景等因素进行科学的价值判断和可行性研究。就某一具体休闲地而言，其间哪些休闲资源值得开发、休闲资源的吸引力特色何在、开发的适宜时期、程度和方向是什么等问题，都是休闲资源评价工作所要解决的任务。因此，休闲资源评价是休闲地综合开发的重要环节，它直接影响到休闲地的发展前景。休闲资源评价的目的主要有以下几点：

通过对休闲资源的类型、组合的丰富程度、结构、质量、功能和性质的评估，为新休闲地的兴建和老休闲地的改造提供科学依据。

通过对休闲资源规模水平的鉴定，为国家和地区进行休闲资源分级规划与管理提供系统资料和判断对比的标准。

通过对休闲资源特色和吸引力因子的分析，为休闲开发者确定休闲资源的开发重点和开发方向提供有价值的参考。

通过对区域休闲资源环境及其开发条件的综合评价，为合理利用休闲资源，发挥整体宏观效应提供可行性论证，为确定不同休闲地的建设时序与步骤准备条件。

（二）休闲资源价值评估的原则

休闲资源价值评估工作涉及面广、情况复杂，目前还未形成统一的认识基础和评价标准。为了让该项工作做到公正客观，使其结果准确可靠，一般应遵循以下基本原则：

1. 符合客观实际的原则

休闲资源是客观存在的事物，其特点、价值和功能具有客观性，评价时应客观实际，对其价值和开发前景既不夸大、也不缩小，应做到实事求是、恰如其分。

2. 全面系统的原则

这一原则体现在两个方面，一是休闲资源的价值和功能是多层次、多形式、多内容的，它包括有历史、文化、娱乐、观赏和社会等功能。故评价时要全面、系统、综合地衡量；二是涉及休闲资源开发的自然、社会、经济环境和区位、投资、客源等开发条件，评价时要予以综合考虑。

3. 讲求效益的原则

休闲资源评价的最终目的是为了进一步地开发利用，而开发的首要目的是取得经济、社会和生态综合效益，因此，评价时要估算其效益，以确定开发决策。

4. 高度概括的原则

休闲资源评价过程中涉及的内容众多，评价结论应明确、精练、高度概括出其价值、特色和功能，以使评价结果有可操作性，利于开发定位。

5. 力求定量的原则

在评价调查区域休闲资源时应尽量避免带有强烈主观色彩的定性评价，力求定量或半定量评价，并要求不同调查区尽量采用统一标准的定量评价，以保证休闲资源的评价和比较在同一基准之下进行。

6. 动态进展的原则

休闲资源本身及其外部社会经济条件，是在不断变化和发展的。这就要求休闲资源的评价工作具有动态的观点，用发展和进步的眼光看待变化趋势，从而对休闲资源及其开发利用前景作出积极、全面和正确的评价。

（三）休闲资源价值评估的内容

对于休闲资源的价值评估，目前国内学者没有统一的观点。一般来说，休闲资源价值评估既包括对休闲资源本身的条件评估，这些条件包括了休闲资源本身的性质、状况、休闲价值等等；又包括对休闲资源环境的评估，还包括对休闲资源外部开发条件的评估。

1. 休闲资源自身条件的评估

（1）休闲资源的特质。休闲资源的特质对其功能定位、开发方向、开发程度和规模及其经济和社会效益起着决定作用。休闲资源的特性和特色是休闲资源开发的生命线，特别是别处没有或少见的休闲资源，往往构成这个地区的独特的休闲吸引物。因此，对于休闲资源的特质在评价时必须予以极大的关注。

（2）休闲资源的价值和功能。休闲资源的价值包括艺术欣赏价值、文化娱乐价值、科学价值、经济价值、美学价值等，它直接决定休闲开发的方向。功能评价主要是对休闲资源满足人们观光、科考、环保、娱乐、健身、疗养等活动的程度进行评估。休闲资源的这些价值和功能是其开发规模、程度和前景的重要决定因素。

（3）休闲资源的数量、密度和分布。休闲资源的数量是指休闲目的地内可满足休闲活动的不同类别的休闲资源实体（非物质的休闲资源，其"实体"可以称为"客观存在体"，也可以用数目衡量）的单体数目；休闲资源的密度，又称休闲资源的丰度，是指供休闲目的地内单个休闲资源实体在空间上的集中程度，它可以用单位面积内休闲资源单体的数量去衡量；休闲资源的分布则是指休闲资源实体所占据的空间位置及其组合特征，它是资源优势和特色的重要表现。休闲资源的数量、密度和分布是区域休闲资源开发规模和可行性的重要决定因素。

（4）休闲资源的环境容量。休闲资源的环境容量，是指某项休闲资源自身或所在区域在一定时间条件下休闲活动的容纳能力，包括容人量和容时量两个方面。所谓容人量系指休闲地单位面积所能容纳休闲者的数量，它反映了休闲地的用地、设施和投资规模等指标。休闲资源的容人量并不是指休闲地能容纳休闲者的最大数量，在评价休闲资源环境容量时必须要考虑休闲资源的性质及由此而决定的休闲活动的方式、休闲资源点及其周边环境、休闲者的反映、经济与社会效果，只有当这些方面的要求都得到较好的体现时，休闲者数量的最高值才是休闲地的最佳容量。休闲资源的容时量是指休闲资源满足休闲活动所需要的基本时间，它体现了休闲地的游程、内容、景象、布局和建设时间等内容。休闲资源越复杂、越含蓄、越有趣味，它的容时量就越大。

2. 休闲资源开发利用条件的评估

（1）区位条件。休闲资源的自身特质再好，但若交通不便，也很难吸引休闲者的到来。休闲资源的区位条件影响了休闲市场的客源多少，休闲资源的区位条件（地理位置和交通条件）是评价休闲资源开发可能性的首要条件，也是确定休闲资源开发规模及程度的重要因素之一。

（2）环境条件。休闲资源的环境条件评价主要指对休闲资源的自然环境、社会政治环境、经济环境、安全环境、卫生健康环境及投资环境等的评价。休闲资源自然环境是指其所在区域的地质、地貌、气象、水文、生物等组成的生态环境；社会政治环境是指休闲资源所在区域的政治局势、社会治安、医疗保健和当地居民对休闲的认识等条件；经济环境是指能够满足休闲者开展休闲活动的交通、水电、邮政、通信、食宿和其他休闲接待设施等。一个地区休闲资源的开发，必须有坚实的经济基础做后盾，上述这些设施设备的规模、档次均与该地区经济发展水平密切相关。在对休闲资源开发规模、水平进行评价时，必须对上述环境条件所带来的影响进行综合的分析，并根据环境条件的作用机理和影响范围、浓度、速度，预测休闲环境的演化状况和后果。

（3）客源条件。休闲资源的开发必须以客源市场为依据，客源的多少直接影响到资源的开发方向、规模、形式及经济效益，因此，客源条件是评价休闲资源的基本条件之一。客源存在时空二维的变化，在时间上，客源的不均匀分布形成休闲活动的淡旺季，这与当地气候季节变化有一定的关系；在空间上，客源的分布半径及其密度，由休闲资源的吸引力和社会经济环境决定，休闲资源特色强、规模大、社会和经济接待环境好的休闲地，其客源范围和数量都较为可观，相应的休闲综合经济效益也高。

（4）投资条件。休闲资源的开发需要大量资金的持续投入。休闲资源区的社会经济环境、经济发展战略以及给予投资者的优惠政策等因素都直接影响投资者的开发决策。为此，必须认真研究休闲资源区的投资条件和政策环境。

（5）施工条件。休闲资源的开发必须有一定的设施场所。这种场地主要用于建设游览、娱乐设施和各种接待、管理设施，如修建游览道路、娱乐载体、宾馆饭店、停车场地等。不同的设施对地质、地形、土质、供水等条件的要求有所不同。休闲资源的开发与上述条件的难易、优劣有密切的关系，因此也应列为开发条件系列评价的内容。

（四）休闲资源价值评估的方法

目前国内外对于休闲资源的评价，尚未得出一个统一的科学方法，不同的学者根据自己的研究目的，往往会采用不同的定性或定量的方法对休闲资源进行评价。本书主要介绍可以适用于休闲资源评价的游憩资源评估理论和方法。代表性的方法有旅行费用法（travel cost method，TCM）、意愿调查价值评估法（contingent valuation method，CVM）、享乐定价法（hedonic priced method，HPM）和费用支出法（expenditure method，EM）等。其中TCM和CVM是目前世界最流行的两种评估方法，1979年和1983年两次被美国资源委员会推荐给联邦政府有关机构作为游憩价值评估的标准方法。另外，1982年由美国农业部属下的林业局（U. S. Department of Agriculture USDA，Forest Service）出版的《游憩机会谱系使用指南》（*Recreational Opportunity Spectrum*，*ROS*）中提出的游憩机会谱系的评价方法。此外，1989年由德莱佛（B. Driver）与席莱尔（R. Schreyer）提供的基于效益的管理（Benefit Based Management，BBM）及由BBM进一步发展而成的休闲效益方法（Benefit ApprOach to Leisure，BAL）则都是从效益的角度提出的由侧面评价休闲资源的方法。

1. 旅行费用法

TCM是评估无价格商品（特别是户外娱乐场所）效益的最早技术，它常被用来评价那些没有市场价格的自然景点或游憩环境的游憩价值。TCM起源于Hotelling的思想，最早由美国的Clawson于1959年确切提出，并于1966年被正式引入文献。TCM是非市场商品进行价值评估的一种有效工具，它首次把"消费者剩余"这一重要概念引入公共产品的价值评估，是公共产品价值评估的一次重大突破。作为一种对游憩目的地（诸如海岸、公园、健身场所等目的地）的收益进行评估的间接方法，TCM基于的前提是一个游憩目的地的"价格"可以由去这个目的地的旅行费用来测算，即应用消费者到达休闲目的地的所有花费来表征消费者对目的地支付的价格。

TCM模型采用成本—效益分析（Cost – Benefit Analysis）中的消费者剩余理论计算旅游资源的游憩价值。即：旅游资源的游憩价值包括消费者支出和消费者剩余两个部分，总游憩价值＝消费者支出＋消费者剩余。消费者支出是指游客旅行总费用的实际支出，包括交通、住宿、饮食以及门票等服务费，还有旅行时间花费和其他附属费用。其中：

旅行费用支出＝交通费用＋食宿费用＋门票及服务费用＋其他费用（摄影、购物等）

旅行时间花费价值＝游客旅行总时间×游客单位时间的机会工资

消费者剩余可以理解为：对一件商品或一项服务，消费者愿意为其支付的费用与实际支付费用之间的差额，即：

消费者剩余＝消费者自愿支出－消费者旅游实际支出

消费者支出可以通过相应的问卷调查以及计算得到，因此旅行费用法应用于旅游资源游憩价值评估的焦点就是求出需求曲线，根据需求曲线计算消费者剩余，而后得到总的游憩价值。

2. 意愿调查价值评估法

CVM是一种典型陈述偏好的非市场价值评估方法，它以调查为基础，因此又被称为调查法（Survey Method）。该方法主要应用于环境经济领域包括非使用价值、非市场价值的评估。

CVM最初是由Ciriacy Wantrup于1947年提出的。首次将CVM应用于实践是1963年，Davis研究缅因州林地宿营、狩猎的娱乐价值时，通过调查捕鹅者对捕鹅的收益进行价值评估。而后，在自然资源两种主要的非使用价值——选择及存在价值被广泛认知后，此方法很快流行，并被看作环境经济文献中总经济价值评估的一种重要方法。20 世纪 70 年代以来，CVM 逐渐地被用于评估资源的游憩娱乐、狩猎和美学效益的经济价值。

3. 享乐定价法

HPM 作为自然资源价值核算的方法之一，其进行价值评估的基础是享乐模型。享乐模型是基于商品的价值取决于商品各方面的属性给予消费者的满足这一效用论的观点而建立起来的价值评估模型。它在经济学的意义上指人们从其消费的商品或服务上获得的效用或满足程度。

4. 费用支出法

EM 是从消费者的角度来评估旅游资源的游憩价值。费用支出法是一种古老又简单的方法，它以游憩者支出的费用总和（包括往返交通费、餐饮费用、住宿费、门票费、设施使用费、摄影费用、购买纪念品和土特产的费用、购买或租借设备的费用、停车费以及电话费等一切支出的费用）作为旅游资源的游憩价值。

EM 通常有三种形式：①总支出法，以游客的费用总支出作为游憩价值；②区内花费法，仅以游客在游憩区内支出的费用作为游憩价值；③部分费用法，以游客支出的部分费用，如交通费、门票费、餐饮费和住宿费作为游憩价值。

5. 休闲效益评价法

休闲效益方法（Benefit Approach to Leisure，BAL）将广义系统论的理论视角与现代管理和规划方法结合起来，指出传统的管理是着眼于休闲活动、以管理为目的、将重点放在建立休闲设施和推销休闲服务上，以用户的多少、项目收入的多少、平均每千人拥有的绿地面积与休闲设施的数量等数字作为评价一个项目的标准。如果把一个休闲项目视为一个系统的话，传统的管理基本上只看到了输入系统的投资和维护所需要的成本、项目管理人员及其技能、休闲设施及推销方法等因素。BAL 代表的是一个思维范式的转变，它要求人们先着眼于系统的输出，看我们希望一个项目能带来什么益处，然后再去考虑该如何规划和管理该项目，使之能产生我们所希望的益处。这样，系统的输入与系统的管理都只是手段，目的则是使项目利益相关者的效益最优化。"利益相关者"不仅包括项目所在服务的个人、群体、家庭及当地社区，还包括项目所在地的生态环境、地貌、景观、文物等。管理的目的就是要为人与环境增加尽量多的价值。

BAL 虽然不是一种直接对休闲资源进行评价的方法，但是，该方法在为休闲服务项目的规划和管理提供了一个良好的理论框架和一些具体方法的同时，也探讨了一个休闲服务项目能给有关各方带来的益处，这些益处也正是从侧面反映了该项目所涉及的休闲资源的价值与功效，因此，对休闲资源的评价起到了一定的借鉴作用。该方法目前已经总结出一套比较系统的理论，也成为进行休闲研究的一种有效的方法。这种分析方法不仅对实际参与管理的人员有重要的价值，而且为休闲学者、从事休闲教育的人以及制定休闲政策的政府部门提供了一种重要的视角。

二、休闲资源的开发与利用

（一）休闲资源开发的含义

休闲资源是休闲业赖以发展的物质基础，同其他资源一样，休闲资源只有经过开发利用，才能成为休闲产品，为休闲业所利用，发挥其经济、环境和社会效益的功能。所以，休闲资源开发是实现资源价值的有效途径和前提条件。休闲资源开发是指在休闲资源调查和评估的基础上，以人们的休闲需求为导向，以发展休闲业为目的，通过适当的方式把休闲资源改造成吸引物，并使休闲活动得以实现的综合性技术经济过程。这一概念可以从以下几个方面加以理解：

（1）休闲资源开发要以调查和价值评估为基础。要发展休闲业，就要了解休闲业赖以发展的物质基础的休闲资源的类型、数量、质量特征等，从而对休闲资源进行有效的开发。

（2）休闲资源开发必须要以休闲需求为导向。随着社会经济的发展，休闲者需求多样化、个性化趋势日益明显，因此在开发时必须要认真研究休闲市场，以休闲资源为基础、市场为导向、产品为核心开发相应的休闲产品，从而提高休闲资源的吸引力和市场竞争力。

（3）休闲资源开发的目的就是发展休闲业、满足人们的休闲需求。休闲业的发展首要目标就是满足人们的休闲娱乐需求，丰富人们的业余生活。同时可以刺激消费、扩大就业、调整产业结构、赚取外汇、回笼货币等。

（4）休闲资源开发是一项综合性技术经济工程。休闲资源开发涉及房地产、信息，以及通信、出版、娱乐、餐饮、酒吧、茶馆、咖啡厅、社区服务、教育、体育、展览馆、广播电视业、影剧院、艺术场馆、集邮、花卉、宠物等，也包括为休闲服务的汽车、金融、保险、道路交通以及其他基础设施等相关行业或产品，甚至还涉及管理机构的建立、经营体制、环境保护等内容。

（二）休闲资源开发的内容

休闲资源的开发利用并不仅限于对资源本身的开发，还在于休闲配套设施的建设和相关外部条件的改善，其目的是使休闲资源所在地成为一个具有休闲吸引力的休闲活动空间。休闲资源开发至少包括以下几个方面的内容：

1. 休闲目的地的规划、设计

作为客观存在物，绝大多数休闲资源本身是与休闲活动没有直接联系的，只有对休闲资源进行科学的规划与开发，使其成为大众休闲的理想目的地，才可能真正实现这些休闲资源的价值，为当地的休闲业发展做出贡献。因此可以说，规划设计休闲目的地是休闲资源开发的重要内容和核心部分，也是整个休闲开发工作的出发点。休闲目的地开发是休闲资源开发的重点。

2. 休闲资源的整合、组合、改造

在拟开发的休闲资源富集地区，在对休闲资源进行详尽、科学的调查、分析与评价基础上，以休闲目的地的规划设计方案为依据，对各类休闲资源进行整合（归类、合并、调整）、组合（建立空间联系）、改造（改变其形态、结构、功能）。根据休闲市场的需求状况，设计、生产出休闲产品。

3. 休闲配套设施的建设与完善

休闲资源开发不仅仅是自身的开发，而且需要开发建设休闲配套设施。它包括休闲服务设施和休闲基础设施两类。休闲服务设施一般包括住宿、餐饮、交通及其他服务设施等。休闲基础设施一般包括水、电、热、气的供应系统，废物、废水、废气的排污处理系统以及邮电通信系统、安全保卫系统等。这些配套设施的建设与完善是形成休闲产品、提高休闲服务质量、增强休闲吸引力的根本保证。由于休闲配套设施涵盖面广、资金投入量大且投资回收期较长，因此，对其建设数量、规模、布局都必须经过严格的可行性论证和审批，争取做到适度超前发展，尽量避免设施的不足和浪费。

4. 良好休闲环境的营造，休闲服务质量的提升

休闲目的地的环境可以充分展示休闲资源的地域背景，如一个地区的政治局势、社会治安、风俗习惯以及当地居民的文化修养、思想观念、好客程度等，从而直接或间接地对休闲者产生吸引或排斥作用，进而影响休闲资源开发的效果。因此，在进行休闲资源开发时，一定要营造良好的休闲环境，从而来提高休闲者的满意程度。另外，休闲服务是休闲产品的核心，其质量的好坏同样影响着休闲者对休闲目的地的感知，因此，必须通过各种方式对休闲从业人员不断进行业务和素质培训，以提高服务水平和质量。

（三）休闲资源开发的方式

根据休闲资源的性质和开发目的，休闲资源开发包括新建、利用、修复、改造和挖掘提高5种方式。

1. 新建

即凭借当地的休闲资源特点，建立新的休闲区，建设一些必要的休闲服务基础设施，以增加休闲吸引力，满足休闲需求，推动休闲业发展。这种方式，重在创新，贵在特色，必须创造出"人无我有，人有我优，人优我特"的具有鲜明个性和独特风格的休闲产品。

2. 利用

指利用原有的非被认识到的休闲资源，通过整理、组织和再开发，从而使之成为休闲吸引物的一种开发方式。随着社会的进步和人类生活水平的提高，人们的休闲需求及消费行为特征也呈现多样化趋势。所以，可以根据人们需求的新变化，开发利用那些以前未被认识到的休闲资源，使其成为新的休闲产品。

3. 修复

由于自然或历史的原因而被损毁，但又有很高艺术、历史文化或科学研究价值的休闲资源，经对其进行整修、修复或重建，使之重新成为可供人们休闲娱乐的吸引物。

4. 改造

是指投入一定数量的人力、物力和财力，对现有的、但利用率不高的休闲景观、休闲设施或非休闲设施进行局部或全部改造，使其符合休闲市场需求，成为受人们欢迎的休闲产品。

5. 挖掘提高

是指对已被开发但又不适应休闲业发展需要的休闲产品，需要深入挖掘，增加一些休

闲设施和新的服务，提高其整体质量，再生出新的休闲吸引力的一种开发方式。

以上5种开发方式并无严格的明显界限，难以截然分开，通常是结合现状与需求，根据具体的休闲资源状况，确定具体的开发方式及其组合。

知识链接

浙江千岛湖湖泊休闲资源开发

千岛湖位于中国经济最发达的长三角城市群。在这一区域，湖泊、海滨众多，但绝大多数污染严重，水质极差，唯有千岛湖仍保持的一方净土、净水、净空，资源的稀缺性突出。

作为休闲旅游目的地，除了要有一流的生态资源和适宜的气候条件外，还应该具备客源市场的支撑。统计资料显示，2004年长三角地区人均GDP已达到3 068美元，相当于西方中等发达国家，一种新型的旅游方式——休闲旅游已逐步兴起，并有迅速升温的趋势，千岛湖已成为长三角富人区里出门休闲首选之地。针对自身休闲资源得天独厚优势，提出了打造湖泊休闲品牌的口号，主要采取了以下几种措施：

1. 建设水上休闲渔业主题公园

中华一绝——鱼跃人欢的巨网捕鱼更是独具特色，成了最吸引游客的项目，已成功接待了政界要人、社会名流、外国友人的考察，成为千岛湖历届秀水节的重头戏、淳安对外宣传的金名片。为丰富休闲项目，提升千岛湖休闲渔业品位，使巨网捕鱼能成为普通百姓观光项目，建设一个以巨网捕鱼为核心，集观光、住宿、餐饮、购物、娱乐、文化展示等为一体的千岛湖水上休闲渔业主题公园。

2. 建设大型野外钓鱼、观赏鱼中心

千岛湖生态环境好、容量大，具备发展垂钓业的优越条件。一是在湖中建立网栏湖湾，投放鱼种，增大放养密度；建设钓台、道路、停车场等基础设施，使之成为环境幽雅、设施完备、功能齐全、全国知名的大型钓鱼中心。二是借鉴、组装其他休闲农业项目，通过引进蔬菜、花卉的无土栽培技术，建设五龙景点知识型生态桥，大大提升鱼乐桥的观赏鱼项目的品位。让人们在奇花异草、奇瓜异果的映衬下，在休闲的过程中体会现代农耕理念，品尝田园乐趣，增加更多的自然科学知识。利用鲟龙公司现在网箱养殖基地，完善基础设施，为游客提供科普、体验、观光服务等。

3. 大力发展休闲水产食品开发

为促进休闲渔业的发展，还加快熏鱼罐头、鱼头煲、烘鱼干等休闲食品的开发，以及鱼骨工艺品的开发，这些措施也使得千岛湖的有机鱼餐饮业快速发展，"观千岛美景，品有机鱼宴"千岛湖有机鱼餐饮业已有很好的基础。"淳"牌有机鱼享誉海内外；中国名餐馆——千岛湖鱼味馆等一批有机鱼餐饮业已成为特色产业；休闲食品开发也日臻成熟。

资料来源：作者根据2006年3月28日淳安县第七期县管干部轮训班的相关资料整理。

（四）休闲资源开发的程序

1. 确定开发项目

确定开发项目就是根据当地休闲资源的特色，休闲市场需求特点和区域经发展水平，选定要开发的休闲项目，并对未来开发工作有一个初步的构想。这是休闲资源开发工作的起点。选定资源开发项目的基本依据是：休闲市场需求趋势，区域休闲资源特色，地方经济发展水平，区域休闲业发展的主体形象等。

2. 可行性研究

进行可行性研究就是要论证项目中所涉及的休闲资源或休闲项目，是否具有开发前景，是否具有开发建设的必要性和可行性。休闲资源开发的可行性研究主要包括五个方面：休闲资源调查与评价、休闲休闲地社会经济环境分析、客源市场分析、环境影响分析、投资和效益分析预测。

以上五个方面是一个有机的整体，相互联系，相互渗透，是综合判断休闲资源开发项目是否可行的具体标准。五个方面的分析研究构成了研究报告的总体框架结构，最终形成可行性研究报告。

3. 开发规划

所谓开发规划，就是在休闲资源调查与评价的基础上，根据市场需求，为实现发展目标而进行的项目计划的设计过程与实践过程，是从总体上指导休闲资源开发工作的计划和蓝图。其目的是为了增强资源开发工作的计划性、科学性，避免随意性和盲目性。制定开发规划，主要包括 5 个方面的工作：确定发展目标、休闲资源开发定位（包括：形象定位、功能定位、市场定位、产品定位、模式定位）、确定开发范围、规模和性质、进行项目总体布局、决定开发顺序和步骤。

由于人力、物力、财力的限制，休闲资源开发一般不会同时全面铺开，应有选择、有重点、有时序地分期建设。在保证重点项目开发的基础上，不断增添新项目、新产品，以休闲资源开发为核心，并逐步建立、建全休闲服务和配套设施，逐渐形成完善的休闲服务配套体系。

4. 具体项目规划设计

休闲资源开发规划只是从总体上对休闲资源开发项目进行宏观规划，不可能对具体项目进行微观设计。与总体规划相比，具体项目规划设计更加复杂，更加精细，任务也更加繁重。

5. 项目实施与监控

有了开发规划和具体项目的规划设计方案，在按照法定程序上极相关部门审批之后，休闲资源开发工作就可以付诸实施建设。在建设过程中，需要解决的是资金筹措和部门分工的问题。筹措资金的方式多种多样，可以采取政府融资，集体融资，私企融资，或国际融资等方式。融资形式可以有自筹资金、银行贷款和证券融资（股票、债券）等。为了保证开发项目的顺利进行，必须成立一个专门的组织机构，负责整个项目的领导、指挥、协调和监管，以保证各部门能合理分工，劳动力资源能有效配置。

实施过程中应随时对开发的工程质量、经济支出进行统计监管，将统计结果与预定目标和财政预算进行比较，找出偏差及其原因，从而调整实施方案或预定目标，但前提是基本按开发规划执行，保证休闲资源开发过程中的动态平衡。

第三节　休闲资源管理

休闲资源是休闲业发展的基础，也是休闲经营管理的重要内容，休闲资源管理对休闲业的发展和人们休闲生活质量的提高具有重要意义。我国是一个休闲资源大国，对休闲资源的研究只有10多年时间，实践中休闲资源的管理比较混乱无序。只有认识到休闲资源管理的重要性并付诸实施，才能促进休闲业健康、持续发展。

一、休闲资源管理的必要性

（一）时代发展的需要

20世纪60年代末，人类开始关注环境与持续发展问题，1972年6月5日，联合国召开了"人类环境会议"，提出了"人类环境"的概念，并通过了人类环境宣言成立了环境规划署。1987年4月27日，世界环境与发展委员会发表了一份题为《我们共同的未来》的报告，提出了"可持续发展"的战略思想，确定了"可持续发展"的概念。1992年6月3日至14日，联合国环境与发展大会通过了《里约热内卢环境与发展宣言》以及《21世纪议程》。今天，可持续发展的思想已成为当代环境与发展的主导思想，作为一种科学的发展观被世界各国广泛接受。

在休闲业方面，1970年，在联合国的援助下，在比利时首都布鲁塞尔召开了国际闲暇会议，会议通过了著名的《休闲宪章》。该宪章1979年和1983年曾被修改，2000年7月由世界休闲理事会正式批准通过，是联合国《世界人权宣言》中第二十七条闲暇权的具体化。其中明确提出对休闲资源管理的重要性："每个个体都是自己最好的休闲与娱乐资源，因此政府应当确保提供获得这些必要的休闲技术和知识的途径，使得人们得以优化自己的休闲经验。""政府应当通过维护本国自然、社会和文化环境来确保公民未来开展休闲活动的可行性。"

（二）现实发展的需要

在当前"消费主义"主导的时代，休闲消费的异化导致对休闲资源的滥用。各种不文明的休闲行为充斥着人们的日常生活，对于文化、娱乐、消遣等各类休闲资源的开发利用，缺乏科学、道德的价值评判标准。众多"垃圾休闲资源"及各类"黄、赌、毒"丑恶的休闲资源进入到人们的消费领域，社会缺乏有效控制，导致一部分人生活腐化、道德沦丧、精神滑坡，并对社会产生了很大的负面影响。现实表明，加强休闲资源的管理已经到了刻不容缓的地步，必须把休闲资源管理（不仅仅是旅游资源的管理）纳入社会管理及社会控制的宏观体系中。

以旅游资源的管理为例，在旅游业发展初期，受"旅游业是无烟工业"的错误思想的引导以及旅游法规不健全等因素的影响，世界许多旅游资源遭到过度利用和开发，由旅游资源的开发和管理不当而造成的环境问题越来越严重。在我国，由于缺乏有效的规划和管理，以及国民生态意识和生态道德的缺乏，旅游业发展中引发的环境问题日益严重，旅游业所带来的对物种的毁损、对人文景观和人类文化遗产的破坏也触目惊心。

二、休闲资源管理的范畴

（一）休闲资源管理的含义与对象

一般说来，资源管理是指政府对自然资源及其开发利用采取的一系列干预活动。资源管理主要是围绕资源管理的开发利用保护与治理进行的，重点是协调人类开发活动与各种自然资源及生态环境之间的关系。可以通过资源管理的对象、内容与目标，来界定资源管理的内涵和外延。因此，本书认为：休闲资源管理，就是社会活动的主体根据休闲资源形成和发展的规律，以休闲资源的持续开发利用为目标，运用政策法律、经济调节、科学技术等综合手段，对人们在休闲资源的开发利用全过程上实施动态监控的行为。这种行为的结果可能是正效应的，也可能是负效应的。

休闲资源管理的对象包括休闲资源本身、休闲资源所处的环境系统、休闲资源开发利用的主体三个方面：

（1）休闲资源本身。对休闲资源（单体或集合体，下同）本身及其在被主体（社会组织或个人）开发利用过程中的演变过程和结果实施监控，以把握其变化特点和趋势，提出更好的监控措施保证其持续地被开发利用。

（2）休闲资源所处的环境系统。对休闲资源所处的环境系统（自然环境、社会环境、经济环境、政策环境、文化环境、技术环境）的总体状况及其演变规律和趋势进行监控，把握休闲资源的演变特点及其开发利用的方向与所应采取的措施。

（3）休闲资源开发利用的主体：从管理科学的角度出发，一切管理都是对人而言，或者说是通过各种组织机构（主体），以法律和法规为准则对人类行为的制约。休闲资源管理者，特别是高层次资源管理机构的直接管理对象是各层次的资源管理机构，通过对这些管理机构的管理实现各级管理机构的功能，保证资源管理目标的实现。

（二）休闲资源管理的内容

休闲资源管理的内容可以从宏观和微观两个层面探讨。宏观层面的休闲资源管理内容包括：

1. 休闲资源的宏观管理

（1）资源权益。即国家有关部门对休闲资源的各项权益实施的登记、明确、认可、保护的管理。包括资源所有权、使用权、专项权益（如采伐权、采矿权、捕捞权、取水权等）、相邻权益（指同一种自然资源或不同种类的自然资源在空间上相连接时，各自权属主体之间的权利义务关系）。

（2）宏观调控。主要指国家资源管理机构按照资源管理目标，制定资源开发利用规划；依据资源法制定相应的资源政策、条例和标准；通过实施资源管理的法律、行政、经济手段，对资源的开发、利用与保护、管理实施有效的宏观调控。

在我国，休闲资源涉及很多的主管部门，形成资源管理上的"条条、块块"结合管理模式。"条条"就是从中央到地方各级政府都设立相对应的资源管理机构。最高级别的休闲资源管理机构如：国家旅游局、住房和城乡建设部、国家林业局、国家文物局、文化部、广电总局、新闻出版总署、国土资源部、国家体育总局等。"块块"指的是，地方（省、市、县）区域的所有休闲资源都归本区域的政府（通过其设置的与上级相对应的机构）统一开发利用和管理。

（3）监督职能。指休闲资源管理部门依照相关法律法规对资源用户的开发、利用和保护资源的活动实施有效的监督。一方面对违反资源法规的行为给予处罚；另一方面对资源的限额利用实行监督，对资源用户所造成的环境损害程度进行限制。我国在休闲资源的监督管理方面制订了相当多的法律法规，本书第十章就详细阐述了中国休闲管理（包括资源管理）的法律法规。

（4）监测职能。指通过资源管理信息系统，实施动态监测，以掌握资源数量、质量及其时空变化的规律性。包括资源调查与统计、实施资源定期报告制度、建立资源动态监测体系。如旅游资源普查、经济普查与统计、工业普查统计、农业资源调查与统计等。

（5）综合协调。目前我国的资源管理体制基本上是按照资源门类的统一管理与分级、分部门管理相结合的形式。这主要是基于资源系统的整体性、多宜性与资源开发利用的外部性特征。比如旅游景区出现乱砍滥伐、滥搭乱建现象，或者娱乐场所失火、造成人员伤亡和财产损失。地方政府就会协调有关资源管理和执法部门处理出现的问题和事故。如公安消防局、文化局、林业局、旅游局、工商局、城建局等。

2. 微观层面的休闲资源管理

微观层面的休闲资源管理指的是休闲资源开发利用的主体（用户），即休闲企业、休闲供给组织围绕其组织目标（特别是经济目标），运用一定的经济技术手段对其拟开发的休闲资源实施的一系列作用与控制过程。休闲资源管理是一个含义广泛的概念，它包括了对资源的开发、利用、经营、保护、更新、处置（转让、售卖、出租等）等。狭义的仅指对休闲资源的保护与处置。微观的休闲资源管理主要包括以下几项内容：

（1）休闲资源的权属管理：即对休闲资源的获取、所有、经营、让渡、分享等方面权益的处理过程，这是休闲资源开发经营的前提条件和起点。

（2）休闲资源的资产和价值管理：即对休闲资源进行价值评估、资产核算、登记备案、注册等方面的综合行为。资产和价值管理的目的是为休闲产品、休闲项目、休闲组织本身进行投资收益估算，为更好地开发经营提供可靠的依据。

（3）休闲资源的生产管理：即对休闲资源进入到生产程序到形成休闲产品的全过程实施的动态监控行为，这是实现休闲资源价值的中心环节和核心主要内容。生产管理中包括了人、财、物及生产过程（操作程序、工艺流程）的全方位监控。

（4）休闲资源的质量管理：休闲资源的质量其实体现在各个管理环节，无论是权属管理、资产和价值管理，还是生产管理，都离不开对休闲资源质量的监控、维护和提升。这是保证休闲资源价值（保值或增值）的根本手段。

（三）休闲资源管理的特点

1. 综合性和复杂性

休闲业是一项综合性的产业，休闲资源管理涉及旅游、交通、文化、文物、民族、宗教、环保、卫生、林业等部门，还涉及房地产、信息以及通信、出版、娱乐、餐饮、酒吧、茶馆、咖啡厅、社区服务、教育、体育、展览馆、广播电视业、影剧院、艺术场馆、集邮、花卉、宠物等，也包括为休闲服务的汽车、金融、保险、道路交通以及其他基础设施等相关行业部门。此外，休闲资源管理是一项包含经济、文化、政治、科技、自然、生态等多要素的系统工程，因此需要运用行政、经济、法律、规划、教育等手段，将整体系统综合起来进行管理才能取得效果。

2. 区域性和差异性

不同国家、不同地区、不同类型的休闲资源具有不同的特点，需要采取针对性的措施和方法，管理手段的运用要结合休闲的自身特点，因地制宜，因时制宜，不能一概而论，没有"放之四海而皆准"的办法和标准。比如同样是森林公园，其管理理念和方法（体质、机制、手段）在美国和中国有很大的差异。

3. 技术性和创新性

休闲资源需要利用多种先进的科技手段进行科学监测和分析研究，如建立资源数据库，不断输入和修改资料，使之成为动态的数据库，或是跟踪监测开发效果，并及时做出控制，确保资源不受破坏。这在自然休闲资源的管理方面尤为重要。对有些类型的休闲资源的管理要创新理念和方法，特别是那些非物质性的休闲资源，其本身就是创新、创意（如游戏资源），对其管理方法也要运用新的方法。

4. 能动性与多变性

休闲资源特别是一些文化休闲资源，需要重点对其主体——具有民族性和能动性的人进行管理。人的生理、心理、智能、情趣、态度等都是不断变化的，许多休闲资源就是由人创造（创作、发明）的。这就需要遵循"以人为本"的理念，通过精神激励、企业文化等方法，充分调动被管理者的能动性和积极性，充分挖掘休闲资源的内涵，使休闲资源得到有效的利用和保护。

三、休闲资源管理的手段

（一）法律手段

休闲资源管理是否有效，基础在于是否具有完善的法制，在休闲资源管理中，与休闲相关的法律、法规和标准发挥着十分重要的作用。法律手段的基本特点是权威性、强制性、规范性和综合性。本书第十章列举了一些与休闲管理相关的主要的法律法规，通过这些法律法规调整人们在休闲资源开发、利用、管理和保护过程中的行为。

（二）经济手段

所谓经济手段，是指国家或主管部门，运用财政、金融、税收、价格、补贴、罚款等经济杠杆和价值工具，调整休闲资源开发利用中各方面的经济利益关系，把局部利益同社会的整体利益有机结合起来，达到休闲资源的合理和持续利用。

（三）规划手段

规划，在休闲资源管理中扮演着极其重要的角色，科学而有效的规划可以促进休闲资源的开发和环境的保护。为引导休闲资源开发和休闲产业的健康发展，政府应将休闲管理（包括资源管理）体系纳入其职能范围，设立专门机构加强调控。对休闲产业的资源开发、供需变化、环境保护等进行深入调查研究，制定切实可行的资源管理政策和产业发展政策。如针对休闲时间的过度集中所造成的交通拥挤、休闲场所承受力饱和等问题，休闲规划就要充分考虑分散化，而休闲资源开发和产品生产，要兼顾不同层次的消费需求，实施多元化战略，开辟新的休闲方式。

（四）行政手段

所谓行政手段就是依靠各级行政机关或企业行政组织的权威，采取各种行政手段，如行政命令、规章制度、文件指示、定额指标等办法，对休闲资源实行行政管理。对破坏休闲资源开发的违纪、违规、违法犯罪行为的当事人进行行政处罚。以达到控制盲目开发、破坏资源以及其他不良现象发生的目的。

（五）科技手段

在资源管理中科技手段具体包括数学手段、物理手段、化学手段、生物手段和工程手段等，将它们单一或组合使用以达到资源永续利用的目的。科技手段在资源保护和开发中的应用非常广泛，如对一些文物资源（如雕刻艺术品和石窟艺术），需要用高超的保护技术，防止风化、侵蚀以及人工损害。对于大面积、大范围的休闲资源（如森林公园、湖泊、山体、城市商业街区）的调查就需要用到地理信息系统技术和空间技术。科学技术的应用可以提高休闲资源的利用效率，把对资源的破坏减小到最小。

（六）宣传教育手段

所谓宣传教育手段是指通过现代化的新闻媒介和其他形式，向公众传播有关休闲资源管理和环境保护的法律知识和科技知识。目的是使人们正确认识休闲资源问题，树立良好的资源利用意识和环保意识，养成文明的休闲行为习惯。

> 知识链接

黄山景点轮休

安徽省黄山风景区管委会日前决定，自 2007 年 7 月 1 日起，黄山著名景点始信峰结束封闭"轮休"，恢复对外开放。同时，黄山丹霞峰将实施封闭，轮休期暂定三年。期间，景区园林管理部门将通过人工辅助手段，促进丹霞峰自然植被和生态环境的恢复。有关专家称，自黄山实施景点"轮休"保护世界遗产以来，中国的世界遗产地正在保护与开发两难间逐步破题。

国内首创景点"轮休"

黄山正式对外开放后，国内外游人以平均 14.41% 的速度逐年递增，到 1987 年已达 65 万多人次，比 1979 年的 10 多万人次增长了六倍多，一些热点景区如始信峰、丹霞峰、天都峰、莲花峰等因游览面积狭小，容量有限，游道两侧及景点周围的林木植被受到一定程度的损坏，造成局部土壤裸露、板结，水土流失加剧，树木长势减弱，生态环境在一定程度上有所退化。

1987 年 10 月，黄山管理者和资源保护专家受"封山育林"、"海洋休渔期"的启发，在国内首创景点"轮休"，封闭始信峰，利用一到两年时间，通过人工辅助促进自然恢复的措施，恢复受损的林木植被，改善生态环境。1989 年 4 月安徽省人大常委会通过的《黄山风景名胜区管理条例》中，以法律的形式将黄山的这一做法固定下来。

黄山园林局高级工程师桂剑峰告诉记者，通过近 20 年来的主要景点"轮休"，黄山热点景点经过休养生息后，其微生物、动植物均较轮休前有显著变化，微生物丰富，动物种类增多、活动频繁，植物生长茂盛。黄山的森林覆盖率也由 20 世纪 70 年代的 56% 提升到

84.7%，植被覆盖率达到93.6%。景区空气质量指标、地表水环境质量指标等均达到或优于国家制定的Ⅰ级标准。目前，黄山正在对封闭轮休的报批程序、专家论证程序和轮休期间的动态监测、保护管理程序等加以规范。

景点"轮休"克服短视行为

1985年加入《保护世界文化和自然遗产公约》以来，我国共申请到世界遗产35项，世界遗产总数排在西班牙和意大利之后，列全球第三位。由于我国开展这项工作起步较晚，我国的遗产预备清单还有100多个项目有待审批，是目前提交给世界遗产委员会最多的国家之一。安徽黄山旅游学院胡善风教授认为，对中国这样一个有着丰富的文化和自然遗产资源的国家，需要思考的并不仅仅是保护好自己的遗产，更应当思考我们在整个世界遗产保护事业中应当发挥什么样的作用。

胡善风说，"世界遗产"像一块"金字招牌"，通过旅游开放，中国遗产地秀美绝伦的风光和博大精深的文化得以向世界各国游客展示，旅游开发也改变了过去因经费短缺，保护工作捉襟见肘的局面。但与此同时，"旅游超载"以及过度旅游开发，已成为中国世界遗产地普遍面临的巨大威胁。乐山大佛旁边建公园、都江堰上游拦河筑坝、张家界建电梯、武当山遇真宫大火……还有故宫、秦俑馆、敦煌等处超容量接待游客，这些都造成了对世界遗产的实质性破坏，有的损失已经无法挽回。

旅游景区里的一草一木、一山一石都是珍贵甚至是无可替代的，是千万年大自然的造化，但造成遗产地景观的损失和景区生态失衡却往往只需短短几年。在安徽遗产保护专家盛学峰看来，黄山管委会率先实行景点"轮休"，是一件保护世界遗产造福后人的大好事。实行"景点轮休"，克服了对景区开发的"短视"行为，有利于景区的长远发展，有利于自然生态的保护。实行"景点轮休"势必会减少财政收入和税收，却体现了正确的政绩观和科学的发展观。

景点"轮休"被一些旅游景区逐渐接受

盛学峰说，令人欣慰的是，类似黄山景点"轮休"，目前，走可持续发展道路，保持旅游资源的吸引力和旅游环境的舒适度，已开始被我国一些旅游景区逐渐接受，一些世界遗产地在旅游市场的压力下，已开始采取游客限量、错峰游览等手段，疏导游客对景点的压力，促进遗产地旅游业可持续发展。

据了解，庐山等国内10多个景区已实行景点轮休制，让景点得以休养生息；九寨沟前不久完成了数字化监控系统，以控制游客流量；杭州也启动了西湖游客数量控制研究项目，将以鸟儿和昆虫的生存状态来决定游客的多少；面对青藏铁路开通后客流激增的旅游市场需求，从2006年开始，管理者调整入殿游览方式，当游客来到地处西藏的布达拉宫旅游时，已不能像以前那样任意进入每个佛殿驻足观赏了。

资料来源：王立武. 黄山景点轮休：破解世遗保护与开发难题. 经济参考报, 2007 - 08 - 01.

本章小结

本章首先详细阐述了休闲资源的概念、类型。在评述国内外有关的休闲资源评价理论和方法基础上，详细阐述了休闲资源价值评估的内容和方法。从内容上说，休闲资源价值评估主要包括两大部分，即休闲资源自身条件的评估和休闲资源开发条件的评估；休闲资源价值评估的方法主要有旅行费用法、意愿调查价值评估法、享乐定价法、费用支出法和休闲效益评价法。评估是开发的前提，休闲资源开发是指在休闲资源调查和评估的基础上，以人们的休闲需求为导向，以发展休闲业为目的，通过适当的方式把休闲资源改造成吸引物，并使休闲活动得以实现的综合性技术经济过程。休闲资源开发的内容包括对休闲目的的进行规划设计、建设与完善休闲配套设施、增强休闲资源所在地可进入性以及营造良好的休闲环境，提高休闲服务质量。休闲资源开发的方式有新建、利用、修复、改造、挖掘提高。开发的程序包括确定开发项目、可行性研究、开发规划、具体项目规划设计、项目实施与监控。休闲资源管理在休闲经济发展中出于非常重要的地位，阐述了休闲资源管理的特征、意义和基本手段。休闲资源管理的对象包括休闲资源本身、休闲资源所处的环境系统、休闲资源开发利用的主体三个方面。休闲资源的宏观管理包括：资源权益、宏观调控、监督职能、监测职能、综合协调。微观层面的休闲资源管理包括：休闲资源的权属管理、休闲资源的资产和价值管理、休闲资源的生产管理、休闲资源的质量管理。休闲资源管理的手段。法律手段、经济手段、规划手段、行政手段、科技手段、宣传教育手段。

本章思考题

1. 名词解释

休闲资源　休闲资源开发　旅行费用法

2. 简答题

（1）简述休闲资源的特点。

（2）简述休闲资源价值评估的主要内容。

（3）简述休闲资源价值评估的主要方法。

（4）简述休闲资源开发的主要内容。

（5）简述休闲资源管理的特征。

3. 论述答问

（1）试用某一种休闲资源的分类方法对你所在区域的休闲资源进行分类。

（2）试对你所在区域的某一休闲资源进行价值评估。

（3）阅读本章最后的知识链接《黄山景点轮休》，说明资源管理的必要性及其手段。

4. 材料分析题

材料一：污水中的冲浪

"我刚从海边回来，水质非常差。而每当海风向岸边吹来或者涨潮的时候还能看到不时地出现一些垫子、避孕套等废弃物漂浮在水面上。"海洋已经变得不再令人高兴，而造成这种情况的原因并不难知道。你可以闻到空气中各种各样的味道，既有香甜的果味也有令人厌恶的味道，它的源头隐藏在悬崖之下——破旧的排污管道，每天都有污水从其中排放出来。

材料二：要求停止使用山地车——Nicholas Schoon

政府正在考虑是否需要限制山地车的使用，因为山地车使用量的增加正在对美国国内最美丽的风景造成破坏。美国乡村保护委员会发布的一份报告强调了山地车是一种可以自由享受乡村休闲的方法之一，但是这一活动的发展对环境造成了很大的伤害。骑车的人通常会使用人行道，虽然有法律限制要求他们必须在自行车道才能行使。这种车的车轮较宽并且压力较大，这对植被造成了很大的影响，使地面植物被挤压并留下一道深深的车轮印。步行者和散步者也抱怨说那些山地车有时候会高速地经过他们身边，这使他们感到害怕。一些人认为，对于那些拥有宝贵风景的国家来说，山地车是一种不恰当的休闲产品。

问题：

（1）结合上述材料，谈谈如何处理好休闲资源开发与保护的关系。

（2）结合上述材料，说明休闲资源管理的手段有哪些？

本章延伸阅读

［1］约翰·特莱伯.休闲经济与案例分析［M］.李文峰，编译.辽宁：辽宁科学技术出版社，2007.

［2］张红霞，苏勤，王群.国外有关旅游资源游憩价值评估的研究综述［J］.旅游学刊，2006，21（1）.

［3］孙根年，孙建平，吕艳，等.秦岭北坡森林公园游憩价值测评［J］.陕西师范大学学报（自然版），2004，32（1）.

［4］Niklitschek M，Leon J. Combining intended demand and yes/no responses in the estimation of contingent valuation models. Journal of Environmental Economics and Management，1996：387－402.

［5］许豫宏.以巅峰案例看休闲时代的旅游地产开发模式.http：//www. davost. com/Intelligence/Vision/2008/09/08/1653384117. html.

第五章 休闲产品与市场开发

本章导读

21世纪以来，我国的休闲消费渐成时尚，休闲活动的内容日益丰富，休闲产品的发展趋于市场化。休闲产品的市场开发也给相关的产业发展带来了活力，并进一步促进了消费需求的提升，激发了休闲市场的活力。休闲产品作为休闲市场的最活跃因子，对其类型、特征、开发方式的研究，有助于拓展休闲市场、促进休闲产业发展。休闲产品开发和市场拓展是休闲经营管理的重要内容，是休闲产业发展的关键环节。本章从休闲产品的基本理论范畴入手，详细分析其含义、性质、特征、类型、开发意义、开发方式；探讨休闲产品市场拓展的有关理论和方法，包括休闲产品市场定位、市场营销策略、市场开发流程、市场管理和规范等。为休闲经营管理的理论和实践提供丰富的内容。

第一节 休闲产品概述

休闲消费离不开一定的休闲产品，休闲产品是休闲活动的内容和要素，是休闲产业的细胞，是休闲文化的物质基础。但是休闲产品与一般的产品概念如工业产品、农业产品和旅游产品不同，它的范围更广，涉及的内容更多，要想对它有更好的认识，应从多角度多方面去研究。

一、休闲产品的含义

休闲是人们在闲暇时间的活动，休闲活动与休闲主体的兴趣爱好和活动方式有着密切的关系，休闲产品涵盖了人们在闲暇时间内开展的所有活动涉及的内容，以有形产品和无形的服务为表现形态，包括文化的、体育的、娱乐的、旅游的、消遣的等有形和无形的产品和服务。休闲产品的含义非常广，至今国内外没有一个统一的定义，不同学者从其自身的学科专业背景对休闲产品进行定义，形成了不同的表述。

（一）休闲产品的定义

休闲产品的定义有很多专家都有表述。王德伟（2001）认为，所谓休闲产品就是满足人们包括愉悦身心、体验人生价值、享受生活乐趣等需求的，具有彰显人文文化功能含量的第二自然物。它主要是指人们在闲暇时间中为休闲目的而消费的物质产品。休闲产品与其他一般产品的主要区别就在于休闲产品所含的文化信息含量多和主要发挥文化功能这两点上。王德伟强调了休闲产品的文化性和精神性，同时也提出休闲产品的物质性特征。唐湘辉（2007）认为，休闲产品即生产经营者提供的、用于满足休闲消费者需要的各种产品和劳务的总和，既包括各种直接用于休闲消费的物质产品，也包括各种满足休闲消费者休闲需要的休闲项目、休闲设施与休闲活动。他提出了包括服务等无形方面的休闲产品，还包括辅助休闲活动的设备。何健民（2008）基于休闲需求的视角，参照联合国世界旅游组织所倡导的旅游卫星账户对旅游产业分类的原理，将休闲产品分为两大类：①特征休闲产品，是指受休闲需求影响大的休闲活动产品，如娱乐产品与健身产品。②关联休闲产品，是指人们平时也需要，但是增加了休闲元素或气氛以后人们需求更大或愿意支付更高价格的休闲活动产品，如热带雨林咖啡厅、主题购物街、中央商务游憩区。

以上关于定义的表述，都有各自的特点，也对休闲产品有了多角度的理解。休闲产品是由休闲供给组合提供的，从供给角度来界定休闲产品，是传统的产品界定方法，也是厘清休闲产品的比较直接的方法。通过对休闲产品定义的相关评述，本书采用这样的定义：休闲产品是指由休闲经营者凭借着休闲吸引物和休闲设施生产或开发出来的，为了迎合休闲者体验和愉悦的需求，通过市场途径提供给其消费的一切有形实物产品和无形服务产品的总和①。

（二）休闲产品的本质特征

1. 多元性

休闲产品涵盖面广的特征表现为休闲产品的多元性。既有产品结构的多元性也有产品文化的多元性，既有消费者选择的多元性也有产品供给的多元性。多元性也造就了休闲产品的个性化特色，消费者可以根据兴趣爱好选择适合自己的产品，也要求生产企业定制化生产，满足小批量的消费需求。所以既有满足探险需求的户外生存运动的休闲产品，也有满足安静休闲享受的室内书吧和酒吧产品。这也是社会理性消费的体现，是经济发展成熟的表现。

2. 文化性

不同文化背景的消费者选择的休闲产品也是各不相同的，但获得的感受可能是一样的，都是通过休闲产品获得一种享受和放松。正如法国人热衷于在下午的时候坐在咖啡馆里品茗咖啡，享受一段休闲时光，而中国人却是在茶馆里喝茶聊天度过闲暇时间。德国人在假日多数选择到外地度假，海滨度假产品是德国人的最爱，停留的时间也在一周以上；而中国人在假日黄金周里选择的是国内的著名景点进行观光游览。同样是到中国旅游，法国人感兴趣的是我国古代的传统文化，日本人感兴趣的是我国的字画，美国人感兴趣的是我国的美食。休闲的体验往往是精神领域的，休闲的生活需要文化的阳光和雨露，文化对休闲产品的要求更高，涉及的领域更广泛。可以说文化性是休闲产品的内容和高层次表达，是休闲产品的灵魂。

3. 层次性

休闲需求是指有能力购买休闲产品或休闲服务的欲望。一方面，每个人的休闲需要在各自经济条件的限制下形成了不同层次的休闲需求；另一方面，消费者文化素质、兴趣爱好的不同，即使在相同经济条件下，也会产生休闲需求的层次差别。在我国，城市居民多把逛街购物、体育锻炼、外出旅游、酒吧娱乐、电脑游戏等作为自己主要的闲暇活动；农村居民则多以看电视、串门、打牌、搓麻将、睡觉等来度过闲暇时间。这其中虽有收入差异方面的原因，但更多的还是因为休闲观念、休闲设施以及自身文化素质等方面的原因。收入越低、文化层次越低的群体，越倾向于玩麻将、在家睡觉、串门聊天等休闲方式，但

---

① 马勇，周青．休闲学概论［M］．重庆：重庆大学出版社，2008.

只要经济条件许可，也愿意从事逛街、旅游、运动、文化等更能怡情悦性的休闲活动。在我国现阶段的生活条件下，休闲产品的层次性的特征还将持续。

4. 创造性

休闲产品的融合性和创意性，往往聚合了创造者的智慧和经验，加之其因为独创而具有高增值性。高增值的利益驱动，使得更多的人从事休闲产品的开发，增强了休闲产品的创造能力。如美国苹果公司推出的 ipod 和 iphone 数码产品，融入高科技的休闲娱乐产品，一上市就受到市场的追捧，并获得高额回报。休闲产品的市场容量扩大，吸引更多企业参与进来，反过来又增强了休闲产品的创新能力。日本 20 世纪 80 年代创造了卡拉 OK 这种新兴的休闲方式，面市时很轰动，早期经营者的高回报是人所皆知的。创造出的这种休闲产品到现在演变成为 KTV 歌厅，成为现代休闲娱乐产品中主打产品之一。90 年代在中国深圳独创性的以人造景点为主题的大型公园也成为人们闲暇时追捧的休闲娱乐产品。

（三）休闲产品的消费特征

1. 消费目的是放松

休闲产品特指满足在闲暇时间进行的愉悦身心、体验人生价值、享受生活乐趣等需求的物质和非物质产品。休闲产品的构成要求具备两个条件：一是在闲暇时间进行的，主要指工作之外和满足生理需要之后；二是为了休闲放松，消费休闲产品不是为了生存，不是为了创造附加值，而是为了使身心得到放松，心情得到愉悦。休闲产品的消费可以同时满足多种需要，如体育健身锻炼，既可以进行锻炼身体，也从中得到娱乐，同时也增加了人际交往，既有物质需求和精神需求的满足又有生理的和心理需求的满足。

2. 消费空间广泛

休闲产品的消费几乎涵盖所有的场合。既有室内休闲产品，如室内的健身娱乐产品，也有室外的如健身运动产品和城市公园和绿地，还有异地休闲产品，如观光旅游产品和海滨度假产品；既有陆地上的休闲也有水上或空中的休闲产品。可以说从城市到农村都会有休闲产品的消费。

3. 消费形式多样

休闲活动包括的范围广，因此休闲产品的类型也是丰富多样的。既包括为了休闲外出的旅游产品，也包括为了健康的体育休闲产品，也有体现文化特色的茶文化产品，还包括一些设施如博物馆、纪念馆、城市公园等等。这些休闲消费往往也是交织在一起，消费形式的多样化形成了五彩缤纷的休闲消费社会现象，使得休闲产品比其他产品具有更多的内涵。

二、休闲产品的类型和体系

由于休闲产品的概念是宽泛的，因此构成休闲产品的类型也是多样的，一些专家学者从不同角度对休闲产品进行了分类，旨在多角度地认识休闲产品。

（一）休闲产品的分类

1. 从供给角度来分类

休闲产品从供给角度分为自给性休闲产品、公共性休闲产品、商业性休闲产品。自给性休闲产品是指休闲消费主体自行组织完成、自我供给的休闲活动产品。一般而言，其对他人和社会性设施和服务的依赖性较小，是一种相对个人的活动，如听音乐、读书、静思等。公共供给性休闲产品是指依赖于由政府公共部门或社会组织提供的非营利性休闲项目和服务，如博物馆、美术馆、科技馆、公园、图书馆、活动中心来完成的活动。商业性休闲供给产品是商业机构和组织提供的以营利为目的的休闲项目和服务。此种分类说明休闲产品有一部分是公共性或准公共产品，即公共的或是可以共用的，一个人的使用不能够排斥其他人的使用，如城市的公园和电影院等。公共性或准公共性产品的经济外部性往往需要政府作为供给者提供休闲产品，这也涉及宏观管理的问题。

2. 需求角度来分类

休闲产品分为两大类：一类是特征休闲产品，是指受休闲需求影响大的休闲活动产品，如娱乐产品与健身产品，当休闲需求减少的时候，此类休闲产品的销售受到很大影响，休闲企业的生产大量萎缩。另一类是关联休闲产品，是指人们平时也需要，但是增加了休闲元素或气氛以后人们需求更大或愿意支付更高价格的休闲活动产品，如主题咖啡厅、城市大型购物场所、商务游憩区。

3. 从空间构成来分类

休闲产品在空间构成上，分为公共绿地、公园、湿地、广场、商业街区，建筑设施，景区景点，主要是由环境和气氛围合而成的空间产品。休闲主体的消费离不开一定的空间，而空间的设计也成为休闲产品设计的主体。如城市休闲空间，依托居民小区的休闲空间，依托商业街区的休闲空间，依托景区景点的休闲空间形成小体量空间分散化，大体量空间特色化，大众性空间丰富化和消费性空间层次化。各种消费层次，各种消费空间，各种文化空间都能在城市里形成体系，成为城市具有特色的休闲产品。如我国的成都、杭州、大连等塑造城市休闲空间的同时也形成了独具特色的城市休闲产品。

4. 产品的行业特性来分类

这是休闲产品的传统构成。根据行业特性分为休闲旅游产品、休闲体育产品、文化休闲产品、娱乐休闲产品等。主要是根据产品的特性，如休闲体育产品主要是利用闲暇时间进行体育锻炼，利用一定设施和场所来增强体质的同时达到娱乐和放松的目的，它是体育和休闲行业的交叉和融合，并在需求规模不断扩大下形成的新的休闲类产品类型。

5. 从产品的整体性来分类

休闲产品可以分为单项休闲产品和整体休闲产品。如旅游景点、娱乐项目等是人们在休闲时消费的单项休闲产品，而旅游线路、旅游城市以及休闲城市的观光与游览则是人们在休闲时以目的地的有关休闲产品集合为消费对象的，因而消费的是目的地整体休闲产品。

6. 从地域角度来分类

分为城市休闲产品和乡村休闲产品。城市类休闲产品：①城市休闲广场、商业街区、旅游节庆和有关文博、艺术、表演、体育、康乐、保健以及休闲类赛事和评选活动等；②各类休闲商品（装备）生产以及相关的专业性品牌展示和展览贸易活动，包括娱乐设备、休闲家居用品、体育器材及户外用品、休闲食品及饮料展览、玩具礼品、电子消费器材、休闲读物、音乐影视及美术品、艺术收藏品及工艺品、休闲保健用品、美容美发美体产品及设备、休闲服饰、水上娱乐设备、休闲旅游车等的展览；③围绕休闲相关主题而进行的各类专业会议、教育培训和学术研究活动。乡村类休闲产品，围绕山水、田园、林果、野趣等生态特色，以观光农业、休闲渔业和乡村度假产品，满足都市人返璞归真、回归自然的需求。

（二）休闲产品的体系

综合以上休闲产品的分类，空间的分类体系如图5-1，主要是五个部分，由近及远形成一个五级圈层系统，休闲目的由弱到强，范围由小到大。消费结构看，呈金字塔形状，高档休闲产品[①]在最顶尖，往下一层依次是中档休闲产品和低档休闲产品。

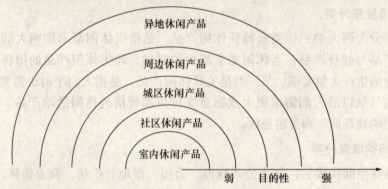

图5-1 休闲产品体系圈层图

第二节 休闲产品开发

休闲开始作为一种普遍的经济现象出现还是在第二次世界大战以后。当休闲成为一种大众化的，有巨大商业价值的消费需求的时候，休闲的供给逐渐市场化，休闲产品的开发成为休闲供给者市场竞争的利器。而休闲产品的消费表现出的精神需要、发展需要、健康娱乐、生理需要的多个层次使得产品的开发难度加大，休闲产品的个性化和特色化的要求更高，对休闲产品的生产者而言既是挑战也是机遇。

一、休闲产品开发的意义

（一）休闲消费行为的个性化要求休闲产品的推陈出新

休闲消费是人们满足其自我发展和个性显示等非生存性需求的各种活动总和，受主体自身因素影响大。因此，在休闲消费中不论是消费项目还是消费时间，都呈现较强的异质性特征。在休闲经济时代，消费者的需求必将随着生活水平的提高和闲暇时间的增加而发生变化。随着情感需求日趋重要，个性需求明显增强，他们会变得越来越感性化、个性化、情感化。不仅重视产品和服务给他们带来的功能利益，重视所购买的产品或服务是否符合自身的审美情趣和心理需要，以及购买和消费产品或服务的过程中所获得的体验和感受。正如格雷厄姆－莫利托所说的那样：休闲经济会给人们带来许多新的生活态度、观点

① 叶文. 城市休闲旅游理论案例［M］. 天津：南开大学出版社，2006.1.

和活动。这既要求生产者不断开辟新的经营领域，提供新的产品和服务以满足人们的休闲需求，也对休闲产品的营销方式提出了新的挑战。

（二）产品的生命周期需要休闲产品的升级换代

休闲产品具有较高的淘汰比率，产品升级换代率很高。由于休闲是一个较为抽象的概念，具有很强的主观决定性，因此市场是否接受一个休闲产品，接受了以后又能持续多久，很大程度取决于人们的一定时间里的偏好。现代社会中，市场孕育新产品的能力极其强大，人们对具体服务产品的忠诚度却在不断降低，"喜新厌旧"的消费者不断地淘汰旧的休闲方式，"看不见的手"也不时地逼迫生产者不断地将休闲产品升级、升级、再升级。

（三）高科技的融入提高了休闲产品开发的积极性

科学技术的突飞猛进，改变了人们的生活方式。网络游戏和虚拟空间的出现，地球正变得越来越小，人们的交往方式增多，娱乐休闲方式正在发生着深刻改变；数码技术的革新，影像质量提高，休闲产品的质量得以更好地表现。科学家们正利用极其复杂的新技术让我们周围的世界和日常生活变得更加丰富多彩、更加舒适方便，这些高科技产品已融入我们的日常生活，引导消费产生新的需求，同时休闲产品开发的积极性也随之高涨。

（四）休闲消费的可持续发展需要休闲产品开发的持续性

经济的高速发展离不开消费的可持续发展。保持休闲产品开发的持续性可以使休闲消费持续。如我国的休闲旅游产品，最初以发展观光旅游，旅游景点的走马观花式的参观成为主要的休闲产品，在当时成为主要的户外的休闲方式。随着休闲旅游产品开发的深入，开发出了度假旅游、修学旅游和探险旅游等个性化旅游方式，进一步刺激了消费需求的增长。这种休闲旅游产品开发的持续性也使得我国在短短的三十年时间里从旅游消费很低的国家一跃成为世界旅游大国，这可以说明休闲产品开发的持续性保持了消费的高增长态势。

二、休闲产品开发

休闲产品被认为是人们在休闲场所通过不同类型的休闲活动而获得的不同体验，休闲产品开发设计的目标就是体验与满足感的实现。由于休闲产品涉及内容众多，又有较强的动态性，因此本章依据不同的休闲行业类型选取有一定开发价值的休闲产品进行概述。

（一）休闲旅游产品开发

在我国，闲暇时间的户外休闲活动主要表现为旅游。旅游作为一种休闲行为，是闲暇时间从事的游憩活动，从走马观花地奔波于各个景点的观光旅游过渡到充分享受度假胜地的自然资源和文化资源的度假旅游。这种转变正是基于休闲观念的渗透，因此把休闲元素更多地融入旅游产品，为旅游业的产品开发提供了新的思路。在休闲经济视野下，传统旅游产品的结构、类型、层次得到改造，实现由大众游到个性游，由半军事化的理性组织游到高自由度的感性休憩游，由集中时间游到分散游，由观光游到休闲度假游的转变。同时，旅游产品要能够为人们提供一个快乐的境界，实现体力、精力和智力的更新，实现物质消费与精神文化消费的综合平衡。在休闲经济视野内，旅游产品在物质消费设计方面倾向于简约化、回归自然，而在精神消费方面倾向于丰富性和多元化，让人们享有更多的时间自由、更广阔的空间选择和更幽邃的深度享受。这样的休闲旅游产品在顺应人们对休闲生活方式的追求的同时，还能够促使人们不断进行自我开发，提高自身素质与能力，提升生命质量。休闲与旅游的结合，休闲产品的层次更加丰富，也为旅游活动注入了新鲜活力。目前开发较为成功的休闲旅游产品有以下几方面。

1. 度假休闲旅游产品

包括海滨度假、温泉度假、滑雪度假、乡村度假等。度假是休闲与旅游结合的典范。度假是深度旅游方式，而度假实现的是体验、享受和满足感，是休闲方式的最好体现。度假产品以海滨、温泉、滑雪、乡村优越的自然条件和优美的自然风光，吸引着世界各地的游客，使游客在异国他乡度假而实现了休闲的目的。欧洲的地中海区域，太平洋上的夏威夷岛，美洲的加勒比海区域，东南亚的巴厘岛和中国的三亚已成为世界级的度假胜地。

2. 生态休闲旅游产品

以林中休闲，生态环境为背景的休闲产品开发，也得到了爱好环境保护和回归大自然的休闲者的青睐。生态旅游是一种专项化旅游方式，同时生态休闲也融入到旅游当中。以区域生态环境资源为内容开发的生态休闲旅游产品是重点。如野生动物世界、珍稀动物自然保护区、原始森林保护区等为休闲资源的产品，还有以自然和气候条件形成的休闲资源开发的休闲产品，如湿地生态保护区、江河风景带、沿江观潮城、江河生态旅游休闲度假区、自然景区深度开发工程、江湖水上大世界、地貌大峡谷等。这些开发的休闲旅游产品具有资源保护的功能，使休闲资源得以可持续发展。

3. 保健疗养休闲产品

旅游和保健疗养功能融为一体的休闲方式是现代生活压力下人们避免出现亚健康状态，调节自身身体状况而出现的，成为一种休闲旅游产品开发的热点，也是一种重要的休闲资源的利用。如日本的温泉疗养院由于温泉水的矿物质含量对人体有着保健的功能，所以也成为吸引游客前往休闲的一种很好的方式；还有著名的死海也成为人们进行保健疗养的胜地。围绕保健疗养的休闲产品的开发注重对身体体能的恢复和保健，再辅以各种旅游活动来增加游客的体验，获得享乐的感受。

（二）体育休闲产品开发

人们对自身的身心健康也越来越关注，休闲健身成为生活时尚。体育消费观念更新，花钱买健康的消费观念已成共识，体育产业得以飞速发展。目前全球体育产业的年产值高达4000多亿美元，并且保持着20%以上的年增长速度。毋庸置疑，体育运动在人们的休闲生活中将扮演越来越重要的角色，它已不仅是一种竞技运动，更是人们健康和休闲的重要内容。而且我国1995年发布的"全民健身计划纲要"，明确提出了要更广泛地开展群众性体育活动，增强人民体质。由此极大地促进了体育休闲产品的开发。

1. 户外运动休闲产品

人们越来越热衷于进行户外运动，户外休闲产品孕育而生。如高尔夫球运动，既体现了竞技文化的特征，也代表了休闲文化的特征，更具有社交文化的特征。同时也衍生出相关的休闲产品，包括高尔夫器械、高尔夫服装、高尔夫运动的服务……而且这还是一种高层次的休闲项目，是身份和地位的象征。所以在大都市里能看到以高尔夫运动而中心开发的休闲产品。户外运动的休闲项目还有山地自行车、徒步行走、野营、攀岩、蹦极等。

2. 室内健身场馆

我国成功举办奥运会后，人们的体育健身的热情更加高涨，城市里的健身中心和俱乐部成为人们进行康体健身的主要场所。在保龄球馆、健身房、球类场馆等体育场馆进行健身活动，因为在室内进行，不受天气的变化，所以可以持续地进行。康体健身的项目越来越丰富，既有传统的健身活动，又有引进国外的新的健身理念和健身方式，达到既健身健美，又陶冶性情、交友娱乐的目的。健身市场的繁荣催生了体育休闲产品的开发。

（三）娱乐休闲产品开发

在休闲经济时代，人们的需求层次逐渐提高，不仅注重产品提供的物质享受，更希望这种产品能够带来轻松休闲的娱乐享受。如坐飞机不是简单地从 A 地飞到 B 地，而是在途中看电影，听音乐，甚至体会一下在空中玩掌上游戏；在信用卡、咖啡杯上，要能看到喜爱的影视明星；手机也不只是一种通讯产品，还要可以听音乐、玩游戏……所以将娱乐元素与产品销售组合在一起，提高产品的附加价值成为现代企业吸引顾客的重要法宝。美国娱乐业顾问、著名经济学家迈克尔·沃尔夫指出："娱乐因素已经成为产品与服务的重要的增值内容。"把产品做得富有娱乐性、把娱乐做成产品，是许多企业采取的新方式，如耐克、诺基亚、百事可乐、麦当劳都是凭借明星、时尚和游戏之类的娱乐因素，叩开中国市场大门的。

1. 影视娱乐类休闲产品

影视娱乐休闲产品的开发以消费者的休闲、娱乐需求为核心，运用音乐、舞蹈、影视、游戏、卡通等视觉娱乐因素，以捕捉消费者的注意力，达到刺激消费者购买和消费的目的。典型的例子就是迪斯尼乐园，将熟知的卡通电影人物米奇、唐老鸭放在迪斯尼乐园里与游人亲切互动，并把影视作品在乐园里进行还原，增加了乐园的参与性与娱乐性，突出了主题并形成独特的风格。因为开发者认为娱乐的影响是全球性的，而且是多方面的，它能够影响潮流趋势、个人习惯、生活模式以及个人偏好等等。所以这种融入影视作品的休闲产品容易被市场认可和接受，将产品的开发带入新的消费领域。

2. 游戏酒吧类休闲产品

这类休闲产品开发是考虑到个性化的酒吧空间里聚集的人群，他们有共同的消费习惯和消费特点。因此利用酒吧的空间，把相关的娱乐元素融进去。如在举办世界杯比赛时，人们利用酒吧的氛围一起看比赛，谈论比赛，增加了交流的乐趣，同时又具备餐饮的功能，交友的功能，甚至跳舞和狂欢的功能。利用个性化的特点使得游戏酒吧类的休闲产品主题突出，吸引特定的消费群，也成为休闲产品开发的趋势。

3. 网络游戏类休闲产品

电脑具有越来越强大的娱乐功能，再加上互联网的普及，开发出的网络游戏类的产品吸引着越来越多追求时尚的人，也成为人们生活的一种休闲方式。由此产生的网络游戏产业已成为全球数字娱乐产业的先锋。与网络游戏产业相关的周边产品，游戏相关的人物造型、动画、漫画、小说、小饰物等，也具有庞大的市场，有着可观的经济效益。

4. 宠物园艺类休闲产品

花鸟鱼虫的饲养也是人们业余生活的一部分，衍生出的各类休闲产品也极大地满足人们的休闲需要。围绕宠物饲养的产品和服务也随之兴起，如宠物医院、宠物美容院、宠物食品、宠物器具等等。而园艺种植业在高科技的推动下也成为新兴的产业，满足休闲生活的需要。鲜切花、盆景、干花、种苗到小盆花、绿化苗木等花卉品种的丰富也促进了人们把花卉作为休闲生活中不可或缺的休闲因素，也引导休闲产业链进一步延伸。

（四）文化休闲产品开发

文化业的范围广泛，包括所有的文化传播部门和行业。针对这一市场的文化读物以及媒体专门开设的以休闲活动为主的项目明显增加。文化业提供的休闲品的重要特征是其内涵，以其精神来满足人们，使文化业在休闲供给中占有极其重要的地位。因为休闲产品针对的是非生存需求，是人们在闲暇时间进行的消费，是对发展资料和享受资料的消费，更注重精神层面，包括自然历史考察、考古、修学旅行、参观画展、参加各类专题沙龙、看戏、听音乐会等，通过书、唱片、VCD、工艺品等消费来提高人们的素养。如音乐类休闲产品，高科技的发展使得数码技术充分运用的音乐产品中来，网络的歌曲的下载、创作变得极为简单，MP3、MP4 等数码产品的普及也让更多人了解音乐、爱好音乐。以音乐为主题的休闲产品的开发也更多地体现了文化气质。传统的休闲与文化、知识传播以及现代科学知识普及等结合起来，创办出丰富多彩的"主题休闲"项目，成为一种新的经济现象。

（五）城市休闲产品开发

人口向中心城市的流动促进了经济要素集聚，形成了集聚经济，也产生了满足市民休闲行为的休闲市场。城市也成为人们休闲理念的表达场所，城市作为休闲的空间场所在人们生活中始终占据着主导地位。城市休闲产品的开发注重城市的休闲空间的营造。如城市的游憩商业区、步行街、广场、城市绿地、自然风景区等，乃至在居住的社区、经营的商业场所等都成为休闲产品开发的对象。通过空间的文化和人文气质，映射出城市的个性和魅力。

上海在 20 世纪 90 年代开始了大规模的城市公共休闲设施建设，包括上海大剧院、上海图书馆、上海东方艺术中心、改造后的上海音乐厅、贺绿汀音乐厅、上海大舞台、美琪大戏院等组成错落有致的多层次演艺场所群落。绚丽璀璨的城市灯光工程不仅吸引着来沪的游客，观赏"夜上海"也成为许多上海市民夜间休闲的方式之一。发展了保龄球、健身、桑拿、攀岩、游泳、滑雪等体育休闲系列产品，每年有许多固定的节庆活动如上海国际电影节、上海电视节、上海国际艺术节、上海旅游节等，这些活动将会吸引众多上海市民参与，极大地丰富上海市民的休闲活动方式。上海的衡山路、新天地等酒吧一条街因其独特的城市文化内涵成为享誉海内外的休闲胜地。

可见，城市的休闲产品开发更多的是政府的公共性的休闲产品的供给，要注重休闲和文化的结合，给休闲产品注入文化品位和人文含量。既要从传统文化中汲取精华，又要追随现代文化的潮流，还要重视历史的典故、借助名人的光环效应和开发独特的地域文化等方法来挖掘文化的内涵。如杭州依托"丝绸之府"的有利条件，大力开发丝绸文化博物馆，依托西湖龙井茶的美名，发掘龙井茶文化内涵，开发杭州的特色茶艺，形成新型茶文化休闲产品。

（六）乡村休闲产品开发

城市化的快速发展，城市人口规模的扩大，为发展乡村休闲产品提供了市场空间。我国城市人口 2005 年底达到 5.6 亿，比 2000 年前提高了 7%，即 13 亿中国人中有 43% 生活在城市。长期生活在城市的居民，由于受到城市环境、生活和工作的压力，迫切需要到郊外农村寻求新的休闲空间，去欣赏田园风光、享受乡村情趣，回归大自然、陶冶情操。开发乡村休闲产品，如农家乐、水果采摘等带动相关的家禽蔬菜特色种养、交通运输、餐饮等发展。可以鼓励农户利用闲暇开小饭店、小旅社（客栈）和销售绿色农产品，支持乡村集体投资或引资开发生态资源和文化资源，引导企业发展休闲旅游项目和配套产业，形成一村一品的乡村特色产品。

可以在这几方面着手开发：田园休闲产品，以农村田园景观、农业生产活动和特色农产品为休闲吸引物，开发农业游、林果游、花卉游、渔业游、牧业游等不同特色的主题休闲活动；民俗风情休闲产品，以农村风土人情、民俗文化为休闲吸引物，充分突出农耕文化、乡土文化和民俗文化特色，体现地方民族风情的休闲产品；农家乐休闲产品，利用自家庭院、自己生产的农产品及周围的田园风光、自然景点，吸引游客前来吃、住、玩、游、娱、购等活动；村落乡镇旅游产品，以古村镇宅院和新农村格局为休闲吸引物，开发观光休闲产品；休闲度假产品，依托自然优美的乡野风景、舒适怡人的气候特点而开发的满足游客休憩、度假、娱乐、餐饮、健身等需求的产品；科普教育休闲产品，利用农业观光园、农业科技生态园、农业产品展览馆等为客人提供了解农业历史、增长农业知识的休闲活动；回归自然类的休闲产品，利用农村优美的自然景观、奇异的山水开发出观山赏景、森林公园、滑雪滑水的产品。

第三节　休闲产品的市场拓展

休闲产品的开发还有赖于市场拓展。休闲产品的市场拓展就是在研究市场需求的前提下，以一定的市场策略把产品推向从没有进入过的市场领域，以此扩大市场范围，提高产品在市场的知名度和认可度。由于休闲活动包含了其他的比如旅游活动、休闲餐饮和购物活动等内容，因此不同类型的休闲产品可以通过需求的融合形成新的休闲产品，如休闲茶餐厅，可以认为它是人们果腹、饮茶、沟通交流等需求的融合；也是茶馆、餐厅和棋牌馆等原有产品的融合和相互渗透而产生的，于是茶餐厅就是在一种新的市场领域形成的休闲产品。新的休闲产品层出不穷，市场拓展就有更大的空间。

休闲产品的市场拓展，第一步是休闲产品的市场定位，即寻找休闲产品的市场空缺，占领目标市场，确立自己在目标市场当中的位置。第二步是进行有效的市场营销策略，进入潜在消费者的心中，并形成市场的地位。第三步就是休闲产品的开发，根据休闲产品的生命周期分别采取不同的手段把握休闲产品的市场地位。

一、休闲产品的市场定位

（一）休闲市场的概念

市场的概念有三层含义：①市场是商品交易的场所；②市场是商品交换关系的总和；③市场是某种产品的现实购买者和潜在购买者所组成的群体。从企业角度来看，休闲市场是指对某一休闲产品有需求的消费者群，即休闲产品的需求市场。需求市场的变化决定休闲产品的供给，而需求市场的范围和容量的不确定增加了休闲产品的供给难度，所以对休闲市场的把握至关重要。通过对休闲市场的分析，寻找休闲市场的空隙，有助于掌握需求的变化趋势，从而为休闲产品打入休闲市场奠定基础。

（二）休闲产品的市场细分

所谓市场细分，就是将一个纷繁复杂需求的异质市场划分成不同的同质亚市场，从而使同质亚市场表现出较为单一的需求，以便企业根据细分的市场选择产品的目标市场。因为人是休闲的主体，而不同的人群对休闲生活及休闲的价值观的差异性很大。"徒步旅游"对热衷于行走的旅游者来说，休闲至极，而对于更大的人群来说，简直是受罪，谈不上休闲。正是市场需求的不一致性，所以通过对休闲产品的市场细分，找到对某一休闲产品有需求的目标市场，才能有效地针对目标市场进行休闲产品的生产。而休闲产品比较基本物质生活需求产品，更具有个性化和市场细分程度较高的特点，因此市场细分的意义更大。主要表现为：①细分市场可以发现市场机会，可以发现需求饱和的、未饱和的和有发展潜力的市场；②可以集中资源，采取差异化策略，进入细分的市场；③可以将劣势转化为局部的市场优势，达到以小胜大的效果。细分市场可以用一些细分因素来划分，如表5-1。

表5-1　休闲产品的市场细分一览表

细分因素		可以划分的细分市场	举例
地域		本地休闲市场、异地休闲市场或城市休闲市场、乡村休闲市场	如城市的休闲购物步行街、美食娱乐广场等满足本地人的日常休闲行为；还有农村开发的农家乐休闲产品，农业休闲产品等
时间		日常休闲市场、节假日休闲市场	节假日市场开发出来的有休闲度假旅游产品，家庭旅游休闲产品等
人口统计因素	年龄	老年休闲市场、中年休闲市场、青年休闲市场	青年休闲市场开发出来的修学旅游、背包旅游、自助旅游和探险类的休闲产品
	性别	男性休闲市场和女性休闲市场	针对女性开发的形体健身场馆，美容和美食休闲产品等
	文化程度或职业	教师休闲市场、国家公务员休闲市场、外企休闲市场、蓝领休闲市场	如公司奖励的休闲活动，如奖励旅游产品
	支付能力	收入在5万元以下的休闲市场，5万~10万收入的休闲市场，10万~20万收入的休闲市场，20万以上收入的休闲市场	高端的休闲产品如休闲度假产品、高尔夫休闲运动产品、俱乐部休闲产品等
消费行为		参与类的休闲市场、观赏性的休闲市场、欣赏性的休闲市场	如打球、慢跑等参与类的休闲运动产品；还有到现场观看的产品，如观看奥运会赛事，参观某些景点的休闲产品；欣赏性的休闲产品有听音乐会、看话剧等文化性较强的休闲产品
消费目的		满足身体健康类休闲市场、满足心理健康类休闲市场、满足提高层次类休闲市场	运动类休闲产品、娱乐类休闲产品、旅游休闲产品、文化休闲产品等

资料来源：科特勒（P. Kotler），等. 市场营销原理（亚洲版）[M]. 何志毅，等译. 机械工业出版社，2006. 据其相关内容整理而成。

（三）休闲产品的市场定位

市场定位的理解是：通过提供适宜的产品或服务来创造一个确定的形象并把与该形象

一致的信息传播给潜在的消费者。定位有三大要素：①创造一个形象；②表达消费者关心的产品利益；③与竞争者提供的服务和产品相区别。如快餐品牌麦当劳声称："我们不是餐饮业，我们是娱乐业。"意在创造一种休闲餐饮的形象，强调了麦当劳不仅是一个就餐的地方，更是一处娱乐、休闲的场所，对那些喜欢麦当劳的孩子们来说，吸引他们的不仅是麦当劳提供的食物，更重要的是，他们可以在麦当劳乐园里尽情玩耍，可以参加充满趣味的各种游戏，还可以和麦当劳的哥哥姐姐一起唱歌跳舞。这就区别了传统餐饮业的定位，把休闲元素嵌入到餐饮产品中，达到和竞争对手的产品差异化。定位在休闲餐饮和娱乐餐饮为一体的市场形象，这也可以说是找寻到了市场的空隙，形成产品的差异化，也树立了产品的形象。就我国目前的休闲市场状况，可以把休闲产品定位在中低档为主，适当高档化的层面，因为大众化的休闲市场需求是极其庞大的。同时注意消费市场的环境因素，大中城市引导主流休闲消费市场，中等城市追随大城市的消费习惯。

二、休闲产品的市场营销策略

市场营销是指在以消费者需求为中心的思想指导下，企业所进行的有关产与生产、流通和售后服务的一系列经营活动，旨在满足社会需要，实现企业的经营目标。休闲产品的营销应注重培养休闲意识和消费习惯、创造休闲消费时尚、突出休闲产品个性化和创新复合型休闲服务等原则。

（一）休闲产品的整合营销策略

整合营销就是为了建立、维护和传播品牌，以及加强客户关系，而对品牌进行计划、实施和监督的一系列营销工作。整合就是把各个独立的营销综合成一个整体，以产生协同效应。这些独立的营销工作包括广告、直接营销、销售促进、人员推销、包装、事件、赞助和客户服务等。整合营销传播的核心工作是培养真正的"消费者价值"观，与那些最有价值的消费者保持长期的紧密联系；以各种传播媒介的整合运用作手段进行传播，凡是能够将品牌、产品类别和任何与市场相关的信息传递给消费者或潜在消费者的过程与经验，均被视为可以利用的传播媒介。

休闲产品的多元性也造就了其分散性，利用整合营销策略，充分挖掘休闲产品的生产资源，综合利用资源，以品牌作为纽带，整合成具有高识别的新形象。如海南的三亚，利用其得天独厚的海滨资源，以国家级度假区作为其休闲品牌，汇集了全世界顶尖的酒店集团，并把高尔夫运动带到休闲度假区，形成休闲、娱乐、度假、体育等多种需求为一体的休闲产品，并举办各种吸引眼球的世界小姐的选美活动和职业化的高尔夫球赛等营销活动，提升三亚的整体形象。整合营销的策略使其愈来愈成为我国吸引海外游客度假的名片。三亚也成为以休闲产品为主打的城市，也是利用整合营销的典范。

1. 以整合为中心

着重以消费者为中心并把企业所有资源综合利用，实现企业的一体化营销。整合既包括企业营销过程、营销方式以及营销管理等方面的整合，也包括对企业内外的商流、物流及信息流的整合。整体配置企业所有资源，企业中各层次、各部门和各岗位，以及总公司、子公司，产品供应商，与经销商及相关合作伙伴协调行动，形成竞争优势。

2. 强调协调与统一

企业营销活动的协调性，不仅仅是企业内部各环节、各部门的协调一致，而且也强调企业与外部环境协调一致，共同努力以实现整合营销。

> **引例**

位于三亚市区以东 30 公里的亚龙湾，总面积 18.6 平方公里。这里三面青山相拥，一面呈月牙形向大海敞开。得天独厚的亚龙湾集中了现代休闲旅游的五大要素：海洋、沙滩、阳光、绿色、新鲜空气。沙滩舒缓宽阔，绵延 7 公里多，沙粒洁白细软，海水清澈澄透，年平均水温在 25℃ 以上，常年可以进行海水浴、日光浴、沙滩活动、潜水和多种水上运动。除此之外，锦母角、亚龙角水深流急，激浪拍崖，怪石嶙峋，是进行攀崖活动的好场所；海面上星罗棋布的岛、礁是海上运动爱好者的天堂；海底的珊瑚礁、热带鱼、野生动植物构成的极富梦幻色彩的海底世界，是最佳的潜水胜地；还有珍稀树种"红树林"、"龙血树"等热带自然植物，具有优越的热带海洋气候和典型的热带风光景观，阳光、海水、沙口、气候、动物、奇石、怪滩、悬崖、绝壁、风情、田园以及"一溪二排三岛四湾五湖十岭"构成了各具特色的风景，呈现出一派绮旎的热带海滨风光，也是我国唯一具有热带风情的国家级旅游度假区。

经过十几年的打造，亚龙湾国家级旅游度假区已成为我国主要的休闲胜地。但是，要想打入世界级的休闲胜地的行列，还要提升亚龙湾产品的整体形象，融入东方文化特色和国际化特色，形成具有独特风格的休闲产品。因此在营销策略上把亚龙湾的产品进行整合，形成统一的度假休闲形象，并拓展产品的档次和功能，把自然资源和人文资源进行整合，把现代时尚元素和古朴的民族文化相结合，把度假、运动、旅游、娱乐、文化等功能进行融合，打造亚龙湾休闲度假的国际形象。通过一系列的营销策划活动，如高水准的高尔夫大赛，世界小姐的选美场地，中央电视台组织的模特大赛，举办各种大型活动、旅游节庆、国际会议，把亚龙湾的产品包装成一个整体，突出了产品的休闲化和国际性。所以，亚龙湾现已建成具有休闲度假、特色观光、文体娱乐及会议展览等多功能、全方位的综合性旅游胜地。区内建成的多种风格各异的高品位度假酒店，为度假生活倍增浪漫和情趣。亚龙湾在旅游服务与国际接轨的同时，更富有东方色彩，亚龙湾国家级旅游度假区被《国家地理杂志》评为"中国最美八大湾之一"。也是一个拥有滨海公园、豪华别墅、会议中心、高星级宾馆、度假村、海底观光世界、海上运动中心、高尔夫球场、游艇俱乐部等国际一流水准的休闲旅游区，形成独一无二的亚龙湾风格。如今，亚龙湾已经美名远扬，并成为国内外知名的休闲旅游品牌，这里如诗如画的自然风光、舒适完善的旅游度假设施和独具特色的休闲项目已成为很多人向往的休闲度假天堂！

资料来源：根据 2007 年中国休闲产业发展研讨会的发言整理而成。

（二）休闲产品的社会营销策略

社会营销强调企业在满足消费者需求的同时能够最大限度地兼顾社会利益，通过兼顾社会利益，反过来给企业带来良好的声誉。其成功案例就是美国的运通公司。在美国，银行业中利润最丰厚的领域——信用卡，竞争激烈。但美国运通公司却另辟蹊径，针对当时美国民众对第三世界的关注，推出"分享我们的力量"的广告，并许诺顾客每使用一次信用卡，公司就捐给第三世界 3 美分，结果不仅使美国运通脱离价格战区，而且利用美国人的心理获得经济和声誉上的双丰收。

社会营销的成功的关键在于：社会营销产生的巨大声誉有没有影响到你所希望的影响

的目标群体。其困难之处就在于如何把产品、客户与社会关注焦点不留痕迹地联系在一起。果冻生产商喜之郎，创造了果冻的快乐文化内涵：喜之郎的幸福快乐的健康"宝宝"，水晶之恋的永恒烂漫的爱情故事，CiCi吸的果冻的纯情活泼。休闲产品，卖的不仅仅是产品本身，更是产品的背后文化内涵，在现代人追求快乐幸福的氛围下，喜之郎的社会营销的效果显而易见。

知识链接

"广东国民休闲旅游计划"的推广提升休闲产品的社会功能

2009年2月23日，广东省正式颁布《关于广东省试行国民旅游休闲计划的若干意见》（以下简称《意见》）。明确提出鼓励弹性安排带薪休假，创造条件鼓励和引导居民在国家重要法定节假日前后集中安排休假，形成较长假期的旅游黄金周。广东是中国的经济大省和旅游大省，已经具备试行国民旅游休闲计划的经济社会基础。在当前经济社会形势下，广东将加强科学引导，加大财政支持投入，完善配套政策措施，让旅游休闲真正成为社会的主流意识和全民活动，成为推动经济社会较快发展新的引擎。根据《意见》，广东要求各地、各有关部门在项目审批、信贷方面给予旅游休闲项目支持，从而推动建设一批旅游休闲服务社区、旅游休闲小城镇，创建一批旅游休闲示范旅行社和示范基地，打造一批旅游休闲精品线路；广东省旅游和财政部门也正研究将该省每年6000万元的旅游扶贫资金用来扶持一批乡村旅游项目。通过这些实施平台，让"国民旅游休闲计划"对该省城乡经济的拉动落到实处。该计划还将推动示范旅行社和基地对在校学生、外来工残疾人、低保救助对象、五保户和60周岁以上老人的特别优惠，真正做到全民共享。广东省旅游局正在和教育部门磋商"将修学旅游纳入学生综合实践课程"，与港澳协商三地旅游服务便利化对接，与交通部门落实区域之间票价优惠的旅游专线。"广东国民休闲旅游计划"的实施提升了休闲产品的社会影响，休闲旅游产品的社会营销通过"计划"的推广得以实现。

资料来源：人民网2009年2月24日《广东启动国民休闲旅游计划》，作者：邓圩。有删节。

（三）体验式营销策略

体验是指当一个人达到情绪、体力、智力甚至精神的某一特定水平时，其意识中所产生的美好感觉，或者说是个体对某些刺激产生回应的个别化感受。而这种感受或美好感觉，正是消费者的休闲消费需求的重要体现，是休闲经济时代人们所追求的情感享受。休闲产业是新兴产业，开拓休闲市场必须创新营销理念与方式。应以服务为中心，以产品为素材，从生活与情景出发，塑造感官体验及思维认同，为消费者创造出值得回忆的愉悦、快乐、健康的体验和感受，从而创造新的生活方式，为产品创造新价值与市场空间。

体验营销正是在创造休闲产品的价值方面提供了一种新的思路。体验营销是指企业以服务为重心，以休闲产品为素材，在营销推广的过程中，塑造感官体验以及思维认同，以此吸引消费者的消费行为。体验营销不同于传统营销，传统营销过于强调产品的功能利益，而忽视了消费者所需要的感受和体验。体验营销的核心观念是，不仅为顾客提供满意的产品和服务，还要为他们创造和提供有价值的体验。

作为一种重要的休闲消费需求，体验具有多种存在形态，它既可以依附于产品和服务而存在，也可以作为单独的出售物而存在。体验存在形态的多重性和体验内容的丰富性为企业开展体验营销提供了多种途径。首先，企业可以设计体验式的产品或服务，创造新的体验业务来满足消费者不断增长的休闲需求。让人们在休闲活动中经历休闲品牌创造的一系列值得记忆的"事件"，获得感觉、情绪、精神上的体验。其次，企业可以在产品的营业推广活动和广告宣传、附加服务等方面，融入更多的体验成分，既推动自身产品的销售，又使消费者的休闲需求得到更好的满足。

引例

星巴克咖啡连锁店就是体验营销的成功范例。从美国西雅图起家，现已风靡全球的星巴克咖啡连锁店，也是以体验营销制胜的成功典范。早在1997年，星巴克每星期就要接待约500万顾客，而这些顾客平均每个月都要光顾18次。星巴克成功的原因，可以用其总裁霍华德·舒尔茨的一句话来总结：星巴克出售的不是咖啡，而是对于咖啡的体验。因为，星巴克的咖啡与其他咖啡店的咖啡并没有太大的差别，但星巴克咖啡店内弥漫的高雅、亲切、欢快、舒适的氛围是别的咖啡店所没有的。店内起居室般的家具摆设、典雅的色调、浓浓的咖啡香和咖啡机煮咖啡时发出的嘶嘶声，让每一位光顾者都沉浸在舒心、自在的享受中，体验到一种独特的格调和氛围。星巴克还更擅长咖啡之外的体验：如气氛管理、个性化的店内设计、暖色灯光、柔和音乐等。就像麦当劳一直倡导售卖欢乐一样，星巴克把美式文化逐步分解成可以体验的东西。"认真对待每一位顾客，一次只烹调顾客那一杯咖啡。"这句取材自意大利老咖啡馆工艺精神的企业理念，贯穿了星巴克快速崛起的秘诀。注重"当下体验"的观念，强调在每天工作、生活及休闲娱乐中，用心经营"当下"这一次的生活体验。星巴克还极力强调美国式的消费文化，顾客可以随意谈笑，甚至挪动桌椅，随意组合。这样的体验也是星巴克营销风格的一部分。

资料来源：据《人民文摘》2005年第3期《星巴克营销剖析》整理而成。

（四）休闲产品的娱乐化营销策略

娱乐是人类与生俱来的天性，现在的物质生活已经达到比较高的水平，人的娱乐天性就被极大的释放出来了。在娱乐经济时代，休闲产品进入市场，赢得消费者青睐的一个方面是否有娱乐成分，因为它是吸引消费者的重要因素。如在餐馆就餐，点菜上菜吃饭买单是一般餐馆的程序，但是如果能在就餐的同时听到家乡的戏曲，或是就餐当中参与当晚的抽奖游戏或是寻宝游戏，餐饮中加入了娱乐成分，自然增加了就餐的愉悦感。

将娱乐成分融入休闲产品设计，使得休闲产品更加人性化。电脑之所以在短短的十年间迅速进入家庭，除了价格因素外，更重要的原因在于电脑的功能越来越强大，多媒体功能的不断完善使电脑提供了丰富多彩的娱乐功能，游戏软件支持使电脑成为娱乐工具，极大地满足了消费者的娱乐需求。电脑不再只是一个学习、工作的工具，它已经成为家庭中的一个娱乐伙伴。因此，增加休闲娱乐方面的附加价值，才能吸引顾客。

娱乐化营销策略满足了消费者的娱乐心理，从而拉近了与目标消费者的距离。广州的"天河城"、北京路、上下九路，就是因为营造了一个集购物、娱乐、美食于一体的舒适的购物环境，吸引着成千上万的顾客，也成为外地人和本地人休闲、购物、娱乐的场所。

三、休闲产品的市场开发流程

休闲产品的市场开发流程即产品的生命周期过程，共分为设计阶段、投入阶段、成长阶段、成熟和衰退阶段。在不同阶段把握市场的规律，有助于休闲产品的开发。

（一）休闲产品的设计阶段

这个时期是企业发现了市场机会，通过市场细分选定了目标市场，然后设计新产品进入市场的过程。

1. 休闲产品开发的组织设计

休闲产品开发的第一步就是要有好的创意，而好的创意不是个人的单独行为，需要有团队的集体智慧。因此可以设立创意团队小组，以休闲产品项目经理为主要负责人，负责对新产品开发进行直接领导，休闲产品研发部门作为团体组织，以创意小组具体负责某个分项目产品的设计。

2. 产品构想来源

在产品开发程序当中，最重要的一环就是产品的创意的产生，构想的形成。而新产品的构想来自：①消费者的需求；②市场调查；③竞争者的产品；④产品的上下游企业；⑤高层管理者；⑥投资人；⑦专利发明者；⑧产业顾问；⑨广告公司；⑩学者和相关研究机构。

3. 构想产生的技术

构想可以用以下几种方法进行。①产品可分割性：不同消费者在购买力、生活习惯和生活方式等方面存在着差别，因此新产品的设计和包装大小可以根据消费喜好进行改变。可分割性越大，新产品愈易被广大消费者接受。②产品属性列举法：是通过列举现有产品之所以能够满足消费者需求所具有的各种主要属性，然后对每一个属性进行分析，看是否有可能加以改进，从而找到一个改进后的新产品的设想。③强行联系法：对有些产品来说，其特征表面似乎无任何联系，但只要进一步考虑，将两种或两种以上产品的全部或部分特征联系在一起，就有可能产生新的设想。例如农业产品和旅游相结合，就出现了农家乐的休闲产品，游船和休闲结合就出现了江河夜游等都市休闲产品等等。④头脑风暴法：它是产生产品构思的一种方法或技巧，通过召开专家座谈会，营造宽松的气氛，畅所欲言，促使他们产生新产品的各种构思。一般来说，参加讨论的专家人数以 6 ~ 12 人为宜，会议时间在 1 小时左右，会议主持人提供有关的背景材料和主要议题，激发与会者提出一个又一个构思，构思越多越好，思路越广越好，在会议上不作任何评价。这种方法有得专家之间相互启发，提出更多的构思。⑤提喻法：这也是通过召开专家会议产生新产品构思的方法，其特点是对产品构思的讨论循序渐进，由表及里，首先启发与会者的联想，逐渐接近并提出要解决的问题的答案。

（二）休闲产品的市场投入阶段

产品刚进入市场，知名度不高，产品的销量较小。特点是产品暂时的竞争对手不多，但是产品经营的风险大，产品投入的促销费用较大，而且销售量增长较慢。要让消费者完成对产品的知晓—产生兴趣—进行评估—尝试使用—确定购买这几个环节是需要通过销售策略来进行的。这一时期的策略主要集中在提高产品的知名度上，即让消费者知晓，通过广告的方式让目标市场了解和熟悉，达到知晓的目的。然后抓住创新者和早期使用者来进行产品的形象塑造，也可以采取高价格策略来树立高品质形象，或是低价策略来打开市场，避免其他竞争者的加入。如图 5 - 2 所示。

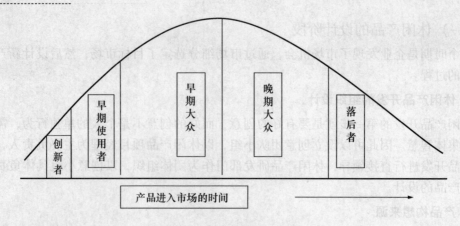

图 5-2　产品使用者分类

(三) 休闲产品的市场成长阶段

产品经历了投入阶段后，产品已经得到市场认可，市场需求增加，销售量上升，利润增加，投资回报率高；同时竞争对手开始增多，市场竞争态势形成。这时应该注重产品质量的稳定性，开始寻求产品的差异化，可以利用产品差异化的策略来区别竞争对手的产品。

(四) 休闲产品的市场成熟阶段

经历了产品的成长阶段后，进入成熟阶段，产品的销售量增幅稳定，市场需求趋于饱和，产品的品种增多，生产能力过剩，竞争激烈，价格战不可避免出现，利润增长缓慢或有下降趋势。这个时期要尽量延长，以保持稳定的利润率。在成熟期中，有的弱势产品应该放弃，以节省费用开发新产品；但是同时也要注意到原来的产品可能还有其发展潜力，尽量挖掘产品的其他用途或是增加附加值。也可以在策略上实施品牌策略，突出品牌价值，吸引品牌追随者。

(五) 休闲产品的市场衰退阶段

产品的衰退阶段表现为产品的销量下降，需求量减少，同时有替代产品出现，竞争对手退出市场。这时可以采取退出市场策略，转向对下一轮的新产品的开发，或是对产品进行升级换代，形成新的产品，转而进行下一轮的产品开发过程。如图 5-3 所示。

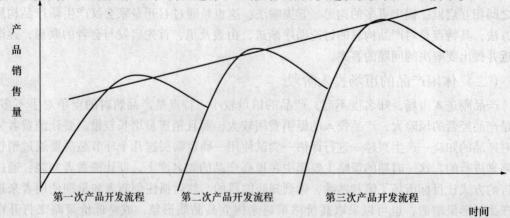

图 5-3　休闲产品的升级换代

四、休闲市场管理和规范

（一）政府在休闲产业发展中的职能

政府在构筑休闲文化基调、规范休闲活动内容、扶持休闲产业发展等方面具有较强的推动力。同时政府管理职能的发挥可以有效地推动产业的良性发展。政府行政管理部门可以重点扶持盈利面较窄但为大众喜闻乐见的文化娱乐设施，如图书馆、博物馆、文化广场、社区活动室、戏院茶楼等，并关注传统文化精髓的扬弃，力图形成独特而积极的休闲文化景观，通过组织较大规模的活动渲染休闲氛围。对于其他多元化的、较具经济效益的休闲产业部门开发则立足于帮助企业经营软环境的营造，以吸引更多的投资者参与创业和竞争，共同推动休闲产业的繁荣。

1. 强化对休闲公共产品的管理

在政策上政府允许和鼓励私营企业生产和经营休闲公共产品，鼓励和扩大私营企业进入休闲公共产品领域，允许他们根据居民对休闲公共产品的需求来决定休闲公共产品的经营规模和结构，减轻政府财力负担，并通过竞争机制的引入，提高休闲公共产品供给的效率和质量。

2. 深化改革，合理配置资源

积极探索适应社会主义市场经济条件的行业管理体制，提高公共部门效率，对部分公共型休闲供给组织进行企业化改造；引进市场机制，发挥其市场资源配置功能，引导资金合理流向，促进休闲产品结构合理化。此外，政府在进行发展规划时，应合理布置各种休闲设施，采取多种形式加强休闲设施建设与经营。休闲经济与休闲营销是具有社会影响的复杂工程，应通过国家、社会、个人的共同努力，提高休闲供给效率和社会休闲生活质量，促进社会发展。

（二）对休闲产品生产者和经营者的管理和规范

1. 引导休闲企业的发展符合市场规范和社会规范

市场管理对保证休闲产品的社会效益、净化市场行为和整顿市场秩序具有决定意义。一些地方各种非法经营、危害社会和消费者利益现象泛滥，与当地政府片面追求经济增长、忽视市场管理有直接关系。在市场管理体制方面，由于休闲供给涉及的行业、部门较多，也使市场管理出现许多混乱，有待于进一步理顺。网络游戏的发展，使得人们的休闲又有了一种新的方式，这种在线的虚拟社区游戏，即可满足远程的互动交流，又集中了兴趣相投的一部分人。但是过度沉迷网络游戏又会引发一系列的负面效应，特别是对自制力较差的中小学生的身心有较大的伤害，因此面对这一社会现象，政府出台相关的市场规范引导企业在发展网络游戏的政策和管理办法，取缔黑网吧，规定经营网络游戏的场所营业时间最晚在晚上 12 点，净化网络游戏的内容，控制总的网吧数量等等措施。虽然休闲市场纷繁多变，但是市场规范的步伐不能变。

> 引例

2009 年 1 月 5 日，以国务院新闻办公室等七部委召开电视电话会议进行部署、中国互联网违法和不良信息举报中心对19家网站进行点名批评为开端，拉开了2009年整治互联网低俗之风专项行动的序幕。媒体报道，截至1月28日，全国已经关闭违法违规网站1507家。1月29日，互联网违法和不良信息举报中心第六次对存在色情和低俗内容的网站进行了曝光。这表明专项整治行动正有力地向纵深推进。网站，尤其是网络媒体，作为互联网上新闻、信息和内容产品的最重要传播平台，必须具有社会责任感。中国网络媒体仍是成长中的新媒体，需要不断提高政治意识、大局意识、责任意识，要珍惜自己品牌，也要珍惜网络媒体界整体的声誉。

目前，整治互联网低俗之风专项行动仍以凌厉的势头发展，涉及的范围也在不断扩大。除七部委加强对中央和地方重点新闻网站、主要商业网站、搜索引擎网站、电信运营企业的检查清理工作外，已将整治手机传播淫秽色情信息纳入专项行动，同时还提出加快完善长效机制，进一步加强各部门的协调配合，形成工作合力。

专项行动的开展与长效机制的完善是相互推动的。近年来，已开展多次打击网上淫秽色情及各项犯罪的专项行动，形成这种局面的主要原因，一是互联网发展迅速，各类新应用不断出现，为色情低俗内容的传播及其他网上犯罪活动提供了便利的技术条件；二是在激烈的市场竞争环境中，网站出于对赢利的一味追求而罔顾社会责任；三是极少数人利用互联网贩售色情淫秽等内容，直接进行违法谋利活动，或放肆进行违背社会公德的传播活动。进行专项整治行动的目的就在于针对网上新的情况及时遏制有害信息蔓延的势头，但在每次集中整治的同时，也要为进一步完善长效机制提供思路、积累经验、奠定基础。

广义的互联网管理机制，包括法规制定、行政监管、业界自律、公众举报、技术保障、网民尤其是青少年网民的媒介素养教育等多方面。中国在1994年接入互联网后不久，建立互联网管理机制的工作便开始了，2000年以后更是加快了建设、完善的步伐，其中包括学习、采纳国际上对互联网管理的一些通常做法。互联网管理机制的建设和完善是一项长期的工作，文明办网、文明上网也是一项长期的任务，它需要管理部门、网站、网民的共同努力，需要社会各界、学校、家庭的共同配合。中国网络传播界只要恪守社会责任和社会良心，革除自身弊病，就必定会为中国社会的进步做出更大贡献。

资料来源：人民网2009年2月4日《整治互联网低俗之风专项行动正向纵深发展》，作者：闵大洪。有删节。

2. 加强休闲企业的监管，创造良好的市场环境

加强市场监管的力度，规范交易行为，打击并取缔价格欺诈行为和假冒伪劣产品的生产企业，保护广大消费者合法权益。休闲企业实行资质等级管理制度，从而树立自身的市场形象和品牌，进一步突出企业质量和信用形象。其根本目的就是要利用市场性的手段，引导企业提高人员素质，加强经营管理，依靠开拓市场获取品牌利润，从价格竞争转移到质量竞争上来。

3. 加强法律、法规建设

政府出台与休闲产业发展相关的法律法规和管理制度，使各种休闲供给行为有法可依，维护消费者合法权益。同时加大执法力度，规范休闲产品主体行为，促进市场管理走上法制化轨道。《劳动法》里的带薪休假制度要落实到位，充分行使享有休闲的权利。通过一系列法律法规和制度标准的制定实施、逐步扩大行业管理的覆盖面，规范休闲市场行为，提供公平竞争的环境。

（三）对休闲产品消费者的管理和规范

1. 引导休闲产品的消费符合社会道德标准

由于我国休闲产业起步较晚，很多人忽视休闲活动。还有些人的休闲重物质轻精神，在稍微富裕之后不是寻求更高层级的休闲活动以提升自身的修养，而是讲吃喝、比排场，在社会上很容易因消费行为示范效应和文化势差的作用造成一些不良文化影响，出现吸毒、赌博、色情等与休闲活动精神相悖的社会现象。为了保持休闲活动的社会规范，实现休闲产业的健康发展，必须在社会上树立良好的休闲产品的消费价值观。在总的基调上确立我国休闲文化的目标，纠正不符合社会道德标准的休闲观念，正确引导休闲消费行为。例如，中国国家旅游局专门针对国内游客颁布了《中国公民出境旅游文明行为指南》和《中国公民国内旅游文明行为公约》等多项规范措施，以培育文明公民、文明游客。

2. 开展主题活动正确引导休闲消费者的消费行为

我国的经济发展速度较快，人们的生活水平普遍提高，参与休闲消费的行为越来越普遍。但是休闲消费中存在的各种不健康、不高雅、不文明的行为比比皆是，如奢侈消费、过度消费、不文明消费。虽然休闲消费是个人的行为，但形成的社会的负面影响是很大的。针对不文明的休闲消费行为，可以从宣传、教育、警示的方式进行引导和规范。如在国庆、元旦、春节节假日旅游高峰期间，在休闲购物店开展"提升中国公民旅游文明素质行动"主题活动。主要围绕以下几方面进行：一是在景区和商业街等商业集聚地组织开展文明消费宣传活动，加强文明消费知识宣传。二是在百货店、超市、餐饮等服务场所加强对从业人员的文明礼仪教育，建立健全文明服务礼仪考核制度和监督机制，完善服务规范，健全服务标准，兑现服务承诺，规范服务言行，提高职工道德素质和服务水平。三是在消费服务场所设立文明礼仪岗、标示文明守则，提高消费者文明水平。四是改善店容店貌，美化购物消费环境。政府可以在社会提倡绿色消费观念、环保理念、生态理念，创造和谐的社会休闲消费观念，对卖淫嫖娼和赌博等不合法的消费行为进行坚决打击，遏制此类行为在社会上的蔓延。

本章小结

本章在分析了休闲产品的特点和分类后重点阐述了休闲产品的市场开发策略，并构建了休闲产品的市场开发流程，特别是对休闲产品市场开发的战略三要素——市场细分、目标市场的选择和市场定位进行了分析，并以实例的方式进行剖析。阐述了政府对休闲产品的职能定位，对休闲市场的管理方法及对生产者和消费者的引导策略。休闲产品作为社会生活的要素，和生活是息息相关的，通过休闲活动和休闲资源的进一步拓展，为开发休闲产品提供创新动力。通过学习本章的内容，可以把握休闲产品发展的趋势，掌握休闲产品的市场开发策略，为休闲产品的经营与管理提供坚实的基础。

本章思考题

1. 名词解释
休闲产品　休闲市场　休闲产品的市场细分

2. 简单答问
（1）简述休闲产品的特征。

（2）简述休闲产品的分类。

（3）简述文化休闲产品和娱乐休闲产品的不同。

（4）简述休闲产品的开发意义。

（5）休闲产品的市场营销重点把握哪几方面？

（6）如何规范休闲市场的管理？

3. 论述答问
（1）论述休闲产品的文化性特征。

（2）论述休闲产品的市场拓展途径。

（3）试述城市休闲产品的发展趋势。

（4）试述乡村休闲产品的发展趋势。

（5）谈谈你对"休闲产品是社会生活的要素"的看法。

4. 材料分析题

广州新电视塔的休闲功能

广州新电视塔总投资22亿元，高度610米，其中塔体高450米，天线桅杆160米，总建筑面积114054平方米，塔体建筑面积44275平方米，地下室建筑面积69779平方米。目前该塔是亚洲最高的电视塔，位于广州市中心、新的城市中轴线和珠江景观轴线的交会点上，与海心沙岛和珠江新城隔江相望。新电视塔2009年建成后成为未来广州的地标性建筑。根据该电视塔的建筑设计，它有观光旅游、电视广播发射、文化娱乐三大功能。在该塔中除了省市台电视广播发射用房、办公用房、地下停车库等外，还将建设塔顶观光平台，大型礼仪大厅，广州历史民俗文化展览馆，高科技3D、4D动感电影院、旋转餐厅、风味食街、"空中漫步"、"空中云梯"等，可见广州新电视塔将成为吸引市民的休闲资源。

资料来源：据2008年2月8日《广州日报》整理而成。

问题：

（1）为什么城市的中轴线修建的城市地标设计如此丰富的休闲产品，有何社会价值？

（2）城市休闲产品的开发应该注重什么？

本章延伸阅读

[1] 赵鹏，刘捷．休闲与人类健康发展的关系 [J]．旅游学刊，2006，(11)．

[2] 郭鲁芳．国外休闲经济研究的历史与进展 [J]．经济学家，2004，(4)．

[3] 马惠娣．关于我们时代休闲与旅游的三点看法 [J]．旅游学刊，2006，(10)．

[4] 吴文新．休闲文化创新及其动力机制研究 [J]．云南大学学报：社会科学版，

2008，（3）．

　　［5］胡春旺，郭文革．我国城市休闲体育市场的消费阶层分析及发展对策［J］．北京体育大学学报，2004，（11）．

　　［6］董芳．休闲产品主题化发展与经营［J］．旅游科学，2004，（2）．

　　［7］杨卫武．我国休闲旅游业的现状、特征与发展趋势［J］．旅游科学，2007，（3）．

　　［8］邓小艳．生态休闲旅游开发的理论基础及其适用价值探析［J］．社会科学家，2005，（6）．

　　［9］黄燕芬．论准公共产品合理价格的形成与实现［J］．中国物价，2003，（9）．

第六章　休闲项目经营管理

本章导读

休闲项目就是由各种现实和潜在的休闲资源开发出来的、已经产生或者能够产生价值和财富的休闲吸引物，它不仅包括有形的休闲实体项目，也包括无形的休闲活动项目。休闲项目经营管理是休闲经营管理的主体内容，是休闲产业发展和休闲经济运行的中心内容。本章由概念的小到大，从三个方面来论述休闲项目经营管理：休闲场所与设施、休闲项目、休闲物业。分别从基本概念、内涵、类型、特征、开发、经营管理等方面，并运用案例进行详细阐述。从中可以把握休闲经营管理的核心内容，并与本书其他章节的内容建立起逻辑联系：休闲行业类型—休闲供给组织—休闲产品（联接休闲资源和休闲市场）—休闲项目（联接休闲产品与休闲产业）—休闲产业系统。

第一节　休闲场所与设施

休闲场所与设施是休闲产业发展的重要物质基础，对休闲场所与设施实施规范化建设与管理，有利于使休闲场所的设施完善、制度规范、功能健全、活动有序，从而实现场所设施标准化、管理制度公开化、为民服务正常化，进一步提升区域休闲产业的发展水平。

一、休闲场所与设施的含义及类型

（一）休闲场所、休闲设施的含义

休闲场所就是适合人们从事休闲活动的各种空间环境，有的是自然空间环境，有的是人工空间环境或半人工空间环境。因此休闲场所有自然休闲场所、人工休闲场所或半人工休闲场所。而休闲设施就是布置于休闲场所之中、能够满足人们开展各种休闲活动的具有一定体量、占据一定空间的实体性媒介物。休闲设施一般都是人工建造的，而休闲场所可以是自然形成的（如原始森林、天然湖泊）。一般而言，休闲场所中都有休闲设施，但不是所有的休闲场所都有休闲设施。如很多自然休闲场所，由于没有被开发，没有休闲设施，但人们仍然可以去这些场所（空间环境）去休闲、游玩、放松。

从休闲活动的不同形式和休闲活动发生的不同环境来看，任何空间、地点和环境都成为休闲场所。它们可以小到一间卧室、一张睡床，大到一个公园、一座城市；它们可以是非正式的（如小孩踢足球的街道）和正式的休闲活动场所（如剧院、电影院和体育场）；它们可以是罕见的（如奥运会标准的游泳池）、对环境有严格要求的特定地点（如滑雪的坡面）或普通的、随处可见的（如在家里）地方。

休闲场所和设施从本质上讲都是一种行为环境，是由人们的休闲活动和所处环境的实体要素和空间要素组成的一个整体。场所和设施只是一种功能载体、活动的诱因、影响的条件、信息的刺激要素，这两者与休闲活动密不可分。通常把休闲场所和休闲设施放在一

起统称休闲场所和设施。

（二）休闲场所和设施的类型

1. 按功能划分

（1）文化娱乐型休闲场所和设施

包括歌舞剧院、博物馆、图书馆、展览馆、电影院、纪念馆、休闲会所等提供文化休闲消费的大型场馆以及卡拉 OK 厅、电子游戏室、歌厅、舞厅、棋牌室、陶吧等提供休闲娱乐消费的场所。人们在这类休闲娱乐场所中开展的休闲活动大多是为了获得消除疲劳、放松心情之外的更多的文化知识和精神上的享受。

（2）体育健身型休闲场所和设施

包括一些大型的体育场馆、健身俱乐部（会所）、高尔夫球场、台球厅、赛马场、溜冰场等，居民社区中修建的公共健身器械和其他相关设施，城市公园和广场也成为人们选择进行锻炼和休闲健身的场所。

（3）餐饮购物型休闲场所和设施

包括酒吧、茶馆、咖啡屋、各式特色餐厅及大型商场、购物中心等提供餐饮或购物服务的场所。随着人们生活水平的不断提高，传统的餐饮和购物活动已越来越多的注入了休闲的要素。休闲餐饮强调的是"环境"和"服务"，已逐渐成为人们休息和聚会的场所；休闲购物越来越注重时尚化、综合化和休闲化，一站式的大型休闲购物广场也慢慢成为大众化的休闲娱乐场所。

（4）消遣疗养型休闲场所和设施

包括各类美容美发美体中心（院）、洗浴中心（城）、温泉中心、SPA、足疗中心、按摩中心（院）、瑜伽馆等场所及其内部的各种设施。这些休闲场所主要是满足人们工作之余消除疲劳、放松休憩、保健疗养、享受美感的需要，同时也有健身作用。

（5）旅游度假型休闲场所和设施

包括各类景区、景点、度假村、农家乐、主题公园、游乐场、动物园、植物园等提供人们开展休闲旅游活动或休闲度假活动的场所。旅游和度假是人们选择较多的休闲活动，花费也较高，可以创造较多的利润。因此，目前不少旅游目的地都以"休闲"为卖点，期望吸引更多的休闲消费者，提高自身的经营效益。

2. 按性质划分

（1）公共福利性休闲场所和设施

政府或者社会公益组织出资兴建的、旨在满足市民日常休闲需求的公共场所和设施，具有明显的公益性和福利性，包括公共基础设施和公共活动场所两大类。其中公共基础设施有很大部分与市政建设融为一体，因此也成为了人们的休闲场所。

（2）商业付费性休闲场所和设施

多由企业或个人及其他组织出资兴建，以营利为目的，需要收取一定的费用才能享用相应的服务和使用权。依据场所和设施的功能定位不同，可分为旅游观光型休闲场所和设施、餐饮购物型休闲场所和设施、文化学习型休闲场所和设施、运动健身型休闲场所和设施、娱乐保健休闲场所和设施等（表6-1）。

表6-1 休闲场所和设施的分类（按性质划分）

大类	类型	类别
公共福利性休闲场所和设施	公共基础设施	城市公园、地质公园、自然保护区、森林公园、城市街道、公共绿地、休闲广场、休闲街区、社区绿地等
	公共活动场所	图书馆、群众艺术馆、文化馆、文化站、村镇文化中心、文物馆、博物馆、展览馆、少年宫、科技馆、工人文化宫等
商业付费性休闲场所和设施	旅游观光型	名胜古迹、主题公园、古民居、观光农园和牧场、度假宿营地、野炊场所、汽车旅馆、都市观光场所、游乐场、植物园、动物园等
	餐饮购物型	酒吧、茶馆、咖啡屋、各式特色餐厅及大型商场、购物中心等
	文化学习型	影剧院、文化俱乐部、书店、音乐厅、画廊等
	运动健身型	竞技比赛场馆、健身俱乐部、高尔夫球场、台球厅、赛马场、保龄球馆、游泳馆、划船俱乐部、射击场、滑雪场、溜冰场、网球俱乐部等
	娱乐保健型	综合娱乐场所、棋牌室、网吧、陶吧、歌舞厅、卡拉OK厅、电子游戏室、洗浴中心、美容美发中心、SPA等

资料来源：王寿春．城市休闲经济的规模与产出结构构建研究［J］．财经论丛，2005，（5）：27．有修改。

3. 按区位划分

以城市为节点，按照休闲场所和设施所处的相对位置可以划分为：城市中心休闲场所和设施、城市以内休闲场所和设施、城市近郊休闲场所和设施和城市远郊（包括乡村）休闲场所和设施。一般来说，越靠近城市中心的地段，由于地价等因素的共同作用，休闲场所和设施的修建成本就越高。因此，城市中心及城市以内的纯粹公益性的休闲场所和设施在数量和规模上都较为有限，而商业性的休闲场所和设施较为普及，尤其是那些占地面积不大的休闲建筑实体更为多见。而那些需要大面积土地的休闲场所，如森林公园、主题公园、高尔夫球场等，则更常见于城市近郊或远郊地段（表6-2）。

表6-2 休闲场所和设施的分类（按区位划分）

区域和特点	可能的休闲场所和设施
城市中心休闲场所和设施	小型公园 公共广场和街道空间 电影院和夜总会 文化设施（如博物馆、画廊、音乐厅、历史建筑） 餐厅和酒吧 室内休闲中心
城市以内休闲场所和设施	公园 休闲娱乐场地和运动场 街道花园 公共绿地 露天大型体育运动场 公共剧场 社区中心 俱乐部

区域和特点	可能的休闲场所和设施
城市近郊休闲场所和设施	郊区公园 体育场 运动场 服务中心
城市远郊休闲场所及设施	高尔夫球场 森林公园 动植物园 观光农业园

资料来源：摘自威廉姆斯的研究（1995 年）（有修改）。

4. 其他划分

休闲场所和设施的划分还有其他的一些标准和依据，例如，可以依据资源的属性划分为亲水休闲场所和设施、绿地休闲场所和设施、山岳休闲场所和设施等；可以依据休闲空间的类别划分为室内休闲场所和设施、室外休闲场所和设施；可以依据休闲活动主体划分为个人休闲场所和设施、大众休闲场所和设施；等等。

二、休闲场所和设施的建设与管理

（一）休闲场所和设施的建设原则

1. 以人为本原则

休闲场所和设施是为了满足人们的休闲需求而产生的，因此首先必须遵循"以人为本"的原则。人们对休闲场所和设施有安全、舒适、美观、实用、便利、经济等方面的要求。如儿童乐园内的娱乐设施保证应安全可靠；老年活动场所的地面铺装不要选择光滑材质以及做无障碍设计等。应按照不同年龄休闲者的休闲需求进行建设，尤其需要照顾到弱势及特殊群体的需求，甚至可以采用公众参与的方式共同研究公共休闲场所与设施建设中细节问题的解决方案。

2. 景观生态原则

休闲场所和设施的建设应遵循景观生态的原则，力求为人们打造一个健康的、自然的、生态的、美观设施的休闲环境。当然，景观生态的原则并非意味着一味的绿化，而是应该综合考虑各方面的因素，对休闲场所的景观、生态、经济等各方面的效益进行权衡。以尽可能小的物理空间容纳尽可能多的生态功能，以尽可能小的生态代价换取尽可能高的经济效益，以尽可能小的物理交换量换取尽可能大的自然和人文生态交流量。用有限的土地资源，提高景观的生态效益，用最少的人工（资金）投入，发挥最大的作用。

3. 因地制宜原则

地理位置、民族风情、历史文化及生活习惯等的差异，决定了不同区域具有各自的特点。休闲场所和设施的建设应通过利用其所在地区的区域环境特征，保持和维护当地的原始自然风貌和文化传统，因势利导的综合运用各种建设元素，充分展现地方特色，发挥其独特魅力。

（二）休闲场所和设施的建设内容

1. 休闲场所和设施的区位选址

不同的人群由于在文化背景和生活习惯上存在较大差异，因而表现为不同的休闲兴趣和出行偏好。这些对休闲场所的选址都将产生很大的影响，在实际操作过程中，不同类型的休闲场所和设施，其位置选择应首先考虑其所在地区居民的休闲需求及可达性。

随着土地资源的供求矛盾日益突出，土地价格不断上涨，对于那些商业性的休闲场所和设施而言，必须考虑到所选择的区位的土地成本。不同的休闲活动对场地的空间大小有着不同的要求，投资者在做出选址决策时应综合考虑所要建设的休闲场所和设施的综合成本和目标定位，争取实现两者协调均衡状态下的效益最大化。

2. 休闲场所和设施的功能分区

休闲场所和设施的建设，无论其体量和面积的大小，合理的功能分区都是必不可少的，决定着其未来的良性发展。从总体上来看，对休闲场所范围内各类空间单元的性质、内容、规模和环境进行定位、布局、组织，力求形成一个富有等级秩序的休闲空间网络。一方面通过"宏观控制"，确定大的空间层次以适应人们对休闲共性的需求；另一方面通过"微观生成"，增加细部空间的多样化，以适应人们的个性休闲需求，使休闲空间标准化，私密空间多样化。

3. 休闲活动及服务设施建设

（1）坐憩设施：坐憩设施包括桌、凳、坐椅等。无论以何种设计观念作为出发点，都是为了形成休闲场所中最舒适且安静的角落，呈现的特征就是舒适而轻松的感觉与氛围。

（2）娱乐健身设施：各种娱乐健身设施是人们休闲活动的主要使用对象，设施完善与有吸引力的项目能够让人们情不自禁地去体验娱乐健身之趣。包括适宜老年人、儿童、青少年等的娱乐设施，如健康步道、秋千、滑梯、爬杆、吊网等。

（3）通讯文化设施：包括公用电话亭、书报亭、时钟、电子显示屏等。

（4）卫生管理设施：包括垃圾箱、饮水处、公厕、岗亭、消防栓等。

（5）交通设施：交通流线的组织重点应是强化区域步行活动，在整体上形成一个由道路、休闲空间和建筑物构成的连续的步行系统。一方面，步行系统在建设中将休闲资源纳入体系中来，将大大提高休闲场所的可达性，从而便于人们接近与使用；另一方面，休闲场所和设施的建设与步道体系相结合，其自身成为步行体系中的联系体与空间节点，丰富了步行体验。对于休闲场所的外部联接交通体系，可以通过将休闲场所内外的主要联接道路相互连接通达，构成水平与垂直、内部与外部的网络化、立体化的连续的交通序列。

4. 休闲场所和设施的景观营造

主要包括休闲场所的建筑物景观、设施空间布局景观、环境配置形成的景观。建筑物不单单具有容纳功能，而且具有景观美化功能。与休闲设施、项目一起构成吸引力。休闲设施的空间布局不仅考虑到使用者的需要，也要讲究景观美学原则。在设施类型组合、空间配置、功能联接方面都要形成赏心悦目的"景观"，而不应该是一堆物品、器材的堆砌。环境配置包括光照（太阳光和人工照明）、植物（自然野生和人工栽培）、水体（自然形成与人工雕塑）、地形地貌（自然生成与人工改造）等地理环境各要素的空间组合，要满足人们活动中的美观、舒适、安全、便利的需要。以休闲场所中的水景观为例。水景作为景观要素之一，在休闲场所和设施中得到了广泛运用，如广场喷泉、滨水地带、室内外水池、叠水。在设计建造时通过在水景旁设置亲水平台及必要的防护措施，可满足人们戏水的需要；水池、叠水、喷泉等的处理手法使人们能够领略到水在自然界道路提供的是一种线型的室外休闲空间，引导人们在行走的过程中体验"步移景异"的情趣。

引例

浙江省杭州市钱江新城城市阳台

钱江新城位于浙江省杭州市城区的东南部，城市阳台工程是新城核心区块环境建设的标志性工程，它具有休闲、景观、交通、服务等多重功能，以一种全新的方式将城市与钱塘江连接，充分体现了城市历史文化的延伸。钱江新城城市阳台由主阳台和两翼阳台组成。其中阳台位于城市轴线的端头，解放东路至新业路间，宽约350米，外挑江面80米；两翼阳台分别位于清江路至解放路东路、新业路至庆春东路范围内，由上部景观、地下停车库和之江东路下穿段组成。城市阳台建设涉及的道路主线均采用下穿形式，同时充分利用现状防洪堤与钱江新城地块地形的高差，设置近2000个车位的地下车库，以满足新城核心区块的需要。城市阳台以大片生态绿化为主，结合硬质铺装、休闲小品等构成旅游观光、园林艺术的生态景点，将钱江新城核心区与钱塘江沿岸互相衬托和有机地结合起来。在挑出江面的城市主阳台两侧还设置沿江城市副阳台，西起新城钱江三桥（西兴大桥），东至东方润园，沿江江岸线总长度约2.4公里。

资料来源：http://baike.baidu.com/view/1869912.htm，作者有删改。

（三）休闲场所和设施的经营管理

1. 重视游憩承载力

游憩承载力（recreation capacity）描述的是在可接受的破坏程度和不影响资源质量或游憩的体验质量的前提下，一个休闲地能够承受的水平。对休闲场所和设施来说，游憩承载力是非常重要的一项指标，为许多决策的制定提供了理论依据。游憩承载力本身有一系列的组成要素共同构成，包括自然承载力、感知承载力和生态承载力。

自然承载力涉及一个场所或设施能够容纳游客的绝对数量。感知承载力是指在休闲体验下降前一个地点能够承受的最大游客数量。这一指标实际上是关注拥挤程度和人们怎样与此发生联系。它是一个相对主观的概念，因为不同的人对待拥挤有不同的反应。有资料表明，有些人实际上喜欢拥挤的感觉，不会由于拥挤而放弃休闲活动，例如假日里人头攒动的公园、拥挤的阳光海滩等。从某种程度上来说，拥挤已经被当作是休闲体验的一部分。

生态承载力是指对一个地区的生态影响达到不可接受之前所能够承受的游客数量。对休闲场所和设施来说，则是要注意场所设施对生态环境的负面影响。因此，在对休闲场所和设施的管理中，应重视做好环境保护等方面的工作，从而达到维护生态承载力的目的。

2. 确立效益目标

效益的基本含义是以最小的资源（包括自然资源和人力资源）消耗取得同样多的效果，或用同样的资源消耗取得最大的效果。休闲场所与设施的管理最重要的就是要建立以效益为核心的价值观，确立效益目标。追求效益的不断提高，应该成为休闲场所和设施管理活动的中心和出发点。对于商业性休闲场所和设施，追求经济效益为先的综合效益是保证其持续发展并为持续服务社会的根本途径。对于公益性休闲场所和设施而言，确立以社会效益为先的综合效益是其必然选择和最高准则。

在此需要强调的是，休闲场所与设施管理对效益最大化的追求要通过合理的系统资源配置来完成，必须根据效益管理目标的追求不断优化系统资源配置。休闲场所和设施的系统资源配置主要体现在人、财和物三个方面。而作为服务性行业，人力资源优化配置是其中最为关键的环节，只有最优的人力资源配置才能确保财和物资源的最佳配置和使用，从而达到管理效益的最大化。

3. 引入公众参与机制

公众参与（public participation）是指让群众参与公共性休闲场所与设施管理中的相关决策过程。具体的来说，就是要将部分休闲场所和设施的政府管理转变为社会化管理，市场化运作。要转变观念，降低管理成本，变以钱养人为以钱养事，把休闲场所和设施的卫生、绿化、治安、设施维护、后勤服务等推向社会，最大限度地实现资源的有效利用，有效地控制管理成本，以最少的投入获得最大的管理效益和社会效益。

4. 实行开放式管理

许多公益性的休闲场所和设施，由于各方面的原因，平时较少时间对公众开放，采取封闭式管理，使得受益人群较少，不能充分发挥其作用。因此，对于这类场所和舒适，可以实行开放式管理。使其成为广大人民休闲、娱乐和文化交流的场所。必须首先明确的是，推进休闲场所和设施的开放式管理是一个理性的过程，不能一概而论，它需要一定的基础条件和经济投入。一要具体衡量其所在区域经济的发展和休闲场所自身的特点，量力而行，不能盲目跟进。二是政府财政尽量保证公共需要的资金投入，只有这样才能实行一些休闲场所和设施的免费开放，实行社会化管理、养护、保洁、治安等现有运作方式，保障开放式休闲场所和设施规范健康的发展。

第二节　休闲项目

一、休闲项目的含义及分类

（一）休闲项目的含义

休闲项目就是由各种现实和潜在的休闲资源开发出来的、已经产生或者能够产生价值和财富的休闲吸引物（leisure attraction）。它不仅包括有形的休闲实体项目，如旅游景观、休闲场馆、休闲设施，也包括无形的休闲活动项目，如体育运动会、文艺表达（展演）、休闲服务与休闲体验（如美容、洗浴）。因此休闲项目的含义比休闲设施要广，休闲项目是连接休闲资源、休闲产品和休闲产业、休闲经济之间的桥梁。

休闲项目的内涵和外延都很广，休闲项目的概念本身具有经济属性，即它是作为经济活动结构的一个独立要素被提出、被定义、被研究的。它是休闲资源、休闲设施、休闲产品的集成，尽管它与休闲产品的定义有重叠部分，但是两者的本质内涵和适应范围都不同。休闲产品是与休闲市场、休闲需求、休闲供给等概念共同存在，不可分离的，否则休闲产品的概念就失去了存在的合理性。

（二）休闲项目的分类

按功能可划分为文化娱乐性休闲项目、旅游度假性休闲项目、体育健身性休闲项目、保健疗养性休闲项目、餐饮购物性休闲项目。

按资源的属性划分为亲水休闲项目、绿地休闲项目、山岳休闲项目等。

按休闲空间的类别划分为室内休闲项目、室外休闲项目。

按休闲活动主体划分为个人休闲项目、大众休闲项目。

按项目产生（生产、投资、建设）的主体划分为公共性休闲项目、公益性休闲项目、营利性休闲项目。

二、休闲项目的策划、投资及效益评估

（一）休闲项目策划

休闲项目策划是对休闲项目建设之前对项目的整体状况所进行的全局性、战略性、整体性谋划。整体状况包括项目的主题、内容、构架、投融资、效益、建设、运作、管理一系列内容。项目策划强调的是前瞻性、指导性、宏观性，并不侧重于细节问题。策划有时称创意策划，指策划这种活动带有很强的创意性、创造性、创新性。项目策划不同于项目规划，后者是在策划（成果）基础上对项目施工、建设、经营管理等各个环节的具体部署、安排，更侧重技术层面。项目策划是其最终能否达到预期目标的必要环节和重要保障。

休闲项目策划是一项专业性、技术性很强的智力劳动，一项成功的项目策划方案是建立在科学、客观、全面、详细的项目调研基础上的，否则所得到的"成果"难以指导项目朝着预期的目标方向发展，从而造成损失。休闲项目策划的技术流程中核心工作包括：项目调研、项目策划书的编写。

1. 项目调研

项目调研是指在一定的经济技术和社会环境条件下，系统地搜集、分析和报告与拟策划的休闲项目有关的全部信息的过程。只有通过科学的项目调研，才能使项目策划更有依据，减少项目投资建设的不确定性和盲目性，降低风险程度；另一方面，通过调研，能够及时发现策划中的不完善、不周到之处，起到反馈信息的作用，为进一步调整和修改策划方案提供新的依据。

休闲项目调研的内容一般包括：拟策划项目所处的自然、经济、社会、文化、技术环境的整体状况；项目本身的状况（定位、内容、规模、投资、市场潜力、综合效益）；项目所处的市场环境（同类项目的市场结构及发展状况、有关企业的竞争态势）。

项目调研包括也是一项技术性强的工作，一般包括下面几个步骤：确定调研主题和调研目标、制定调研计划、实施调研计划、提出调研报告四个阶段。其中调研报告是调研的最终成果，是指导项目策划的直接依据。在通常情况下，项目调研报告包括两种形式：一种是技术性报告，着重报告市场调研的过程，内容包括调研目的、调研方法、数据资料处理技术、主要调研资料摘录、调研结论等等。报告的对象是调研人员。另一种是结论性报告，着重报告调研的成果，提出调研人员的结论与建议，供上级决策者参考。

2. 项目策划书撰写

在一系列前期调研工作结束后，根据项目调研报告，着手编写项目策划书。项目策划书的主要构件有以下几项。

封面：包括策划组办单位、策划组人员、日期及编号。

序文：阐述当次策划的目的、主要构思、策划的主体层次等。

目录：策划书内部的层次排列，给阅读人以清晰的全貌。

内容：策划创意的具体内容。应文笔生动，数字准确无误，运用方法科学合理，层次清晰。

预算：为了更好地指导项目活动的开展，需要把项目预算作为一部分在策划书中体现出来。

策划进度表：包括策划部门创意的时间安排以及项目活动本身进展的时间安排，在时间制定上要留有余地，具有可操作性。

策划书的相关参考资料：项目策划中所运用的二手信息材料要引出书外，以便查阅。

编写策划书的要求是：文字简明扼要、逻辑性强、顺序合理、主题鲜明；运用图表、照片、模型增强项目的主体效果；有可操作性。

（二）休闲项目的投资

项目投资是一个比较复杂的概念，休闲项目投资首先涉及投资主体的问题，其次包括投资类型、投资目标、投资方式、资金来源及投资评估。根据本书对休闲供给组织的划分，休闲项目投资主体就包括商业性休闲组织、公共性休闲组织和公益性休闲组织。休闲项目涉及社会经济生活的各行各业、各个领域，私有休闲项目的投资行为相对简单，而公有休闲项目的投资行为非常复杂，这里主要分析公有休闲项目投资。公有项目包括公共部门投资的项目和公益部门投资的项目。

1. 公有休闲项目的投资类型

公有休闲项目的投资分为以下几个类型：①投资于与土地开发相关的休闲娱乐项目，例如公园、休闲中心和博物馆；②在休闲娱乐设施设备方面的投资，例如游乐场设施、电脑预订系统、游客信息服务中心；③在公共基础设施方面的投资，例如铁路、公路、机场、给排水、能源和通信等。基础设施既是支持经济发展的基本需要，也是休闲业发展的必要条件。最后，投资于休闲发展相关理论研究和人才培育。

2. 公有休闲项目投资的方法和目标

公有休闲项目投资的主要方法首先是公共部门独资；其次是参与项目投资，采用公共部门与私营部门合作的方式；最后是让私营企业投资，但是该项目由公共部门以拨付补助金的形式进行鼓励。公共部门投资的目的是提供具有显著公共利益的产品和服务，这些项目有可能由于不具备获利能力而不足以吸引私营企业投资。

3. 公有休闲项目投资的资金来源

公共部门投资休闲项目的资金一般来源于以下几个渠道：

（1）经营利润、税收和借贷。私营休闲企业的经营利润一般都比较高，这是私营企业存在的根本理由。但是公共部门由于其所承担的社会责任，经营利润一般都不高甚至不营利。因此公共部门的投资资金主要来源于税收收入以及政府借贷。

（2）国内彩票、基金会、社会捐赠。在一些国家，国内彩票的发售成为公共部门投资的重要资金来源。例如澳大利亚悉尼歌剧院最早的成本预算为 700 万美元，但是后来歌剧院收工时所需的 1.02 亿美元的余下部分就来源于一系列彩票发售利润。在英国，由于公共开支经常受到财政部其他支出的挤压，因此娱乐、休闲和旅游投资主要来源于国内彩票。中国由于休闲投资的资金也有一部分来源于国内彩票：体育彩票、福利彩票、足球彩票以及一些地方性的彩票。这些彩票的收入有力地补充了我国休闲、体育、文化事业的建设。

各种基金会的基金、各类社会捐赠也是休闲项目投资的重要来源之一。如中国少年儿童基金会、中国残疾人基金会、霍英东基金会等在各类娱乐、文化、体育、教育、休闲设施项目建设上投入了可观的资金。来自于国内外的个人、社会团体的捐赠为各国的休闲、体育、文化、教育及社会福利事业积累了大量的资金。

（3）公私合作。公私合作是指政府与私营企业为了一个投资项目未来的收入而签订合同，在资金筹措、项目设计、建设、经营管理的方面进行合作的一种方法。这种合作可能涉及面较广，但存在一些潜在的矛盾：私营部门追求的是获得利润，而公共部门追求的是公共利益，营利并不是其主要目的。

4. 休闲项目投资的成本与收益分析

（1）休闲项目投资成本

休闲项目投资成本主要有：计划成本、资本货物成本、投资资金成本、投资计划实施成本。

一个休闲项目投资的计划成本包括可行性研究成本、市场调查成本、竞争对手调查成本、财政研究成本以及整体的项目策划成本。对于大型的休闲项目来说，计划成本是相当大的，完成计划可能需要一个周期很长的时间表。如奥运会场馆"鸟巢"、"水立方"、中国国家大剧院、国家图书馆、香港迪斯尼乐园、深圳"世界之窗"。

一项休闲投资的资本货物成本主要是建筑物及其内部的设施设备，一般这些都是可以获知的成本，因为通常都有购买这些资本货物的市场。例如计算机系统、交通工具和建筑物。

投资项目的资金来源是投资者需要考虑的内部问题，投资者可以从资金市场上获取资金，例如向银行借贷或发行股票，但通过借贷获取外部资金需要一定的成本，如借贷期间的利息支付，发行股票产生的发行成本和股东分红，这些资金的成本将直接影响未来的投资收益。而内部筹资似乎不需要承担特殊的成本，但是使用内部资金会产生机会成本，即资金用于其他地方会产生的利润或利息。投资计划实施成本包括某一休闲项目计划实施过程所产生的所有其他成本，包括劳动力成本、管理成本以及原材料成本。

（2）休闲项目投资收益

一个休闲项目的总收益可以用产品销售量价格乘以销售量计算得出。因此影响休闲项目投资收益的主要因素包括：销售价格、销售量和其他因素。其他因素包括政府政策、预期、地产开发、不可预见情况等。

政府政策可以对休闲项目投资总收益产生影响：①政府税收政策可以影响休闲产品的价格（营业税），或者企业支付能力（所得税）或者企业利润（企业增值税）；②政府的法规可以影响产品的需求；③有关垄断和企业兼并的法律法规对产品价格也有影响。

预期对于休闲项目投资决策有很大的影响，预期反映的是人们对未来经济发展的预测及评价。当投资者对未来的经济情况非常不乐观时，就会改变他们的投资计划与决策。

地产开发是休闲和来源投资的显著特征，同时资金来源也是影响投资决策的一个很重要因素。其他不可预见的情况还有复杂项目的最终成本、产品销售价格、最终产品和服务的需求情况。这些都会受到竞争环境、政治环境、社会文化环境和技术环境的影响。

（三）休闲项目的效益评估

休闲项目的建设与休闲活动的开展会给当地的经济发展、社会生活及生态环境带来一定的影响。对于休闲项目的效益，应该从经济效益、社会效益和环境效益三个方面进行综合评估。

1. 经济效益评估

所谓经济效益，一般是指人们在社会生活中由于贯彻经济原则，以尽量少的劳动消耗（包括了物化劳动和活劳动的消耗）和尽量少的资源占用（包括自然资源、社会资源和经济资源）而产生出尽量多的使用价值和价值量。因此，经济效益就表现为劳动消耗和资源占用与产出的使用价值或价值量之比。

休闲项目的经济效益是指在休闲项目的开发与经营过程中，休闲产品和休闲资源开发的投入与休闲项目产出之间的比较，在价值的形式上则表现为生产休闲产品的费用和经营休闲项目所获得的收入的比较。休闲项目的经济效益包含的范围较广，既包括微观经济效益，又包括宏观经济效益，在评估休闲项目的经济效益时，不仅要研究个别休闲项目的经营情况，还要注意整个社会由于休闲项目而获得的经济效益。

（1）休闲项目的微观经济效益评估。休闲项目的微观经济效益是指休闲项目在规划、开发、建设、经营的过程中投入与产出的比较，即向休闲者提供直接服务的休闲企业在开发和提供休闲产品中对物化劳动和活劳动的占用和消耗与企业所获得的经营成果的比较。

（2）休闲项目的宏观经济效益评估。休闲项目的宏观经济效益是指在休闲项目的经济活动中社会投入的活劳动、物化劳动、自然资源的占用和消耗与休闲产业及全社会经济效益的比较。休闲作为一种经济活动，它的开展必然会产生收益，并且由于休闲产业的综合性作用而导致其他与休闲产业有联系的国民经济行业收益的增加。另外，休闲产业作为国民经济第三产业中最具潜力的行业，对于国民经济结构的改善和升级有着极大的促进作用。

休闲项目投资效益评估的主要方法有：回收期法、平均报酬率法、净现值法、内部回报率法。

2. 社会效益评估

现代休闲的快速发展所带来的不仅是经济的增长、财富的转移和积聚，而且对整个社会也产生了巨大的影响。有益、高尚的"闲"能够从内在方面提高劳动者的素质，促进人的全面发展；促进人与自然的和谐、人与人的和谐、人与社会的和谐，是构建和谐社会的助推器。休闲也被称作社会的"安全阀"，对许多不利的社会情绪具有化解和"治疗"作用，从而促进社会稳定。此外，休闲项目的开发与建设要求各地区需进一步完善公共基础设施，包括交通、电讯、邮政、金融、电力供应和给排水工程，各种市政建设也要加大投资力度，这不仅有利于休闲业的健康稳定发展，更可以改善人们的生活环境，方便人们的生活。

　　休闲项目社会效益的评估就是要对休闲项目的开发建设所带来的社会正反两方面影响进行全面的分析和评价，并提出"扬长避短"的对策措施。

3. 环境效益评估

　　任何项目的开发建设都会对环境造成一定的影响，休闲项目类型多样，在开发中都会对自然生态环境各要素（大气、水体、地形地貌、动植物）和人们居住的生活环境、社会环境（植被绿化损毁、建筑与景观破坏、"三废"排放、噪音污染、有害辐射、光污染、视觉污染、不良风气）造成一定的、甚至很大的负面影响。因此在项目施工、建设、运作前就要对这些不利影响作出较为准确的评估，并提出预防措施。有些休闲项目需要在运作一段时期后才能看出其环境消极影响，这种情况更需要进行环境影响评估，而且应该评价得更准确、真实可靠。

小资料

关于加强城市建设项目环境影响评价监督管理工作的通知

各省、自治区、直辖市环境保护局（厅），新疆生产建设兵团环境保护局：

　　近年来，随着城镇化进程的加快，城市基础设施建设和第三产业项目迅猛发展，这些建设项目成为城市环境保护主管部门环境影响评价管理的重点和难点，部分项目已成为社会关注的焦点和市民投诉的热点。为了深入贯彻党的十七大精神，落实科学发展观，认真执行环境影响评价和"三同时"制度，加强城市建设项目环境影响评价管理工作，切实从源头防止环境污染和投诉纠纷，解决好人民群众最关心、最直接、最现实的环境权益问题，促进和谐社会建设。现就有关问题通知如下：

　　一、充分认识城市建设项目环评管理工作面临的新形势

　　随着城市人口增长、产业布局调整和规模扩大，环境容量受限，环境敏感程度增强。据对11个城市的调研统计，市、区（县）两级环境保护行政主管部门审批的城市建设项目占到当年审批总量的60%以上，有的高达90%。随着政治、经济、社会、文化的进步和城市居民生活水平的提高，居民既希望政府加快水、电、交通等基础设施建设的步伐，也期待着改善居住条件和享受方便的餐饮、娱乐、医疗等服务，但由于项目的环境影响，多数居民不希望这些项目建在自己家附近，造成矛盾心理。目前，围绕城市建设项目的投诉、信访已占环保投诉、信访总数的60%～80%。有的还引发了群体性事件，备受社会关注。

　　近年来，地方各级人民政府及其环境保护行政主管部门，围绕贯彻落实科学发展观，构建社会主义和谐社会的总要求，依据《环境影响评价法》、《建设项目环境保护管理条例》，结合当地实际，在健全法规制度、完善工作机制、依法科学审批、加强过程监管、推进公众参与等方面做了大量工作，城市建设项目环评管理工作呈现不断加强和逐步规范的良好势头。但也存在法规不配套、规划管理不严格、公众参与不规范、监管不力等问题。因此，各级环保部门一定要充分认清城市建设项目环评管理面临的新形势，坚持依法科学审批，加强全过程监管，努力从源头上防止环境污染和投诉纠纷。

　　二、严格执行环境影响评价和"三同时"制度

　　（一）……

（二）严格审批环境敏感城市建设项目

地方各级环境保护行政主管部门在受理和审批城市建设项目环评文件中，必须严格按照建设项目环境影响评价分类管理名录和建设项目环境影响评价文件分级审批规定执行。对选址敏感、影响面大、群众反映强烈的项目要严格把关、慎重审批。

1. 严禁审批不符合法律法规规定，位于饮用水源保护区及自然保护区、风景名胜的核心区等环境敏感地区内的建设项目。

2. ⋯⋯

3. 严格审批各类房地产开发项目。对旧城区改造、新城区建设、大型房地产开发项目，必须科学论证项目的环境影响和选址的合理性，注意周边环境问题对拟建项目的影响，在环评文件和批复中，明确要求房地产开发商在预售房时必须公示有关环评及环保验收信息；在工业开发区、工业企业影响范围内及可能危害群众健康的区域内不得审批新、扩建居民住宅项目。

4. 严格审批餐饮、娱乐业项目。应在环评文件和批复中，明确有餐饮门面功能的房地产项目必须修建专用公共烟道，划定噪声防护距离和落实污染防治措施。对项目的选址、烟道设置、排放口与敏感目标的间距等提出明确要求。

（三）加强对城市建设项目的全过程监管

对选址敏感的城市建设项目必须实行全过程管理，做到建设之前有审批、建设过程中有检查、建成运行后有监督，切实防止和减少环境矛盾纠纷的发生。

1. 加强建设期环境监管

发现施工噪声、扬尘扰民等问题时，应及时提出整改要求，防止诱发矛盾纠纷。同时，要加强项目前期的现场监管，杜绝未经环评审批擅自开工建设问题发生。

2. 严密组织试生产核查

将当地政府和建设单位在环评文件审批时承诺的拆迁安置、解决饮用水、建造隔声屏等污染防治和环境保护措施等工作纳入核查重点，对未全部落实和兑现的，各级环保部门一律不得批复同意其投入试生产。对未经批准擅自投入运行或生产的企业，必须依法进行查处。

3. 严把竣工环保验收关

将当地政府和建设单位在环评文件审批时承诺的与主体工程同步实施的污染防治设施、拆迁安置等工作纳入建设项目竣工环保验收内容，进行全面检查核实，凡未落实到位的，一律不予通过验收，并按有关规定进行严肃处理。房地产验收批复中，应明确要求开发商在预售房时，必须将经环保部门确认的环境状况评价结果进行公示。

节选自：环境保护部办公厅文件，环办〔2008〕70 号，2008 年 9 月 18 日。

资料来源：www. mep. gov. cn/info/bgw/bbgtwj/200809/t20080923_ 129263. htm.

三、休闲项目的经营管理

休闲项目的综合性特点决定了其管理工作千头万绪，但从总体上看休闲项目的管理者至少应抓好四个方面的关键工作，即销售管理、促销管理、服务管理和财务管理。

（一）休闲项目的销售管理

当休闲项目进入销售环节时，必然要涉及产品价格和销售渠道问题，价格制定得合不合理、渠道选择正确与否，都将直接影响到休闲项目的销售业绩，休闲项目销售价格与渠道的管理是休闲项目销售管理的重要组成部分；同时，对销售过程的监控与管理也是不可忽视的一个重要方面。

1. 销售价格的管理

根据市场营销的基本原理可以得知，产品的价格水平应由三个因素确定，即产品成本、竞争对手同类产品的价格以及消费者的购买能力和对产品价值的认识。其中产品成本决定最低价格、消费者的认识和购买能力决定最高价格，合理的产品价格应当在两者之间浮动。

休闲企业在进行休闲项目的产品定价之前，首先要综合考虑其影响因素。这些因素包括供求关系、需求弹性、成本变动、汇率变化、产品特性和国家价格政策等。

在休闲项目的实际定价过程中，则务必做好几个方面的工作：第一，用成本加成定价法制定产品的基本价格；第二，对不同产品采取灵活的价格策略；第三，恰如其分地使用心理定价策略；第四，有的放矢地运用优惠价和差价。

2. 销售渠道的管理

销售渠道是指产品提供给最终消费者的途径，又叫销售分配系统。休闲项目的销售渠道分为直接销售渠道和间接销售渠道两种，前者是指直接将产品销售给最终消费者，后者则是指企业和产品终端消费者之间介入了中间环节的销售链接系统。

一般而言，可供休闲项目的经营决策者选择的间接销售渠道策略有三种：①广泛性销售渠道策略，即指通过批发商把休闲项目广泛推广到各零售商，以便及时满足休闲者需求；如一家旅行社把一条新开发的旅游线路，经策划包装后批发给其分社或者其他旅行社的门市去销售。②选择性销售渠道策略，即指休闲项目经营商只在一定市场中选择少数几个中间商；许多餐饮行业中的连锁加盟店就是这种销售渠道。③专营性销售渠道策略，即指在一定时期、一定地区内只选择一家中间商。旅游、娱乐、文化企业中的"特许经营"就是这种销售策略。

上述任何一种销售渠道策略都不可避免地涉及中间商，对中间商的管理因而成为休闲项目经营商销售渠道管理不可或缺的重要内容。对中间商的管理可通过以下几条途径：建立中间商档案；及时沟通信息；有针对性地实行优惠与奖励；适时调整中间商队伍。

3. 销售过程的管理

休闲项目的销售需要经历一个复杂的过程，而且不同产品交易的销售过程也不尽相同。以旅游类的休闲项目销售过程为例，其销售过程通常由四个步骤组成：首先，旅行社销售人员向旅游者提供包含线路、项目和价格等内容的产品清单，供其选择咨询；其次，通过不同方式与旅游者及旅游中间商就所选产品的细节内容进行协商，修订编制旅行日程表，并核定产品价格；再次，客人在付款购买后，向旅行社提供相关的游客信息，并由旅行社向旅游中间商确认；最后，旅行社销售人员将旅行日程表和相关资料移交给接待人员，由其落实具体的接待事宜。

对于如此复杂的交易方式和过程，为了确保销售工作的顺利进行，必须坚持执行严格的销售过程管理，主要包括建立交易合同、制订科学的销售工作程序、加强对销售人员的管理等内容。

（二）休闲项目的促销管理

为了提升休闲项目的知名度与美誉度，促销工作是必不可少的，它也是其市场营销组合策略的基本构成要素之一。就休闲项目的促销工作而言，总体目标是基础，总体预算是保障，所有的促销要素目标都必须为总体目标服务，所有促销要素预算都要受总体预算的限制；而休闲项目的促销效果既是检验促销工作有效性的重要环节，也是不断提高其促销管理水平的重要途径。

1. 促销目标的确立与促销预算的制定

休闲项目的促销目标就是休闲项目在一定时期内，通过对各种推销要素的有机组合而达到的总体目的。休闲项目的促销目标应具有一定的指导性，一般需符合以下要求：目标必须具体、准确；目标必须量化、可测定；目标必须现实可行；各促销要素目标必须协调一致。

促销预算的制定是休闲项目促销管理中极为重要的决策。在制定促销预算的额度时应尽量准确，在实践中依据形势变化对理论推算进行不断地修正调整；休闲项目的经营决策人员在确定促销预算时应考虑促销目标、竞争态势及可利用资金等因素。

2. 促销要素的组合与促销效果的评价

休闲项目促销要素组合是指休闲项目在特定促销目标和特定促销预算指导下对不同促销技巧的结合形式。在一般情况下，休闲项目的促销要素包括媒体广告、营销公关、销售推广、直接营销和现场传播五项，其组合既取决于休闲项目的促销目标与预算，又取决于具体产品的特征和目标市场的特点，还取决于不同促销技巧的特点和适应性。

评价与测定促销效果可以从销售效果和接触效果两方面来进行，销售效果以休闲项目的产品销售量的增减幅度为标准，促销策略实施后产品增销的幅度越大，说明促销的销售效果越大，反之则小；衡量接触效果的指标主要有视听率、记忆度、理解度、知名度和注意度等，"度"越高，则效果越好。

（三）休闲项目的服务管理

为消费者提供即时的休闲服务是休闲项目管理的核心业务，因而休闲项目的服务管理应作为休闲项目管理工作的重点常抓不懈。休闲项目服务管理主要应做好服务人员的管理、服务过程的管理和服务质量的管理。

1. 服务人员的管理

休闲项目服务人员的管理分为对现场服务人员的管理和对后勤工作人员的管理。为确保对现场服务人员的有效管理，以下三种措施是较为切实可行的：①加强培训与考核，确保现场服务人员的高素质与强能力；②实行合同管理，强化现场服务人员的责任感；③建立健全服务技术等级评定制度。

服务服务中的后勤工作包括：制定与落实服务计划；了解与掌握休闲者动态；做好与现场服务人员的配合与协调；保持与有关部门的密切联系；妥善处理休闲者的合理要求和发生的问题。管理休闲项目的后勤人员的主要途径有：培养工作人员的职业道德意识和协作意识；培养工作人员耐心细致和高度负责的工作态度；督促提高工作人员的业务水平；制定严格的规章制度和工作程序；搞好内部各环节的岗位责任制。

2. 服务过程的管理

休闲项目中的服务过程依时间顺序可分为服务前的准备阶段、实际服务阶段和服务后的总结阶段。在这些不同阶段，休闲项目的经营管理者应采取不同的措施予以控制，以达到有效管理的目的。准备阶段的管理要点包括：安排适当的服务人员；适时检查服务计划及其落实情况；必要的提示和指导下属工作人员。实际服务阶段的管理要点有：严格请示汇报制度，防患于未然；建立通畅的信息系统；对服务人员必要的抽查和监督。总结阶段的管理要点包括：建立健全休闲项目服务总结制度；抽查陪同日志和服务记录认真审查重大事件报告；慎重处理休闲者的表扬和投诉。

3. 服务质量的管理

相对而言，质量管理是操作难度较大的一项工作，休闲项目服务质量管理的关键在于对服务质量的评估和控制。从营销学的角度看，顾客评价服务质量时可从有形性、可靠性、反应性、保证性和移情性五个标准出发进行考虑，这些标准同时也适用于休闲项目服务质量的评估。在对服务质量的控制方面，则有许多成功的休闲项目在实践中不断总结出具有借鉴意义的优秀经验，如配置管理专班、建立质量信息循环反馈系统、编制质量周报、按人建档、凭分定级、引进末位淘汰竞争机制等。

（四）休闲项目的财务管理

对于任何一个经济企业来说，财务问题都是重中之重，休闲项目也不例外，只有保证财务管理没有漏洞，才能在休闲项目发展过程中免除后顾之忧。休闲项目财务管理的内容包括资产管理、成本与费用管理、营业收入与利润管理。

1. 资产管理

企业资产可分为流动资产和固定资产两种，休闲项目的资产管理因而也可划分为流动资产管理和固定资产管理。

休闲项目流动资产管理的主要对象是货币资产和债权资产。货币资产包括现金和银行存款，其管理过程中需采取下列措施：确定休闲项目的现金库存限额；严格控制现金使用范围；严格现金收支管理；加强银行存款管理。债权资产主要指应收账款。休闲项目对债权资产的管理应体现在以下几个方面：制定和执行正确的信用政策；选择适当的结算方式；做好应收账款的催收工作；建立坏账准备金。

休闲项目的固定资产相对其他企业来说是比较少的，其管理应从两大方面着手，即固定资产折旧的计提、固定资产修理费用与盘亏、盘盈和报废的处理。

2. 成本与费用管理

对营业成本与费用的核算、分析与控制是休闲项目成本与费用管理的主要内容。核算与分析成本费用，既可以针对休闲者，也可以针对业务部门在规定期限内的休闲者批量，其要点是制定成本费用计划、进行对比或因素替代分析、加强信息反馈。休闲项目成本费用的控制应建立在预先制定好的成本费用标准之上，在控制方式上则可以采取日常控制与检查考核相结合的形式。

3. 营业收入与利润管理

休闲项目的营业收入包括综合服务费收入、专项附加费收入和单项服务收入。其业务经营特点决定了在上述这些收入中，代收代支的款项占很大的比重，因此在确认营业收入及其实现时间时，应实行权责发生制，以确保准确无误。

利润管理是休闲项目财务管理的一项重要任务，其核心内容就是利润分配。由于休闲项目经营体制的不同，利润的分配方式也相应有所不同。管理利润分配实质上就是严格控制经营利润在既定的政策和规则范围内实现"公平、公正、有效"的分配。

第三节　休闲物业

一、休闲物业的含义及分类

（一）休闲物业的含义

"物业"一词，原出于中国香港地区及东南亚一带的国家。"物业"一词自 20 世纪 80 年代引入中国大陆后，首先在广东、福建等外资企业和华侨较多的地区开始使用，接着在上海、宁波等沿海地区使用，最后传遍全国，并被中国房地产主管机关接受和采纳。物业既可指单元性的地产，也可指单元性的建筑物。物业有大小之分，它可以根据区域空间作相对分割，如整个住宅小区中的某住宅单位可作为一处物业，高层与多层综合大楼、写字楼、商业大厦、酒店、厂房仓库，甚至俱乐部和运动场所，也可称为物业。

休闲物业概念出现较晚，近年来国内外学者和业界提出"休闲房地产"的概念，虽然与休闲物业非常接近，但不完全等同于休闲物业。本书认为，休闲物业是指已建成并具有使用功能和经济效用的各类可供进行休闲活动的房屋及与之相配套的设备，市政、公用设施，房屋所在的建筑地块与附属的场地、庭院。休闲物业的内涵，主要包括以下内容：①已建成并具有使用功能的各类可供开展休闲活动的房屋；②与这些房屋相配套的设备和市政公用设施；③与房屋的建筑（包括内部的多项设施）相邻的场地、庭院、停车场和小区内非主干交通道路。

（二）休闲物业分类

由于对休闲物业的认识和研究尚出于起步阶段，目前还没有关于休闲物业形态的统一分类，根据对相关文献的研究及实践，本书将休闲物业按照性质和功能划分为以下几类：

1. 旅游度假地物业

指建造在旅游地、度假地（含疗养地）的旅游、度假建筑物及其内部的供游玩、消遣、娱乐活动用的各项设施，满足客人完成以上活动所需的各项配套设施及其他公共基础设施。由这些设施及其所占据的空间构成的物业。既可以指单体的建筑物或设施，也可以指各类建筑物和各种设施的集合体。

2. 文化娱乐业物业

指在城市（镇）各项文化娱乐场所内所有建筑物及其附属设施、及与之直接相关的市政公用设施。如图书馆、博物馆、艺术中心、影剧院、游乐场、娱乐城、休闲中心场所的物业形态。既可以指单体的建筑物或设施，也可以指各类建筑物和各种设施的集合体。

3. 体育健身业物业

城乡各地用于满足人们闲暇内开展体育、运动、健身活动的各类建筑物及其内部附属的活动设施、与这些设施直接关联的市政公用设施。由这些设施及其所占据的空间构成的物业。既可以指单体的建筑物或设施，也可以指各类建筑物和各种设施的集合体。

4. 休闲服务业物业

在城乡各地，凡是具有满足人们休闲生活需要的各类商业、餐饮业、服务业建筑物及其内部的各项设施，以及与之直接相联系的公共设施。由这些设施及其所占据的空间构成的物业。既可以指单体的建筑物或设施，也可以指各类建筑物和各种设施的集合体。

也可以根据物业的产权分为公用休闲物业、私有休闲物业；根据物业经营方式分为自营性休闲物业和租赁性休闲物业；根据物业管理方式分为专业管理型休闲物业和自我管理型休闲物业。

二、旅游度假地物业管理

(一) 旅游度假地的物业及其管理

1. 旅游度假地特点及构成

旅游度假地泛指具有一定自然或人文景观，可供人们游览并满足某种休闲、旅游、度假经历的空间环境，范围大的地域。除满足旅游度假者进行参观游览活动外，还必须提供必要的度假、休闲、娱乐等生活服务。因此，大型旅游度假地一般都由若干景观地段相互结合、组合并辅以度假村、旅馆、餐厅、交通、商业网点、邮电通信等设施而形成的相对独立的具有较大环境空间的区域，其构成要素包括：

(1) 固定的地域范围。无论旅游度假地规模大小，都有一个相对明确的地域范围，一切规划设计、施工、建设、开发、经营，均要求按城市规划建设部门或主管部门要求，在规划范围内进行。

(2) 特定的旅游度假活动内容。休闲旅游者在度假旅游地内一般都要进行吃、住、行、游、购、娱综合性的休闲旅游活动，但是不同的旅游度假地，旅游度假者开展活动的主要内容有所不同，都有其特定的活动内容。

(3) 综合性的旅游度假服务。旅游度假地一方面向旅游度假者提供娱乐、休闲、餐饮、购物等物质享受方面的服务，另一方面还包括满足旅游者增长见识、丰富体验、提升素质、陶冶情操的需要。

(4) 讲究效益的管理机构。我国现有的旅游度假地，有事业单位，有企业单位，有国有性质的，有股份制的，有独资的。不论哪种类型的，都有管理机构。它们都有追求经济效益的利益诉求，在开发经营中也会考虑到社会效益和生态环境效益。

旅游度假地的类型主要有：风景名胜区、旅游度假区、森林公园、园林景区、自然保护区、主题公园景区、城市（镇）景区、工农业开发型景区（含水利风景区）等。

2. 旅游度假地物业及其管理

根据前面所谈的旅游度假地的构成要素，旅游度假地物业比较一般的住宅物业组成要复杂得多。

从物业产权方面看，旅游度假地物业构成复杂，包括国有、合资、股份、私有等多种类型共存。物业管理上要求各不相同，增加了物业管理的难度。

从物业功能方面看，有住宅型的物业、商业型物业、娱乐文化消费型物业、公共游览型物业、体育健身类物业等多种类型。在物业管理方面需要采取不同的行业标准与服务规程，对物业管理机构提出更高的要求。

从物业形态方面看，有建筑类、工程设施类、游览娱乐设施类、公共环境空间类等形态。它们的运营管理机制与方式是有区别的，因而需要相应的物业管理模式实施管理。

（二）案例——旅游度假区物业管理

旅游度假区、度假村或度假中心，是指在乡间、湖畔、海滨、山林、温泉等地兴建度假住宅，外加多项体育和娱乐设施的地方。度假区是为例满足假期进行休养和消遣的休闲旅游者而开发和兴建的。度假住宅主要指度假的酒店和度假别墅。度假区的旅游项目主要满足旅游者消闲、健身的需求，包括娱乐类、如水上娱乐项目、划船、垂钓、棋牌、观看文艺演出等；体育类有游泳、高尔夫、网球、门球、保龄球、壁球、骑马、射箭、射击、潜水、滑板、冲浪、滑雪、滑冰等；健身类的有健身房、桑拿、按摩、气功和医疗保健等。有些度假区只提供住宿设施、没有或只有少量体育娱乐设施，大多数是利用附近的旅游地和体育、娱乐设施来满足旅游者的需要。

根据物业管理的含义：物业管理是指物业管理企业受物业所有人（业主）的委托，依据物业管理委托合同，以及国家有关法律法规，对物业的房屋建筑及其设备、市政公用设施、绿化、卫生、交通、治安和环境容貌等管理项目进行维护、修缮和整治，并向物业所有人和使用人提供综合性的有偿服务。旅游度假区物业管理的内容主要包括以下几个方面。

1. 度假区物业营销与服务管理

度假区的物业（建筑物及各类设施设备）是构成度假区休闲服务项目的重要内容，要使客人来度假区并且入住，必须向度假市场进行宣传促销，将度假区的建筑景观、环境特色、设施设备、项目内容以及服务优势等推销给客人。并且要对正在进行的休闲服务进行规范化管理，确保正在消费的客人满意，才能为度假区的经营带来长期的效益。度假区物业的营销和服务管理（如何营销、怎样提供优质服务）是整体经营管理的一项非常重要内容，具有不可替代的作用。

2. 度假区房屋建筑及配套设施运营管理

对度假区来说，只有各类型态的建筑物及内部的机电设备、空调系统、供水供电系统、电信系统、公用设施、网络系统等物业都处于良好的工作状态，才能保证客人的吃、住、游、行、购、娱各样休闲活动的顺利完成。经常要对所有的物业进行维护、保养或更新等运营管理。

3. 度假区游览及娱乐设施运营管理

和优美的风景、清新的环境一样，游览和娱乐设施以及由此形成的度假项目（观光游览、休闲娱乐、康体保健等）是度假区吸引游客的根本内容。对各类游览和娱乐设施设备进行科学的安装、匹配、调控、运行、维护、保养、更新等，是客人在度假区内愉快、安全、舒适地完成度假、休闲、游览、娱乐等活动的根本保证。

4. 度假区环境卫生及绿化管理

这项工作包括清除垃圾及各种废物，排泄污水、雨水等，同时还要保持环境的清洁卫生，以此向度假客人提供一个整洁舒适的住宿、游乐、消闲环境。干净整洁的环境还会给人们以视觉上的美感和心理上的舒适感。这项工作能保证度假区拥有良好的生态环境，有利于度假客人的身体健康与精神愉悦。草地绿化和花木养护工作对营造一个优美宜人的环境是非常重要的。

5. 度假区消防及公共安全管理

度假客人在度假期间内的各项活动和生活都要保证安全，一方面要对度假区物业的使用保证正常运行、不出事故（如中毒、失火、触电、坍塌），确保安全；另一方面对游客的各项活动进行安全保障，这包括各种自然突发事件（如大风、冒雨、雷击、滑坡、海啸、地震、泥石流等）和人为原因造成的安全问题（如溺水、跌摔、中毒、疾病、失火、被盗、斗殴、色情）。

三、文化娱乐业物业管理

以休闲会所为例，文化娱乐业的类型多样，业态规模一般都不大，单个文化娱乐场所的物业管理内容一般都较少，但是随着现代人的生活质量和文化层次的提高，一种新型的具有代表性的文化娱乐业态——休闲会所，越来越成为人们经常性、乐意光顾的场所。

（一）休闲会所概述

休闲会所是指在某个特定物业辖区为业主、租户客户提供娱乐休闲、康体健身、聚会交流的场所。根据业主客户的不同消费要求往往设置不同类型的休闲会所，而根据不同休闲会所的经营范围和经营内容，其特点往往不同。

根据休闲会所所处物业类型、经营性质、经营内容、经营方式的不同，可以将休闲会所划分为不同的类型：

按所处物业类型分类：分为住宅区休闲会所（如顺德碧桂园会所）和休闲大厦会所（如广州城建大厦会所）。

按经营性质分类：分为非营利性会所和营利性休闲会所，非营利性休闲会所是为满足特定的业主或客户的需要而设立的，不以营利为目的；营利性休闲会所是根据市场需求而设立的，其提供经营服务主要是以营利为主要目的。

按经营内容分类：分为康体类休闲会所、消遣类休闲会所、娱乐类休闲会所和综合类休闲会所。康体类休闲会所是指为业主和客户提供身体锻炼项目为主要服务内容的休闲会所，一般包括医疗保健、健美健身、体育运动等服务项目；消遣类休闲会所是指为业主和客户提供身心放松、恢复精力项目为主要服务内容的休闲会所，一般包括美容美发、桑拿按摩、音乐聊吧、桌球、保龄球等服务项目；娱乐类休闲会所是指为业主和客户提供文化娱乐、情趣享受为主要服务内容的会所，一般包括歌舞晚会、卡拉OK、杂志阅览、电子游戏、文艺汇演等服务项目；综合类休闲会所是为业主和客户提供各种各样项目为服务内容的休闲会所，一般包括康体类、消遣类、娱乐类的各种服务项目。

按经营形式分类：分为会员制休闲会所和开放式休闲会所。会员制会所又叫会员俱乐部，是指只有会员才能参加活动并交纳一定会费的会所，一般是在高档的物业会所和提供特定人群高消费活动项目的会所中采纳此形式；开放式休闲会所是指对业主客户和外来人员全面开发经营的会所，一般普通的休闲会所都采用此方式。

（二）休闲会所物业管理

休闲会所根据其经营方式分为会员制会所和开放式会所。由于其经营方式不同也就决定了其存在不同的管理内容和管理特点。

1. 休闲会所物业管理的特点

由于休闲会所的顾客往往是一些特定的消费人群，于一般场所的消费者有较大的区别。所以，其物业管理服务的特点也有所不同，概括来讲有以下特点。

（1）设备运行正常，管理程序规范。由于休闲会所是经常性消费场所，需要加强维护管理，以保证娱乐休闲、健身康体、卫生清洁、保安消防等各种配套设施设备的正常使用，并要实施标准化程序的各类设备管理，确保会所的正常有序经营。

（2）服务收费较高，服务品质优良。由于休闲会所是高级消费场所，顾客消费层次较高，这就要求提供豪华的设施设备和优质的服务管理，也就大大增加了服务管理的成本，所以服务收费一般较高；另外为了吸引和稳定消费顾客，会所的服务品质一般要求较高。

（3）管理制度健全，服务态度热情。为了保证休闲会所的健康运作和良性经营，公司一般要建立健全服务制度、管理制度和经营制度三大方面的制度，以保证会所提供标准化的服务、程序化的管理和规范化的经营；另外要求服务人员要有良好的职业道德和热情的服务态度，树立会所的良好形象。

（4）经营形式灵活，服务方式专业。由于休闲会所的顾客消费层次不同、消费习惯有别、消费能力各异，这就要求提供多元化、差异化、全方位的经营方式，以最大限度满足顾客需求；另外为了提高老顾客的消费次数和吸引新顾客的消费流量，要提供各种具有专业品质的服务方式和个性化、人性化的服务管理，从而提高会所的服务品位。

（5）服务理念先进，服务品位高档。在当今市场经济的条件下，休闲会所管理要不断提高自己的服务理念，使自己在竞争中立于不败之地。同时要不断改进服务方式、提高服务质量，从而提升会所的服务品位，建立会所的品牌形象。

2. 休闲会所物业管理的内容

（1）会员制休闲会所的管理内容。会员管理。主要内容包括会员人数确定、会费标准制定、入会退会管理、会员档案管理、会员制度建设等内容。

提供会所服务。向全体会员提供康体类、休闲类、娱乐类等所有的会所服务项目，同时物业管理公司要提供专业的服务管理，一方面要根据会员的需求尽量调整服务质量和项目种类；另一方面要对有限的服务设施设备进行科学管理，如实施轮流消费、分时间段消费等形式，避免会员在消费时发生拥挤现象和斗殴冲突事件。

会所的维护管理。主要内容包括设施设备的维护、环境卫生的维护、治安消防管理、交通秩序维护等管理内容。

会所的人事管理。主要内容包括员工招聘、员工培训、绩效考评、薪酬管理、辞退解聘、岗位职能、工作职责等各方面的人事管理。

（2）开放式休闲会所的管理内容。市场营销推广。由于开放式会所的顾客源广泛，需要通过广告媒介和业主客户等途径来加强会所经营的营销推广。一方面增加老顾客的消费频率和消费忠诚度；另一方面增加新顾客量和服务特色，充分增加会所服务设施设备的利用率，从而增加公司会所经营的盈余能力。

开展多元化服务经营。会所要根据顾客各种需要、消费水平和消费群体有选择性地提供多层次多方位的服务经营项目，在最大限度满足顾客消费需求的同时获取最大的经济效益。

开发新服务项目。物业管理公司要根据市场需求和顾客消费习惯的要求以及社会流行趋势的变化，更新改造和增加添设多元化的服务经营项目和形式，在稳定忠实顾客的同时吸引新的消费顾客。

会所的维护管理。和会员制会所一样，其主要内容也包括设施设备的维护、环境卫生的维护、治安消防管理、交通秩序维护等管理内容。

会所的人事管理。和会员制会所一样，其主要内容也包括员工招聘、员工培训、绩效考评、薪酬管理、辞退解聘、岗位职能、工作职责等方面的人事管理。

本章小结

休闲项目经营管理是休闲经营管理的主体内容，是休闲产业发展和休闲经济运行的中心内容。本章从紧密联系的休闲设施、休闲项目、休闲物业三个方面深入分析了休闲项目经营管理的基本概念、基本理论和方法，休闲项目的概念和理论是本章的核心。第一节，首先介绍了休闲场所、设施的含义、类型，接着探讨了休闲场所和设施建设的原则和内容，以及不同类别休闲设施经营管理的内容、方法。第二节详细分析了休闲项目的含义及其与休闲设施的区别，介绍了休闲项目的特征、类型，重点阐述了详细项目的策划、投资（及效益评估）的方法，最后探讨了休闲项目经营管理的几个重要方面：销售管理、促销管理、接待管理、财务管理。第三节，主要介绍了休闲物业的含义、类型，重点分析了两类休闲物业的经营管理的理论和方法：旅游度假地物业、文化娱乐业物业。分别以旅游度假区和休闲会所为例探讨了其概念、类型、特点、内容和方法。

本章思考题

1. 名词辨析

（1）休闲项目 休闲设施 休闲物业

（2）休闲物业 休闲房地产

2. 简答

（1）简述休闲设施的分类。

（2）简述休闲项目的分类。

（3）简述休闲物业的分类。

3. 论述

（1）谈谈公益性和盈利性休闲场所和设施管理的异同。

（2）谈谈休闲项目经营管理的关键。

（3）谈谈分时度假在我国发展的障碍、原因及前景。

本章延伸阅读

[1] 世界休闲组织 www. worldleisure. org

[2] 世界旅游组织 www. worldtourism. org

[3] 中国休闲研究网 www. chineseleisure. org

[4] 中国旅游网 www. cnta. com

[5] 中国旅游研究院 www. ctaweb. org

[6] 中国文化产业网 www. cnci. gov. cn

[7] 中国大众体育网 www. chinasfa. net

[8] 中国运动休闲网 www. 88a8. com

[9] 中国户外运动网 www. 583. com. cn

[10] 美国国家娱乐与公园协会 www. nrpa. org

[11] 休闲机会 www. leisureopportunities. co. uk

[12] 澳大利亚旅游者协会 www. atc. net. au

[13] 文化、新闻和体育部 www. culture. gov. uk

[14] 休闲学院以及休闲场所管理 www. ilam. co. uk

[15] 接待、休闲、运动及旅游网络资源 www. altis. ac. uk

[16] 中国物业管理网 www. cpmu. com. cn

[17] 大中华物业管理网 www. wuguan. com

[18] 中国物业管理资讯网 www. wyglzx. com

第七章　休闲产业管理

本章导读

休闲产业具有很大的辐射带动作用，在促进经济发展，增加就业，促进社会福利增长等方面都起到了积极作用。但目前我国休闲产业发展存在着许多问题，如休闲供给组织发育不健全，休闲产业规模和结构不合理，社会支持系统不完善等。因此迫切需要对休闲产业进行规划和管理。休闲产业系统的规划主要针对休闲客源市场系统、休闲出行系统、休闲目的地系统和社会条件支持系统四个部分进行规划。休闲产业管理内容包括对休闲产业人力资源、休闲信息资源、休闲资源及休闲项目、休闲服务质量、休闲政策法规等方面的管理。在具体分析了城市休闲产业和乡村休闲产业运行特点的基础上，对城市休闲产业规划和发展以及乡村休闲产业发展对策等内容进行了探讨。

第一节　休闲产业系统规划

正如保罗·朗格让先生所说："就休闲的现代形式、范围、内容来说，它是大工业社会的产物。"尽管人类的休闲活动由来已久，但只有当休闲成为一种大众化的、具有规模性和巨大商业价值的消费需求的时候，休闲的供给才逐渐产业化。伴随着经济、社会的发展，人们闲暇时间的增多，休闲生活方式的改变，休闲产业的规模越来越大，其所占国民经济的比重也越来越高，对社会的贡献也越来越强。

休闲产业是指与人的休闲生活、休闲行为、休闲需求（物质的、精神的）密切相关的领域。特别是以旅游业、娱乐业、服务业和文化产业为龙头形成的经济形态和产业系统，一般包括国家公园、博物馆、体育（运动场馆、运动项目、设备、设施维修）、影视、交通、旅行社、餐饮业、社区服务以及由此连带的产业群。

一、社会休闲需求与供给分析

（一）休闲需求

"需求"是一个经济学概念，用来描述人们想要购买产品的数量和愿意支付的价格之间的关系。某一既定价格下的需求表明在那个价格下会产生的消费量。将"需求"这一概念应用于休闲，往往被用来描述参与的程度。正如拉弗里（Lavery）对休闲需求（leisure demands）的定义：当前对休闲设施或休闲资源的利用水平以及未来的休闲需要，是想要参加休闲的人们的数量。它不仅包括当前实际观察到的休闲活动，还包括未来的休闲行为需要。

孙海植（2005）认为休闲需求是指，当前休闲主体利用休闲对象的水平以及未来希望利用的数量，是个人的休闲活动以大众化的形式表现出来的。因此，休闲需求有一种行动趋向性，是反映潜在的行动倾向的概念，是进行休闲活动、利用休闲设施及空间的个人爱好或欲望倾向。

与其他产业的需求相比，休闲需求具有以下特点：

（1）周期性。休闲需求的分布受休闲时间的影响，呈现出一定的周期性。无论是个体还是社会，休闲需求总是与生活节奏、工作效率、劳动负荷、经济发展速度等因素密切相关，两者呈一定的正向作用关系。

（2）层次性。一方面，每个人的休闲需要在各自经济条件的限制下形成了不同层次的休闲需求。另一方面，消费者文化素质、兴趣爱好的不同，即使在相同经济条件下，也会产生休闲需求的层次差别。

（3）个性化。休闲消费是人们满足其自我发展和个性显示等非生存性需求的各种活动总和，受主体自身因素影响大。因此，在休闲消费中不论是消费项目还是消费时间，都呈现较强的异质性特征。

（二）休闲供给

休闲供给（leisure supply），是指在休闲现象中，满足休闲利用者休闲需求的休闲资源、休闲产业等的总和，它往往也包括促进休闲活动的教育、项目等的开发和提供。（孙海植，2005）

具体来说，休闲供给可以分为以下类型。

1. 按供给方式划分

休闲供给可分为：自给性休闲供给，公共性休闲供给，商业性休闲供给。

其中，自给性休闲供给对他人和社会性设施和服务的依赖性较小，是一种相对个人化的活动，如听音乐、读书等；公共性休闲供给依赖于由政府公共部门提供的非盈利休闲设施和服务，如博物馆、美术馆、科技馆、公园、图书馆、活动中心等；商业性休闲供给是由商业机构和组织提供的以盈利为目的的休闲产品和休闲设施，如滑雪场、高尔夫场、主题公园。

2. 按供给要素的空间范围划分

休闲供给可分为：地方级（local level）、国家级（national level）和中间级（intermediate level）。按空间范围区分休闲供给的方法与休闲需要的范围有关。地方级供给的对象是有限的本地区居民，而国家级供给则为大规模的、广泛的休闲利用者提供休闲机会。

3. 按供给要素的利用时间划分

休闲供给在广义上可分为：当日型、住宿型、周末型、休假型等。当日型供给一般在居住圈内，周末型供给在广域生活圈内，而休假型供给则在全国生活圈内。

4. 按供给要素的形态划分

休闲供给可分为：有形供给和无形供给。例如，休闲空间和设施是有形的，而休闲信息和事件型大型活动（event）、服务等是无形供给。

二、休闲经济系统运行及休闲需求预测

（一）休闲经济系统运行

休闲经济是指建立在休闲的大众化基础之上，由休闲消费需求和休闲产品供给构筑的

经济，是人类社会发展到大众普遍拥有大量的闲暇时间和剩余财富的社会时代而产生的经济现象。

　　休闲经济系统是国民经济系统的重要组成部分，是一个包括休闲者休闲消费活动、休闲经营者（商业性休闲供给组织）经营服务活动和休闲目的地管理活动（公共性和公益性休闲组织）三个方面的经济子系统，它体现了休闲活动相关的各组成要素的集合，它们之间的内在联系和运行过程，还从动态角度反映了整个休闲活动发生和发展的过程和规律性（图7-1）。

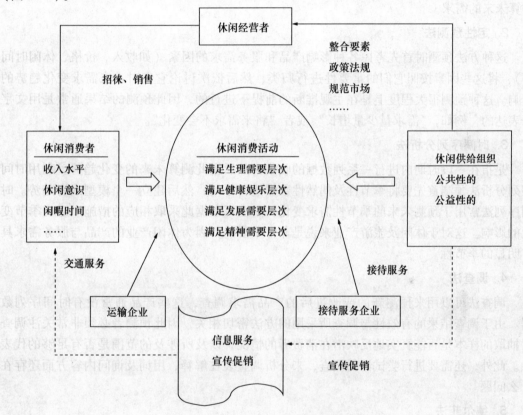

图7-1　休闲经济系统运行图

资料来源：作者依据相关资料进行整理

休闲经济系统运行包括三个层面：

　　（1）休闲消费活动的实现过程，即人们购买休闲产品进行休闲消费，满足其休闲需求。包括人们选择、决定和购买休闲产品的过程；借助出行系统到目的地的休闲消费过程，这是休闲经济系统运行的核心内容。

　　（2）休闲经营者的经营服务过程，即提供满足休闲消费者休闲需求的产品和服务的过程。包括提供休闲设施（旅游景区、饭店接待业、俱乐部）、休闲产品（玩具、游戏器材、运动设备、书籍、车辆制造与销售）及文化娱乐活动（协会组织、体育比赛、文娱演出或康体健身活动）等。

　　（3）公共性和公益性休闲组织的管理活动。政府和非营利性民间组织，通过行政管理、宏观调控、中介咨询等活动，提供信息服务、规范市场秩序和规制企业行为，为休闲消费者的休闲活动和休闲经营者的经营服务活动提供良好市场环境和社会环境。

（二）休闲消费需求预测

需求预测的方法包括：单纯预测法、定性预测法、时间序列分析法、调查法、德尔菲法、模型分析法。

1. 单纯预测法

即对未来需求进行简单的假设。如假设一个需求增加的固定比率，如每年3%，由此测算未来的需求。

2. 定性预测法

这种方法预测时首先考虑各种影响产品和服务需求的因素（如收入、价格、休闲时间等），将这些因素按照它们的重要性进行归类，然后依次讨论它们对未来需求变化趋势的影响。这种预测很大程度上是在主观推断的前提下进行的，因此预测的结果通常是用文字来表达的，例如，"需求量少量增长"或者"将来需求不会变化"。

3. 时间序列分析法

是指在一段时期内进行一系列数据的收集，然后据此测算未来的变化趋势。利用时间序列分析法预测首先要将季节性及偶然性数据进行平均，然后建立一个模型或者趋势。时间序列法常用于预测未来的季节性需求变化，企业可以据此采取相应的措施以适应季节变化的影响。这对于休闲及旅游产业来说是非常重要的，因为休闲产业的产品与服务需求具有明显的季节性。

4. 调查法

调查法可以用来预测新的或改进后的产品需求调查，这些产品通常没有时间序列数据。由于调查结果的有效性与调查所采用的方法密切相关，因此预测者必须非常关注调查时抽取的样本是否能真实地反映潜在消费者的情况，以及所涉及的范围是否有足够的代表性。此外，还需要进行尝试性的调查，来分析调查表在解释、用词及询问内容方面还存在什么问题。

5. 德尔菲法

这种方法尽力将一些专家对某一项目的意见集中起来。通常用调查问卷将某一特定领域的专家的意见集中，据此进行初步预测。再将预测结果反馈给参与的专家，请他们根据这个结果修正自己的意见，如此反复多次，最终达到大家意见基本一致，取得相对准确的预测结果。

6. 模型分析法

将通过市场调研所获得的数据，运用数学、经济学的方法有：数理统计、回归分析、聚类分析等，建立休闲需求与休闲供给之间的模型，运用模型预测该某项休闲产品的需求变化趋势。

三、休闲产业系统规划

休闲产业系统规划的主要任务，在于抓住休闲产业发展的核心问题，按照产业可持续发展的思想，将本地居民和外来休闲消费者作为一个完整的市场系统，将众多休闲相关产业纳入政府休闲管理体系中，制定具有可操作性的发展规划，为休闲经济的发展提供技术支持和决策依据。

休闲产业系统主要包括四个部分，即休闲客源市场系统、休闲出行系统、休闲目的地系统和社会条件支持系统。其中，休闲目的地系统是核心要素（图7-2）。

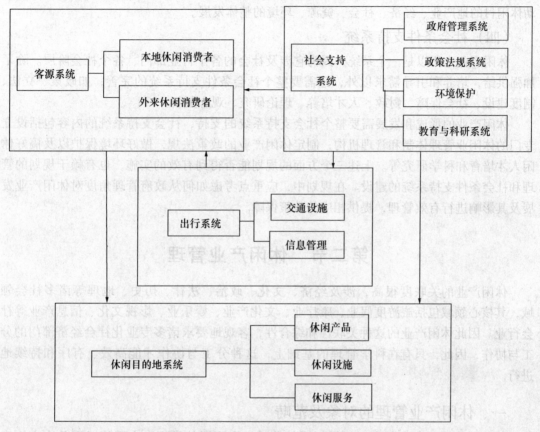

图7-2　休闲产业系统图

资料来源：作者依据相关资料进行整理

（一）休闲客源市场系统

对于休闲目的地而言，休闲客源市场系统包含当地居民和外来休闲旅游者两部分。应以休闲客源市场需求为导向编制休闲产业发展规划。通过对休闲客源市场的过去、现在和未来态势进行分析、预测，划分细分市场，进行市场定位，树立休闲目的地形象，并向潜在的游客市场进行有效的市场营销，使潜在客源市场转变为现实的市场。

（二）休闲出行系统

它是多种交通方式（航空、铁路、公路、水路、地下交通）的集合，同时向休闲消费者和休闲经营者提供各种信息的发布和查询，通过出行系统将客源系统与休闲目的地系统连接起来。出行系统规划中应着力加强休闲信息管理系统建设，建立优质的休闲信息网络、信息服务体系，实现有效休闲信息交流，使休闲信息资源在业内共享。

（三）休闲目的地系统

休闲目的地系统通过向休闲消费者提供休闲产品和休闲服务来满足人们的休闲需求，

休闲产品包括休闲第一产业、休闲第二产业、休闲第三产业①的产品。休闲目的地系统的规划在充分调查客源市场需求的基础上，进行休闲产品和服务的定位与设计；搞好休闲目的地系统的总体规划，合理布局各类设施项目，协调休闲活动与环境空间的关系。使休闲目的地的各项要素彼此协调、彼此促进、构成一个结构合理、稳定、功能齐全的系统，推动休闲目的地产业、经济、社会、资源、环境的整体发展。

（四）社会条件支持系统

休闲产业之所以是一个系统，因为它涉及社会的各个行业部门、各个社会阶层。除了加强供给，培养和引导需求以外，还需要整个社会条件支持系统的完善，如政策、立法、制度建设、社会保障、财政、人才培养、理论研究、观念更新。

休闲产业的形成和发展需要整个社会支持系统的支持，社会支持系统的内容包括设立专门的休闲业管理体制和管理机构，制定休闲产业的政策法规，做好环境保护以及搞好休闲人才培育和科学研究等。上述三个方面的规划能否得到有效的实施，也有赖于规划的管理和社会条件支持系统的建设。在规划中，应重点考虑如何从政府管理角度对休闲产业发展及其影响进行有效管理，提供相应的政策保障。

第二节　休闲产业管理

休闲产业的关联度很高，涉及经济、文化、政治、法律、历史、地理等诸多社会领域，其核心领域包括旅游度假业、康疗业、文化产业、娱乐业、影视文化、信息产业等社会行业。因此休闲产业的这种关联性和综合性，客观地要求诸多专业化社会经济部门的分工与协作，因此，只有在科学管理的基础上，这种分工与协作才能高效、有序和持续地进行。

一、休闲产业管理的对象及范畴

休闲产业管理内容复杂，根据不同的范畴，有不同的类型，主要从以下几个方面来分析。

从其管理对象看，包括以下三个层面。

（1）休闲企业经营活动的管理。这里的休闲企业是指由个人或股东所拥有，以营利为目的提供休闲产品和服务的组织。对休闲企业的管理重在加强法律制度建设、引导与规范其守法经营，为企业创造宽松的社会环境和公平的竞争机制。并通过业务指导使其经营内容符合社会价值与道德规范、标准。

（2）休闲行业组织活动的管理。这里的休闲行业是指提供同类休闲产品和服务的休闲企业集合体。如旅游饭店协会、保健休闲协会、户外休闲协会、休闲观光农业行业协会和休闲教育、休闲研究机构等。对休闲行业组织的管理主要是搞好协调、登记、监督、引导，不可过多地介入其业务范围和技术领域。

（3）休闲产业运行活动的管理。这里的休闲产业是指由提供各种休闲产品和服务的生产经营单位所构成的相对独立的国民经济系统。休闲产业系统管理主要是宏观调控、政策

---

　　① 参看本书第二章按层次对休闲业的划分。

引导、制度规范、法律约束、舆论监督、行业自律、社会参与几个方面，政府是宏观管理的主体和直接责任者。

从其管理的内容来看，休闲产业管理包括休闲资源管理，休闲设施管理，休闲市场管理，休闲服务管理、人力资源管理、休闲行政管理等。

从其管理的过程来看，休闲产业管理包括确立休闲管理目标，建立休闲信息系统，开展休闲预测与决策，制订休闲发展规划，对休闲产业进行监管等。

二、休闲产业管理的内容

（一）休闲资源及休闲项目管理

休闲资源及休闲项目管理是一个庞杂的系统，在本书的其他章节中都有详细的叙述。此处是从产业发展的角度来看待休闲资源和休闲项目的管理，要把类型繁多、分布广泛、形态各异的休闲资源和休闲项目作为一个系统，统一规划、统一政策、统一机制、统一规范，由各级政府设立的专门的资源管理部门和产业（行业）管理部门。由于我国资源和产业管理体制的延续性，存在着"政出多门"、"多头管理"、"部门封锁"、"行业分割"等弊端，造成许多针对的休闲资源（特别是物种类资源和遗产类资源）遭到极大的破坏。当务之急就是要对休闲资源进行科学研究、分类，对分布与各行各业的休闲项目进行统计、分类，设立科学的资源管理部门和行业管理制度。引导并规范微观层面（休闲供给组织）的休闲资源和休闲项目管理。

（二）休闲产品和服务的质量管理

由于休闲产业的复杂性和综合性特征，对休闲产品和休闲服务既要进行目标管理和过程管理，又要进行质量和效率管理，特别是安全管理。如制订我国休闲产业的质量技术标准体系，切实保证旅游、观光、休闲、度假、娱乐的产品和服务质量，确保行业经营管理的规范、产品和服务的质量及安全。在经济和服务逐渐国际化的今天，建立健全与国际接轨的休闲产品和服务质量标准体系显得尤为重要。这方面我国有些行业部门走在了前面，但是大多数的休闲企业、部门和政府组织都没有意识到，而且存在相当大的问题。面对越来越多的国外休闲企业（包括休闲产品和服务内容、方式）进入我国，抢占巨大的休闲消费市场，我国的休闲产品和服务质量管理如不进行改革、创新，将会落后更多、更远。

（三）休闲产业政策法规管理

休闲产业政策和法规管理，是促使休闲产业健康、稳定、和谐发展的最有力措施和根本保证。休闲产业政策法规管理分为宏观和微观两个层面。宏观管理层面主要是确立休闲产业发展目标和其在国民经济中的地位，以及国家在保证休闲产业健康发展方面所采用的行政管理体制、产业运行机制、政策制度和法律法规体系，起着战略性、方向性、权威性和强制性的作用；微观层面则是针对特定休闲行业部门、休闲供给组织制订的旨在指导该行业部门发展的具体法律法规条款和管理规章等，包括行业标准、定额等一些技术性规范。本书第十章将详细介绍休闲产业政策和法律法规。

（四）休闲产业人力资源管理

经济要发展，人才是根本。休闲产业是一种劳动密集型的新兴产业，需要各级各类人才的不断涌现才能支撑起持续发展，包括一定规模的休闲经营管理和休闲服务的人力资源，一定数量的休闲教育与研究人才，以及构架科学的休闲产业行政管理组织机构与人员配置。人力资源开发与管理是企业管理的重要内容，从行业层面讲，国家和社会需要制订休闲产业人力资源发展的战略规划，以及具体的实施对策措施，以保证休闲产业健康发展所需要的人力资源。

三、休闲产业管理的手段

（一）行政手段

世界各国在休闲产业管理方面所采用的行政管理体制和模式不尽相同。发达国家的先进经验值得我国学习和借鉴。我国在学习产业行政管理上一直没有找到科学、有效的模式，现行的休闲产业纵向和横向结合的"条条、块块"管理模式有一定的历史合理性，对我国的休闲产业发展起到了较大的促进作用。但是存在诸多的问题，如机构设置的不科学，对许多休闲资源的管理存在交叉或者缺位，对许多休闲经营活动的管理部门之间职责不清。对同一类休闲产品、项目或者事项往往"政出多门"，弄得休闲组织无所适从。事实证明，我国的休闲产业行政管理体制必须改革、创新。这是当前我国经济改革中一个值得关注的问题。

（二）经济手段

产业发展必须运用经济手段来引导、调控资源配置，促使人、财、物的合理流动。在我国建立社会主义市场经济体制越来越深入的今天，要充分运用市场和价格机制来促进休闲产业健康、快速、持续发展。要针对不同的休闲产业类型（公共性行业、公益性行业和商业性行业）制订不同的经济政策和措施，充分调到各行各业的积极性和创造性，生产出更多、更符合人们需要的休闲产品，丰富居民的精神文化生活。这是建设小康社会的战略性方向。政府要制订有效的政策鼓励休闲产业投资多元化，特别是要激励民间资本和外资进入休闲产业领域。另一方面，从需求方面，国家要运用经济杠杆提示老百姓的休闲消费。如2008年底和2009年初我国一些省市就尝试给当地居民发放消费券、旅游券，目的是为了刺激人们的消费，拉动经济。国家也向与休闲产业相关的行业部门投巨资刺激经济增长，相应地带到了休闲产业的发展。

> **引例**

消费券的"前世今生"

消费券其实是"政府红包"的一种（企业发放的不在讨论之列）。"政府红包"既可以现金形式发放，也可以消费券形式发放。其目的均是为了增加人民收入、提高消费能力。不过消费券由于是专用券，必须限时消费，有些还限功能（譬如旅游消费券只能用于旅游），因此它在短期内拉动消费的作用比现金更直接。

1977年，诺贝尔经济学奖获得者、英国经济学家詹姆斯·米德提出了"社会分红"理论，成为"政府红包"的理论基础。此后，世界上有多个国家和地区发放过"政府红包"。当然，不同国家或地区发放"政府红包"的理由不尽相同，有的是应对经济危机，有的是对付物价上涨，有的是税收超过预期。无论是税收超过预期，还是应对物价上涨和经济危机，"政府红包"的前提必须是具备发放的财政能力。近年来，我国政府的财政收入增长速度远超 GDP 的增速，2007 年增幅更是高达 31%，一些省市的地方财政收入更是增长可观。有了这样的财政条件，"政府红包"也就呼之欲出。

早在去年 1 月，上海市政协委员邢普就曾呼吁向"全国人民每人发 1000 元红利"来应对通胀。正在召开的全国两会，全国政协常委、民建中央常委刘汉元又再次提出了按每人每次 1000 元标准向全国人民发放消费券的提案。

中国的"政府红包"实践始于 2008 年末 2009 年初。今年 1 月 9 日，民政部副部长姜力表示，为妥善安排困难群众的基本生活，中央财政下拨 90 多亿元人民币，为 7400 多万城乡困难群众发放一次性的生活补贴。补贴对象为全国城乡低保对象、农村五保对象、享受国家抚恤补助的优抚对象等。其中，农村低保对象和农村五保对象每人 100 元，城市低保对象每人 150 元，享受国家抚恤补助的优抚对象、建国前入党的农村老党员和未享受离退休待遇的城镇老党员每人 180 元。据悉，这是我国第一次全国性的生活补贴发放。而在此之前和之后，各地的"政府红包"实践已风起云涌。成都、杭州、武汉、南京、苏州、东莞……越来越多的地方政府加入到发放消费券的行列。对此，商务部副部长姜增伟明确表态："消费券是在特殊的条件下采取的特殊办法，是一项比较可行的选择。"

资料来源：2009 年 3 月 5 日《文汇报》。

（三）法律手段

加强休闲产业的立法及其执行与监督工作。梳理休闲产业相关的法规和规范性文件；立足我国国情，借鉴国外有益经验，加快立法步伐。抓紧研究制定休闲产业发展、休闲资源尤其是休闲文化资源开发、民间艺术和民俗艺术的保护、规范网络信息传播服务和知识产权保护等方面的法规或规章。加强颁布实施的法律法规执行情况的监督检查工作，真正做到对休闲产业的法律管理有法可依、有法必依、执法必严、违法必究，为产业发展创造良好的法制环境。本书第十章对休闲产业的法律法规管理将进行详细的分析。

（四）技术手段

休闲产业是一个信息依赖型产业，对信息技术具有敏感性和超前性。信息技术的采用将在营运部门（如航空公司）、旅游批发商、旅游代理和休闲消费者之间建立一种新型的关系，可以实现休闲产品的自由选取、即时组合。全球化也使得信息需求潜力与流动规模加大，要求建立新型的交互式的休闲信息体系。

信息行业、金融保险业等与人们出行和休闲企业业务运作密切相关的一些行业的市场化进程已经是不可逆转的趋势了。随着休闲市场的人数规模和消费基数规模的不断扩大，将会有越来越多的信息服务和金融产品的创新指向休闲市场，为人们出行与异地消费提供更为方便和快捷的产品和服务，特别是电子商务的发展将会为中国休闲企业的进一步发展提供坚实的技术平台。

第三节　城市休闲产业管理

城市为人类广泛从事社会、文化及经济活动提供了适宜的环境，城市也是重大集会场所、重要旅游中心城市、集散地、交通枢纽及接待中心等。城市休闲是指在城市这个特定地域范围，其休闲主体特有的休闲观念和休闲行为。城市休闲产业是与城市休闲观念的形成、休闲活动相联系的供给和消费需求的总和，是所有为城市休闲主体观念的形成、开展休闲活动提供商品和服务的行业总合。

一、城市休闲产业系统

以休闲客源市场的活动过程为主线，对出现在其出行活动中的休闲接待部门进行连接，建立城市休闲产业系统运行图（图7-3）。

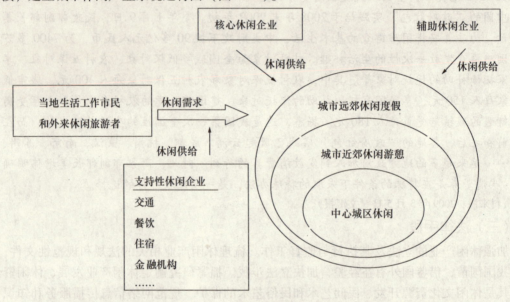

图7-3　城市休闲产业系统运行图

资料来源：作者依据相关资料进行整理

（一）城市休闲目的地系统

在这个系统中，有主体休闲企业，辅助休闲企业，支持性休闲企业为其提供休闲供给。其中，主体休闲企业是指那些直接提供休闲环境和娱乐、健身、文化交流等项目活动的企业，如度假区、野营地、主题公园、体育健身中心、购物中心、博物馆、各类休闲吧；辅助休闲企业是指那些提供各类休闲物品、器械和组织旅游休闲活动的企业，如旅行社、音像制品公司、各类健身娱乐器械和服装制造公司，休闲食品公司；支持性休闲企业是指为休闲消费者提供食宿、交通、资金和各类支持的企业，如饭店、金融机构、各类租赁机构、广告策划公司各类媒介。

休闲者因其休闲活动而构成空间位移，如果根据城市休闲空间的地理位置关系，可将城市休闲产业分为三大圈层，即中心城区休闲娱乐产业，城市近郊休闲游憩产业，城市远郊旅游度假产业，这也对应着人们休闲活动的内容。其中，中心城区休闲娱乐产业包括各类室内休闲娱乐空间、社区休闲服务业、城市核心区休闲服务业、城区休闲娱乐服务业。城市近郊休闲游憩产业包括城市近郊旅游集镇、特色乡村和景区景点，如高尔夫俱乐部等，是城市辖区内具有多种游憩功能的旅游服务行业。而城市远郊休闲度假产业包括城市远郊旅游集镇、特色乡村和景区景点等，如度假山庄、风景区。

（二）城市休闲客源市场

城市休闲客源市场分为当地居民和外来休闲旅游者。因为休闲目的地离家距离的远近关系到休闲消费者外出时间的长短并涉及不同的休闲产业部门，因此我们定义休闲旅游者离家有一定的距离或在外有过夜行为，并且此过程中出现的一日游游客与商务旅游者的休闲活动介于当地居民的市内休闲活动与旅游者的远途休闲活动之间。对于当地居民而言，其休闲活动遍及城市休闲产业系统；而对于休闲旅游者来说，主要休闲服务部门为餐饮、住宿、娱乐和旅游景区，更多的是城市近郊和远郊休闲带。城市休闲产业系统体现了其为当地居民与外来旅游者共同服务的特征。

值得我们注意的是，城市休闲产业系统与旅游产业系统具有很大部分上的交叉，城市休闲产业的优化要求食、住、行、游、娱、购六大旅游要素流畅衔接，要求政府管理部门对各个环节服务有力监管，要求城市进行突出地域特色化休闲产业的合理布局和合理的功能分区，具有顺畅的游线设计，休闲产业与相关产业具有最优化配置。

二、城市休闲产业规划与发展

城市休闲产业规划是将城市休闲设施、城市休闲资源（包括自然资源和城市历史、传统文化、民俗节事等）、城市休闲服务等进行整合，提供城市休闲者休闲活动安排和发展战略方案。

（一）规划原则

1. 彰显城市特色

城市休闲的吸引力就是城市特色。城市休闲产业规划要注重对历史文物、历史区街、古树、老字号的保护，加强商业特色街区的建设，保持历史传统，突出都市个性。

2. 创造舒适环境

应以环境整治为重点，搞好园林绿化，提高绿化覆盖率；重视城市建设的总体布局，用景观生态的设计理念规划城市；提高市民的文明素质，增强城市的美誉度、好客度、亲和力。

3. 反映现代气息

城市休闲功能设计，要体现现代科学技术水平和时代进步的精神，反映都市生活的现代化气息。按照数字化、现代化的要求，搞好书店、图书馆、影剧院、博物馆、科技馆、体育馆、会展中心的配套建设，为城市休闲提供现代化设施。

4. 张扬个性特色

休闲群体的个性化特征日益突出，对传统的服务理念、服务环境、服务内容、服务方式提出了更高的要求。休闲服务行业必须采用国际服务标准，创新服务内容，转变服务方式，提高服务水平，充分满足国内外不同年龄层次、不同收入阶层、不同消费群体多样化、个性化的休闲需求。

> 引例

富阳定位于运动休闲之城

富阳是杭州的郊县，景色清丽，自古就有"天下佳山水，古今推富春"的美誉，既赋山城之美，又具江城之秀，是典型的江南山水城市，是"西湖—富春江—千岛湖—黄山"

国家黄金旅游线上的重要节点。富阳还是"中国球拍之乡"，年产羽毛球拍超过1亿副，占全球市场销售量的70%以上；富阳是"赛艇之乡"，"无敌"牌赛艇成为2004年雅典奥运会唯一指定的比赛用艇；还有不少有一定规模、研发水平的龙舟生产企业、健身器材厂、山地自行车配件厂等体育产业企业。同时，以"山水＋文化、基地＋配套、运动＋休闲"的农家乐、乡村旅游也初具规模。富阳市在充分分析自己的区位优势和资源优势后，提出要大力发展运动休闲产业，打造"运动休闲之城"的战略目标。其目标是，主动积极顺应休闲运动浪潮的机遇，充分利用富阳扎实的体育产业基础和浓厚的群众运动氛围，把运动和休闲结合起来，打响"运动山水、运动城市，运动体育、运动比赛，运动旅游、运动观光，运动休闲、运动娱乐，运动聚会、运动交流，运动时尚、运动文化"，打响"休闲杭州、运动富阳"的品牌，把富阳建设成为杭州、上海乃至整个长三角的运动休闲、康体健身大本营，让越来越多的人到杭州体验月光和柔美，到富阳感受阳光和激情，让越来越多的人到富阳共享山水、共享阳光，共享运动、共享休闲，共享健康、共享生活。

资料来源：富阳：运动休闲之城［J］．杭州通讯（下半月），2008，(6)．

（二）功能分区

发展城市休闲产业，在空间战略上应从城市综合的自然、经济、文化、交通和区位出发，以城区为中心，整合周边休闲资源，构筑城市休闲空间功能区划。城市休闲一般划分为"中心区"、"边缘区"、"辐射区"三大休闲功能区。

1. 中心区

中心区多为城区，其主要休闲业态有三种：城市公园，市民广场，中央商业游憩区（CBRD）。魏小安（2007）指出，从休闲的要求来说，城市公园应该布局广、规模小、区位近、绿化好；市民广场要达到亲民、近民、乐民；城市中央商业游憩区（CBRD）是休闲、娱乐、商业、饮食、文化构成的一个街区，应该是小马路、小餐饮，什么都是"小"的，才可能真正消费。

引例

大连的城市广场，市民的休闲中心

大连，一个人杰地灵，物产丰富，环境幽雅的现代都市，一个在中国堪称40个旅游之最的富饶城市，以她特有的魅力，吸引着来自世界各地的人们。大连有着众多的城市广场（星海广场、老虎滩广场、友好广场、中山广场、人民广场、奥林匹克广场、港湾广场等等），在大连人眼中，城市广场就是大连的一张名片。每个广场各有主题，每个广场的雕塑小品各有特色。漫步在中国最大城市广场——星海湾广场，欣赏着百年城雕，登上世界四大豪华邮轮之一的英国皇家邮轮"奥丽安娜"号，欣赏世界各地的艺术家、演员联袂演出的大型精美歌舞等表演，莺歌燕舞，让人心动。在各大广场绿地，人们还能看到一队骑着高头大马的女骑警，围绕广场巡视值勤。她们一袭戎装，英姿飒爽。尽管看上去很威严、庄重，但她们美丽的身影还是遮掩不住热情和温柔。这些女骑警和女交警，构成了大连一道最亮丽的风景。傍晚时分，大连市民在中山音乐广场伴着优雅和谐的旋律舞动起来，让轻松的脚步更加灵活，让不老的心更加年轻；沿风光旖旎的滨海路慢慢走来，望着北大桥、凝视虎雕群像、细听着鸟语林风……

资料来源：作者依据相关资料进行整理。

2. 边缘区

边缘区为城郊区，即从城区中心外出一小时至一个半小时的汽车车程内，往往是都市休闲消费者出游的区域，是发展城郊休闲的区域，可划分为"观光游览区"和"休闲度假区"等二级功能区。

引例

上海市郊的"农家乐"

近年来，上海市农业和旅游部门携手合作，利用郊区各地的农业特色资源，大力开发和培育休闲农业。现在，上海市郊休闲农业的种类多样，景点也各具特色。

（1）崇明县：竖新镇前卫村：目前，已形成34户接待户、300张床位、年接待游客12万人次的规模，是上海市最具代表性的"农家乐"旅游村。陈家镇瀛东村：临近崇明东滩湿地，是崇明第二大"农家乐"旅游村，最大特点是"渔家乐"，游人可以跟着当地养殖户一起钓鱼、围网捕鱼，品尝河、海、江鱼鲜。绿华镇绿港村：是上海市唯一的蟋蟀基地，村里将辟出千亩瓜果、黄豆田，供游人捉蟋蟀，每年秋季白露时节，村里将举办中华蟋蟀竞技大赛。

（2）青浦区：围绕水做文章。青浦"农家乐"旅游村全部布点在环淀山湖区域，未来5年将开发形成5至10个乡村旅游区域，市民在此能品味现代农家生活。近期将规划开放练塘现代农业园区"现代农家乐"、朱家角百果园"果园乐"、金泽镇水产养殖基地"渔家乐"。

（3）松江区：发展农庄游加"林家乐"将利用闲置的农田、农舍、鱼塘，开发体验农家生活的农庄旅游，现已开放的"农家乐"旅游点包括五厍现代农业园区中的番茄农庄、渔夫农庄、格林葡萄园，石湖荡镇的现代农庄以及中山街道的生态苗木区的"林家乐"。

（4）嘉定区：定位"现代农家乐"。马陆镇：以葡萄为主题的"果园乐"，已形成采葡萄、品葡萄、参观葡萄研究所、游葡萄酒厂、住农家风貌宾馆的"果园乐"旅游。华亭镇：5000亩观光农业园艺区中的1200亩核心区将向参与"农家乐"旅游的游人开放，包括有机蔬菜种植区、果园林、花卉种植基地、金鱼场等。徐行镇：鸵鸟、孔雀、锦鸡等特种养殖场将成为吸引城市游客的亮点，相关的旅游配套设施已在建设之中。安亭镇：千年古银杏园、百亩银杏园以及苗木基地将使安亭镇形成以"林家乐"为特色的乡村旅游。

（5）金山区：欣赏金山农民画。枫泾中洪村：聚集着一批作画、修画、裱画的民间艺人，该村将形成"农民画游"。干巷镇三新村陆永忠乡村画庄：农民画家陆永忠将在自己的农家小院，为游人现场表演创作金山农民画、传授农民画技艺。吕巷镇姚家村蟠桃园：从美国引进的红蟠桃将使姚家村的"农家乐"旅游形成"果园乐"特色。漕泾镇水库村：发达的水系和优质西瓜，是水库村"农家乐"的特色。

资料来源：俞菊生.上海市都市型现代农业与休闲农业实践［J］.北京农业职业学院学报，2008，(5).

3. 辐射区

辐射区指中心城市周边县镇的所属区域，即在2小时至4小时的汽车车程内可以到达的区域，是"中心区"的辅助区，往往也是旅游景区景点较为集中的区域。"辐射区"是城市休闲产业发展的未来拓展区，需要依靠城市休闲客源市场的辐射和带动。

> **引例**
>
> 千岛湖的休闲时光
>
> 千岛湖是放松身心的好地方，每年都有大量的人选择到千岛湖休闲度假。近几年来，一批高档次，高品位的休闲度假旅游项目和特色旅游项目不断涌现。国内内陆湖最大的豪华邮轮"伯爵号"，五星级酒店开元度假村以及凤凰休闲度假村、天清岛度假酒店、温馨岛商务度假酒店纷纷建成开业；金山湾、黄山尖、九咆界等景点建成开放；新旅游码头休闲街区、水上休闲主题公园、美山休闲度假中心、游艇俱乐部等一系列休闲度假项目也正在施工建设中，为了配合千岛湖休闲独家业的发展，在新旅游码头附近，一条著名品牌店街——秀水街也即将落成。"金露阁"茶庄，台湾"御景斋"大型餐饮店，"天工巧"琉璃专卖店等全国著名品牌及"中华老字号"品牌商家代表济济一堂，随着2006年10月份杭千高速公路的全线贯通，千岛湖到杭州距离缩短为2小时，更是引爆了杭州市民到千岛湖休闲度假甚至购房休闲的热情。千岛湖的休闲度假业已经步入良性发展的轨道。
>
> 资料来源：沈祥禄. 千岛之湖 秀水天下［J］. 风景名胜，2007，（4）.

城市休闲功能区划是城市休闲产业发展的空间整体协调：一是城市休闲产品的内部空间协调，提供从日常的餐饮、购物、娱乐等休闲产品到文娱、康体、旅游等深层次休闲产品，全方位满足不同层次休闲旅游者的需求；二是城市休闲产品的外部空间协调，即城区与城郊、周边地区休闲产品形成功能互补与资源共享的城市休闲产品网络和城市休闲产业体系。

（三）休闲产品与项目设计

城市休闲产品与项目的设计以城区的休闲资源与基础设施为依据，以城郊与周边乡镇为辅助。城市休闲产品与项目的设计需要注意城市个性，突出城市特色，通过产品开发、休闲活动项目设计、旅游景点建设等方面，充分展示城市风情。

> **引例**
>
> 东方休闲之都——杭州
>
> 被世界休闲组织授予"东方休闲之都"的杭州，拥有理想的区位优势与便捷的交通条件、良好的生态环境与丰富的自然资源、人文历史资源与深厚的休闲文化底蕴，以及地区经济的发达、休闲设施的逐步完善与已经颇具规模的消费场所，这一切都是杭州发展休闲业的有利条件。
>
> 杭州以西湖山水闻名世界，自然山水资源也就成为其核心的休闲资源。经过数百年的不断经营，杭州已基本形成"一湖、二峰、三泉、四寺、六园、七洞、八墓、九溪、十景"的格局。同时，一大批国际连锁休闲企业纷纷进军杭州，星巴克、哈根达斯、天使冰王等知名品牌使杭城的休闲品位获得了极大的提升。这些支持型的休闲资源与城市的特色、文化底蕴有效结合，相得益彰，体现出独有的竞争优势。如杭州的"西湖天地"将江南园林的理念加上时尚的元素，用玻璃房来造就各个场所，使自然的元素得到尽量的渲染；南山路的酒吧、茶吧、咖啡馆与西湖南线景观融为一体，同时又赋予其浓郁的艺术气息；武林商圈、湖滨商圈、吴山商圈的形成使杭州的购物环境更迈向高档化、国际化。
>
> 还有杭城近郊远郊的一批集农业观光、休闲娱乐、垂钓餐饮、科教会议为一体的现代

生态型综合农业企业，如杭州的余杭区素有"鱼米之乡、花果之地、丝绸之府、文化之邦"之美誉，充分利用山水风光秀丽、人文景观丰富、文化底蕴深厚的优势，积极发展农村休闲经济，现已拥有如余杭区高新农业示范中心（大地之春）、杭州鱼佬大生态农庄、杭州格林农庄、余杭区翠羊湾休闲农庄、余杭区向山休闲观光园等一大批高品位的休闲农业旅游点，还有"江南第一漂"—杭州双溪竹海漂流和"江南小九寨沟"—余杭山沟沟农家乐旅游线，以其独特魅力吸引着广大休闲者。可见，置身杭城，处处可赏景，处处可休闲，其资源的综合性、多样化、集中度是国内任何一个城市都无法企及的。

资料来源：袁华明．杭州：离休闲之都还有多远？［J］．观察与思考，2006，（9）．

三、城市休闲产业管理

城市休闲产业是一个庞大的系统，需要用系统管理的思路和方法进行管理。世界许多城市的休闲产业管理经验值得我们借鉴和运用。但主要还是要从我国的国情出发，探索出符合中国实际的城市休闲产业管理模式。当前我国休闲产业管理比较不规范，没有统一的管理机构、管理方案和管理目标，行业标准和质量控制体系不健全；政府部门缺乏战略思考和长远规划；社会条件支持系统尚未形成。

城市休闲产业管理，需要从政府到社会、从行业到企业、从组织到个人全方位参与，管理的主体主要是政府、休闲行业组织和休闲供给组织。

（一）城市政府对休闲产业的宏观管理工作

政府对城市休闲产业的管理是宏观的、战略性的，包括规划、协调、监督、服务、供应几个方面，采用经济、行政、政策法律、教育和科技等各种手段强化对休闲产业的宏观管理。对不同类型的休闲产品采取不同的管理方式，如在公共休闲项目设施建设管理方面，除了直接投资建设外，要制定相关政策鼓励、引导社会力量参与公共休闲项目设施的建设与管理。对于公益性和商业性休闲项目设施，主要是加强指导、协调、服务、监督工作。建立健全有利于行业发展的政策环境和制度环境，营造良好的社会休闲氛围，负责社会休闲教育普及工作。

【知识链接】

吴承忠在《国外休闲经济——发展与公共管理》一书中论述国外政府参与休闲服务领域管理的范围和内容。他认为这种来自政府的干预既涉及运动部门、户外、环境、遗产部门、社会活动领域、旅游部门，又涉及综合性领域。政府在休闲和旅游活动中的参与类型有：推广与供应、支持（立法、行政等）、规范与控制、禁止四大类型。

（二）休闲行业组织对城市休闲产业的协调管理

休闲行业组织是指为加强行业间及休闲行业内部的沟通与协作，促进休闲行业及行业内部各单位的发展而形成的各类组织。休闲行业组织通常是非官方组织，各成员采取自愿加入的原则，行业组织所制定的规章、制度和章程对于非会员单位有一定的约束力。休闲行业组织具有服务和管理两种职能。具体而言，行业组织的基本职能是：①作为行业代表，与政府机构或其他行业组织商谈有关事宜；②加强成员间的信息沟通，通过出版物等手段，定期发布行业发展的有关统计分析资料；③开展联合推销和市场开拓活动；④组织专业研讨会，为行业成员开办培训班和专业咨询服务；⑤制定成员共同遵循的经营标准、行规行约，并据此进行仲裁与调解；⑥对行业的经营管理和发展问题进行调查研究，并采取相应措施加以解决；⑦组织行业内部的不合理竞争。

（三）休闲供给组织在产业管理中的地位和作用

各类休闲供给组织在产业体系管理中出于重要地位，从产业构成角度看，它们是产业体系的"细胞"，从产业管理角度看，它们是"被管理者和管理者"双重的双重角色。产业体系管理的成效如何，虽然与政府、社会组织（外因）的职责与行动有很大关系，但根本的还是要休闲供给组织自身（内因）实行自觉的有效率的内部管理。除了追求自身的效益（特别是经济效益）外，更要有社会责任感。一方面加强自身建设，规范内部管理，遵守各项法律法规，建立起现代的企业制度或组织制度，尽量少犯错误，避免造成对社会的负面影响或成为社会的负担；另一方面，积极配合政府和行业组织搞好行业管理，自觉履行企业应该履行的社会责任。

当前，我国休闲产业管理之所以不规范、问题多多，除了政府管理不力外，根本原因是休闲企业、组织素质低下、管理松散、经营不当，给社会带来巨大的管理成本。休闲行业出现的许多消极现象、甚至丑恶现象，都与行业的"细胞"病变有关，例如美容美发场所的色情服务、娱乐场所的噪音扰民和淫秽表演、色情网站与不健康网吧的经营、旅游景区的"人满为患"、餐饮企业的食物中毒、娱乐和餐饮场所的火灾等行为时有发生，有些甚至屡禁不止。一些公共娱乐场所、公共休闲空间安全事故频频发生，与部分休闲企业或组织内部管理混乱有关。

第四节　乡村休闲产业管理

随着经济社会的发展，乡村休闲活动已成为人们回归自然、放松身心、感受自然、体验生活、进行休闲娱乐的主要方式之一。实践证明，大力发展乡村休闲产业不仅丰富了人们对休闲生活，而且带动了农村产业结构的调整，加速了农民脱贫致富，促进了农村经济的发展，在建设社会主义新农村中发挥着重要作用。乡村休闲产业是以乡村地域和乡村自然、人文景观为基础，农民为主要经营者和指导者，向休闲者提供食、住、行、游、购、娱等一系列乡村休闲产品，满足休闲者的需求而产生的各种现象和关系的总和。乡村休闲产业应以独具特色的乡村民俗民族文化为灵魂，以提高乡村休闲产品的特色和品位。

一、乡村休闲产业运行特点

（一）休闲资源的乡村性

"乡村性"是乡村休闲产业资源最本质的特征。主要表现为以下方面：①资源的自然性。自然山水、自然动植物、自然气候景观、良好的环境生态等是引发城市居民前来游览观光的重要因素。②资源的地域性。地域性特征不仅仅表现在自然风貌上，更表现在社会文化上。如陕北黄土高原特有的"窑洞"、"窗花"、"花儿"民歌；又如西南少数民族聚集的地方，其吊脚楼、干栏式建筑都是适应自然和环境的产物，还有耕作方式、节庆风俗都是特定地域上乡土文化长期积累的结果。③资源的季节性。乡村休闲资源春天万象更新，夏天瓜果飘香，秋天果实累累，冬天年味十足。乡村休闲资源开发时要注意与农事生产、农村生活紧密相关。乡村休闲资源的这些特征决定了休闲产业的"乡村"特色,在吸引市场休闲消费和产业管理方面具有不同于城市的规律和方式。

(二) 休闲活动的体验性

根据区域农业产业特色,休闲体验产品的开发模式多种多样,如园林乐、林家乐、果园乐、菜园乐、渔家乐等多种模式;产品活动内容包括了基础层面的观光游览活动,如乡村的田园风光观赏、农家园艺欣赏以及特色农业产业景观欣赏等,休闲者在乡村景观审美的过程中满足休闲需求;提升层面上可以组织农事参与活动,如开展推豆花、垂钓、摘鲜菜等活动,更可以下棋、品茗、聊天、会友;发展层次上开展农家节庆活动参与,乡村文化体验性的活动,休闲者在体验异质文化的过程中满足心理上的求新、求异与求奇,从而达到休闲的目的。

> **引例**
>
> 四川省成都市锦江区在城乡结合部的红砂、幸福、万福、驸马、江家堰、大安桥6个行政村,建设成了占地12平方公里的以"花香农居"、"幸福梅林"、"江家菜地"、"东篱菊园"、"荷塘月色"命名的"五朵金花"为品牌的观光休闲农业区。"花香农居":以建设中国花卉基地为重点,全方位深度开发符合观光产业的现代化农业,主办各种花卉艺术节,促进人流集聚。"荷塘月色":以现有水面为基础,大力发展水岸经济,建设融人、水、莲、蛙为一体的自然景观。"东篱菊园":依托丘陵地貌,构建菊文化村,引导游客养菊、赏菊、品菊,陶冶道德情操。"幸福梅林":用3000亩坡地培育20万株梅花,建设以梅花博物馆为主要景点的梅林风景。"江家菜地":把500余亩土地平整成0.1亩为一小块的菜地,以每块每年800元租给城市市民种植,丰富市民和儿童对发展绿色产业的兴趣。由于连片联户经营和"一村一景一业"创意新颖,打造出了各具特色、相互关联的观光休闲农业品牌。
>
> 资料来源:吴增慧. 成都催开新农村"五朵金花"[J]. 江苏农村经济,2008,(6).

(三) 经营者和消费者的特定性

乡村休闲产业以农民为经营主体,充分体现"观农村景、住农民屋、吃农家饭、干农事活、享农家乐"的民俗特色;乡村休闲的目标市场主要定位为城市居民,满足都市人享受田园风光、回归纯朴民俗的愿望。这就使得乡村休闲产业的管理比较有规律可循,便于规划、建设、组织、经营、协调与管理,不像城市休闲产业那么复杂多变,成本昂贵。

(四) 休闲者出游时间的随机性

休闲可以在日常的和非日常的任何时间空间进行,而旅游只是发生在非日常的空间里,尤其是旅游一定要以空间移动为前提。随着现代人休闲意识的增强以及对休闲需求品位的提高,更多的人愿意走出家门到户外进行休闲活动;同时,随着城乡互动发展和交通条件的改善,"农家乐"休闲旅游受到旅游者的青睐。农家乐休闲旅游的出游时间比较随机,不局限于中国特定的"黄金周"假期,更多的休闲者会选取风和日丽的周末携全家或与朋友同事出游,所选取的休闲目的地一般在1~2小时的车程,体现出农家乐休闲旅游出游时间上的随机性和休闲的自由性。

二、乡村休闲产业发展措施

（一）加强政府引导，促进乡村休闲产业规范化

我国乡村休闲产业大多还局限于低层次的"农家乐"，以吃农家饭为主，内容单一，模式生硬，管理落后，设施不完善。很多乡村的饮食卫生、住宿、道路、停车场地、公共厕所、垃圾处理、通讯设施都跟不上越来越多的休闲客人的需要。为此，需要加强政府引导，促进乡村休闲产业朝着集群化、集约化、规模化、规范化、现代化方向发展。同时，在水、电、道路、交通、管网、电信、标识、垃圾和污水处理等方面，促进城市公共基础服务设施向乡村延伸。

> **引例**
>
> 临安市新农村建设开始于 2003 年下半年，是与浙江省"千村示范、万村整治工程"相对应的村庄整治建设工作。它是一项以农村全面小康建设为目标，致力于村庄"布局合理、道路硬化、路灯亮化、卫生洁化、环境优化、家庭美化"的基础性工程建设。据统计新农村建设开展以来，临安共拆除旧房 63 万平方米，新增绿化面积 40.31 平方米，建造村级小公园 38 个，新增公共厕所 102 座，新增垃圾箱 1350 只，安装路灯 2200 盏，消灭露天粪坑 960 个，新建三格式无害化卫生厕所 8260 只，清理河道 61.03 公里。2003 年底临安市拥有"农家乐"床位不到 1000 张，通过两年的发展，已拥有"农家乐"床位达 4200 多张。目前临安市直接从事"农家乐"经营的农民达到了 2100 多人，涉及农户 420 余户，从业农户人均增收 3000 元左右，有效地促进了农村第三产业的发展。
>
> 资料来源：魏立斌，万华根. 新农村建设若干问题探析——以临安市为例 [J]. 浙江国土资源，2006，（5）.

（二）建立健全有效的管理体系

各级政府职能部门要明确责任，制订出相关管理办法，对乡村休闲的规划审批、经营管理、安全管理、环境卫生等方面进行规范与监督。这里着重强调的是环境卫生，环境卫生是乡村休闲活动的重要元素。目前，有不少乡村污水横流、垃圾遍地，因此，定期集中处理垃圾是非常必要的，而这没有政府的有效管理是不可能实现的。同时要制定行业标准，对从业人员进行专业培训，对其职业道德、身体健康、经营服务、服饰礼仪等方面按标准审核，发给合格者个人上岗证；对从业农户的经营条件、外部环境、卫生设施、服务质量等进行审核验收，合格者则发给"旅游接待许可证"，引导其逐步走向行业协会自律管理，促进乡村休闲产业规模化、行业化、规范化。

（三）资源方面，要挖掘地方资源，促进乡村休闲产业产品特色化

没有特色就没有品牌，没有品牌就没有竞争力。发展乡村休闲产业要挖掘凸显地方特色自然、特色农业、特色文化等资源，大力发展旅游休闲特色乡村、专业产业特色乡村、生态环保特色乡村、优质特产特色乡村、历史文化特色乡村。具体包括以下内容：①建设秀美的乡村风景。各乡村要根据各自的资源禀赋条件，建成一村一品。②打造独特的饮食文化。风味各异的饮食文化最能满足人们尝试不同民族、不同地区食品的需求。在进行乡村休闲饮食文化资源的深度开发时，应注重搜集饮食文化资源的文化背景、历史渊源、民

间传说等资料，让人们边听故事、边赏原料和烹饪工艺、边品尝美味佳肴，边享用风格迥异的餐具饮食方式，重视精神享受，提升乡村餐饮的文化内涵，保持乡村饮食的"自然本味"，彰显自然本色和突出地域特色。③加强休闲节目的开发和保护。应深入挖掘地方遗产，以返璞归真为主题文化，注重保留古旧的民居桥梁、楼台亭坊、匾额碑牌和古树奇石，以修旧如旧的原则进行整理。并附以开发利用民歌、渔歌、戏曲、杂耍等民间文化。同时要加强旅游节目的保护，对自己独具一格的旅游节目，应积极向有关部门申请注册，防止他人照搬、盗取，避免重复。

（四）休闲项目设计方面，要发展体验项目，促进乡村旅游休闲化

以人们尽情感受乡村的田园野趣为立足点，发展休闲体验项目。目前人们到乡村休闲放松，喜欢什么？有哪些可以延长游客逗留时间，增加消费的项目？这是发展乡村休闲产业必须深入思考的问题。在农村浓厚的乡土人情背景下，以农民生产生活为内容，让人们尽情感受乡村的田园野趣，体验农民的劳动，分享收获的喜悦，让人们真正得到身心的放松。同时，应注意新奇的、全身心的体验，满足人们体验差异性的要求，增加人们消费兴趣点。发展休闲体验项目，可以考虑设计、制作和销售主题鲜明的休闲娱乐项目，以关注人们的体验，注重与消费者沟通，触动其内在的情感为核心，从而增加休闲项目的附加价值。

（五）乡村休闲企业应有市场理念，建立起自己的营销系统

我国的乡村休闲企业在其运行过程中对市场的关注不够，没有明确自己的优势，也没有清楚了解市场的需求和变化。由于没有明确的产品特色和市场定位，不能有效地进行宣传促销，从而束缚了乡村休闲产业的发展。目前大多乡村休闲企业经营者宣传促销手段仍是发名片，以期熟人介绍，没有形成一套属于自己的销售系统，没有横向和纵向的网络体系，与媒体及当地或周边大城市的旅行社、旅游景区联系不密切，没有形成整体营销。为此：一是要加强与媒体合作。通过媒体搭建信息平台，强力推介旅游产品，特别是互联网；二是要加强与大的旅游景区合作。实行资源共享、线路互连、市场互动、客源互送，促进共同发展；三是要加强与旅行社合作。通过旅行社对旅游资源的整合、包装，对游客的推介、招揽。实现休闲目的地与旅行社双赢。此外，开展与研究机构合作，挖掘整理民俗文化遗产，提升文化品位，也很重要。

> 引例

"刘老根"品牌促进加盟店事业

福建省永定县招宝生态农庄"庄主"蓝招衍，从1990年养殖野鸡开始，经过10多年艰辛发展，建成了一个集野鸡、野猪、野兔等特种养殖、名优水果花卉种植、动物标本加工为一体的全国知名生态农庄。而这个善于经营的庄主，有着敏锐市场意识。在2003年电视剧《刘老根》在全国热播后，许多精明的商家都看到了刘老根这个名字背后的巨大商机，于是一场硝烟弥漫的"刘老根"商标抢注大战开始了。谁也没想到，蓝招衍这位普通农民企业家抢先一步，成为最终的赢家。在2003年春节假期过后上班的第一天，他就赶到国家工商总局，完成了"刘老根"休闲农庄的商标注册申请。一年以后，经过认定、公示等法定程序，国家工商总局正式核准"刘老根"休闲农庄的商标注册。对企业来说，商标

是企业的第一笔财富。知名商标无疑蕴含着无形的巨大商业利益。据专家估计如今这个"刘老根休闲农庄"的品牌价值已经达到了2000万元。当初花费2000元注册抢注的品牌，如今变成了2000万元的无形资产，这将有力推动"招宝刘老根休闲农庄"加盟事业快速发展。

资料来源：天涯.《刘老根》火了"农家乐"招宝农庄燃起全国加盟热［J］.今日财富，2006，（7）.

（六）人才引进理念的变更

乡村休闲产业在其发展过程中，遇到的最大问题，一是缺钱；二是缺人。我国有很多乡村旅游的开发都是在原有的农业基础上开始的，很多乡村旅游的经营者、管理者大多也是农民，他们的主要优势还是农业生产和农业经营上，对于旅游、休闲往往是一知半解，很多农业科技园在农业科技人员的聘请上愿意投入精力和财力，可是却不愿意聘用旅游人才来进行经营管理，这也制约了农业资源向休闲产品的进一步转化，不利于乡村休闲产业的深度发展。

知识链接

农村社区型景区休闲产业

农村社区型景区休闲产业，是选择和利用生态环境良好，山清水秀的农村村落，对其进行统一规划、整理、改造，使之成为一个完整的、新型的农村社区，具备比较现代的配套服务设施，能为城市居民提供休闲度假服务的农村社区。农村社区型景区休闲产业不同于传统的旅游业或娱乐业，它是通过将乡村传统农家乐式的休闲文化和传播现代科学知识等结合起来，创办出丰富多彩的"主题休闲"项目而演变成的一种新经济现象。

2005年，浙江临安西天目乡人民政府和临安市联众园林绿化有限公司共同对九思村进行统一规划，将该村建设成为一个"布局优化、道路硬化、路灯亮化、水体净化、卫生洁化、服务优化、住宅生态化、村庄园林化、农业产业化"的社会主义新农村。通过"政府搭平台、企业来运作"的经营模式，积极探索临安社会主义新农村建设新路径。

九思村的经营模式。①由联众园林公司与当地乡政府、村委会协商，并与愿意加入农村社区型景区休闲产业的农民签订协议，由公司出资，对当地农民的住房按新农村建设标准，在原址进行改建装修。改造建设后的住房产权仍归农民所有，一楼营业餐厅由农民经营；改造建设后的住房由农民任选二间作为生活用房，其余住房与公司签订30年转让使用合同，30年经营权归联众园林公司所有。通过科学规划和村庄整治，整理出部分土地，由公司进行生态农业开发，扩大村民就业渠道。②由联众园林公司下属乡村休闲俱乐部统一组织客源，来社区型景区观光休闲，享受田园风光和劳作。挖潜民俗文化，邀请民间艺人进行艺术交流，丰富农村休闲内涵。③由联众园林公司引进新型农产品品种，并进行推广；由公司统一负责销售渠道，体现科技扶农。④由联众园林公司建设相应的服务配套设施，如设置太阳能路灯，开展沟、池、小溪清理工作，新建人工生态湿地，建立污水处理设施；对原村庄道路进行油化改造或新建，改善通行条件；新建停车场、中心广场、生态公厕和公共绿地。⑤由联众园林公司对参加社区型景区的农户统一缴纳养老保险金和农村合作医疗费，并对现有老年人发给一定数额的养老金；新建村卫生医疗站，改善村卫生基础设施。另外，结合新型农村合作医疗制度，公司和村集体提供补助，让村民人人都享有医疗保障。⑥由联众园林公司组织参加社区型景区的农民到杭州总部进行免费职业技术培训，提高农民朋友服务技能。

资料来源：临安市发展和改革局课题组．发展社区型景区：新农村建设的临安经验［J］．浙江经济，2006，（21）．

三、乡村休闲产业管理对策

（一）健全法律规范

市场经济是法治经济，乡村休闲产业发展较好的国家都通过制定严格的法律法规来规范乡村休闲企业在运营、游客服务、接待设施设备、乡村内外部环境、安全和卫生等方面的行为。因此我国急需加强这方面的工作，一方面要借鉴国际乡村休闲产业的发展经验，另一方面要结合我国乡村休闲产业发展的实际情况和具体国情，制定一系列政策和法律法规，从各个方面指导乡村休闲产业的未来发展。

（二）资金扶持

乡村休闲产业的顺利发展必须充分调动乡村社区居民的积极性，很多国家都通过贷款、补贴和税收优惠等措施来实现这一目。在政府资金的扶持下，很多乡村社区居民积极发展家庭餐饮、乡村旅馆、观光休闲农场等休闲、旅游接待设施，拓宽农业经营的经济附加值，同时政府通过财政预算对乡村休闲目的地进行宣传促销。我国农村地区经济落后、产业发展不健全、居民生活水平低。因此，政府必须投入资金加强乡村地区基础设施的建设，加大对乡村旅游中小企业的扶持力度，扩大乡村休闲产业发展的宣传。

（三）人力资源的教育与培训

在乡村旅游的开发中，政府要对乡村休闲企业的经营者和当地社区居民进行教育和培训，目的有两个方面：一是加强他们的环境生态意识，保护当地的文化，同时要求采取积极措施避免乡村休闲开发中产生的负面影响；二是提高他们的经营理念和服务水平，促进乡村休闲的良好发展。我国的乡村休闲产业发展中存在生态破坏、居民道德下降、服务水平低下等问题，急需通过教育和培训对相关人员进行引导。

（四）规划管理

目前我国乡村休闲开发就大量存在缺乏规划、产品雷同、恶性竞争等现象，需要科学合理的乡村休闲规划来进行指导。政府要结合农业发展规划、农村城镇化规划、区域规划、城乡规划，以及我国当前建设社会主义新农村的背景，制定相应的农村地区旅游规划或是乡村休闲规划，对乡村休闲产业发展进行前瞻性的指导，乡村休闲产业朝着规范化、科学化、制度化方向发展。

（五）专项负责

乡村休闲资源受到农业、林业、水利、文物、建设、民族宗教等多个部门的管理，各个部门互相制约，会阻碍乡村休闲产业的快速发展。对于乡村休闲的开发，各国往往有一个专门的机构，比如法国的农业及旅游接待服务处、美国的农村旅游发展委员会等。对乡村休闲产业发展涉及的政策制定和管理权限、宣传促销等方方面面的问题进行协调和处理，建立合作机制，有力地推动了乡村休闲的发展。我国也可以借鉴发达国家的经验模式，成立乡村休闲产业的专项管理部门和政策法规，以提高管理效率。

知识链接

海外的农家乐

农家乐不仅我国有,早在19世纪60年代,西方便开始出现了乡村旅游,而真正意义上的大众化的乡村旅游,则起源于20世纪的西班牙。到了20世纪70年代后,乡村旅游在美国和加拿大等国家进入快速成长期。世界各国也流行。由于各国国情不同,农家乐也各有特色。

苏格兰农舍。苏格兰的农舍特点是小镇如画、旅馆如家。农家旅社是典型的苏格兰乡间农舍,宽大的庭院绿草如茵,每个房间都窗净被洁,温馨舒适。农舍外金灿灿的田野一望无际,草堆卷卷,牛羊绵绵,田园气息浓郁,女主人带着苏格兰人特有的淳朴和诚恳招待客人。

巴西农庄旅馆。里约热内卢附近别致的农庄旅馆比比皆是。风景秀丽的山区、森林茂密的自然保护区、视野开阔的海边,到处都有农场。农场中开设的旅馆,设施齐全,而且价格合理。对当地人而言,乡村旅游颇具吸引力,在农庄过一个惬意的周末是工作之余的最好享受。

日本农家民宿。日本农家民宿一般地处美丽大自然的环抱中,被单洁白,榻榻米、地板和窗户一尘不染,干净程度可以和五星级酒店媲美。民宿的饭菜质量很高,都是从海里刚捞上来的生猛海鲜。在民宿,可以穿着睡衣到处走,让人有一种回家的感觉。

澳大利亚牧场和美国农庄。澳大利亚牧场和美国农庄一般都属家族制经营管理,提供配套设施齐全的旅馆供游客留宿居住。每天都有许多满载外国游客的大巴奔向各个牧场和农庄。当瓜果成熟时,各家农庄就在报刊和电视上登广告,招揽游客前去度假。

资料来源:佚名.海外各国农家乐大观〔J〕.农民科技培训,2008,(7).

本章小结

休闲产业不像传统的产业划分那样,是纵向型产业,而是由不同产业横向地发生联系而构成的横向型产业。正因为休闲产业涉及行业的复杂性,所以国内外学者对于休闲产业的划分还没有共识。虽然我国休闲产业进入快速发展时期,但仍然存在的居民休闲意识单一,社会休闲供给不足的问题。本章在介绍休闲需求、休闲供给、休闲产业管理相关知识的基础上,对城市休闲产业的规划与管理、乡村休闲产业的管理进行了介绍。通过本章的学习,有助于加深读者对休闲经济系统运行、休闲产业系统规划、城市休闲产业和乡村休闲产业规划与管理方面的认识。

本章思考题

1. 名词解释
(1)休闲需求　休闲供给　休闲经济
(2)休闲产业
(3)城市休闲产业　乡村休闲产业
2. 简单答问

（1）简述休闲产业管理的内容。

（2）简述休闲产业管理的手段。

（3）简述城市休闲产业的管理。

（4）简述乡村休闲产业运行的特点。

3. 论述问答

（1）谈谈休闲经济系统的运行。

（2）谈谈休闲经济系统的规划。

（3）谈谈城市休闲产业的规划。

（4）谈谈乡村休闲产业的管理中政府的作用。

4. 材料分析题，阅读材料。

材料一：

目前，我国老龄问题越来越严峻，社会各界对老龄问题的探讨也越来越多。随着经济的发展，我国越来越多的老人走进了养老院，对养老院的要求也是越来越高。

据了解，目前我国各类传统的养老机构如福利院、敬老院等，大多功能单一、面积窄小、设施陈旧且缺少专业护理人员，只能停留在对老年人的照顾、抚养阶段，已经远远落后于时代的发展。改革开放后，出现的一些以营利为目的的养老机构，如老年公寓、老年疗养院等，又往往因机构规模小，功能单一，也陷入发展的瓶颈。建立一种符合中老年人生理与心理特点，具有完整养护功能与休闲体系的全新养老模式，已成为当务之急。

材料二：

在中国，大多数的老年人在职工作时，没有消费时间，更没有消费机会。退休后，这些老年人积累了极其庞大的消费能力和足够多的消遣时间。根据中国社科院老年研究所的测算数据，目前中国老年经济的潜力已经高达 1 万亿元人民币。这些具有消费能力和消遣时间，而且有愿望追求自己想要的生活方式的老年人，希望能有符合自己生理特点、心理特点，并集老年休闲、健康、学习与生活为一体的全新的养老模式的出现，即新型休闲养老产业模式。

材料三：

根据目前国情，我国老年人可细分为四类人群，即亚健康度假康复人群、中老年休闲养老人群、中老年度假养老人群、老年产业投资性人群。这四类细分人群有一个共性的需求是休闲、度假、养生。新型休闲养老产业是结合这四类细分人群的不同特点和共性需求。

材料四：

目前，新型休闲养老产业模式开始萌芽。以永泉农庄为代表的一些民营企业，正在打造一种集休闲、度假、养老为一体的新型休闲养老产业模式。

但是也有很多企业认为养老产业投入大风险高，资金回收周期长且回报低，管理又比较复杂，于是采取了观望态度。

问题：

（1）根据上述四则材料，你是否看好中国的新型休闲养老产业？为什么？

（2）这种新型休闲养老产业如果要想运作成功，需要哪些条件？

（3）政府在这种新型休闲养老产业的发展方面应该做哪些工作？

本章延伸阅读

［1］杰弗瑞·戈比. 21世纪的休闲与休闲服务［M］. 张春波,等译. 昆明: 云南人民出版社, 2000.

［2］约翰·特莱伯. 休闲经济与案例分析［M］. 李文峰,编译. 沈阳: 辽宁科学技术出版社, 2007.

［3］马惠娣. 走向人文关怀的休闲经济［M］. 北京: 中国经济出版社, 2004.

［4］卿前龙,刘祚祥. 国民经济"闲化"趋势与休闲产业"软化"趋势［J］. 哈尔滨工业大学学报: 社科版, 2007, 9 (5).

［5］Joseph Pine Ⅱ B, Gilmore J H, 著. 体验经济［M］. 夏业良, 译. 北京: 机械工业出版社, 2002.

［6］王寿春. 城市休闲经济的规模与产业结构构建研究［J］. 财经论丛, 2005, (3).

［7］周雪晴. 论休闲经济中的消费特点及其需求管理策略［J］. 广西教育学院学报, 2001. (04).

第八章　休闲服务质量管理

本章导读

为休闲而进行的各类生产活动和服务活动正在成为现代社会经济繁荣的重要因素。理解休闲服务、休闲服务质量的内涵，了解并运用休闲服务质量管理的内容和方法是休闲企业经营管理研究的重要内容。

本章对休闲服务、休闲服务质量以及休闲服务质量管理的分析和探讨均建立于现有的服务质量与服务管理的理论及实践研究的基础之上。学习本章内容需要厘清休闲服务与其他类型服务的区别与联系，认识到休闲服务是众多服务产品中的一种类型，既有一般服务产品的共性，也有基于休闲产品特殊性而形成的自身特性。

休闲服务质量管理的基础是对休闲服务本质的把握。获得积极的消费体验是顾客购买休闲服务产品的动机及期望，体验是休闲服务的显著特性，管理体验也是休闲服务质量管理的核心。休闲服务质量的特殊性使得休闲服务质量管理成为一个复杂的系统工程。本章将主要介绍休闲服务设计、休闲服务质量的度量以及休闲服务的质量管理体系。

第一节　休闲服务

一、休闲服务的含义

目前，学术界对休闲服务还没有一个明确而统一的定义。一方面是因为服务作为一种"看不见、摸不着"的经济活动，难以为人感知；另一方面是因为人们的休闲行为非常复杂，休闲行业范围广泛，难以进行全面的概括。

要了解休闲服务的含义，首先需要了解什么是服务。有关服务概念研究最早是从经济学领域开始的，并且最早可追溯到亚当·斯密的时代。经济学中对服务有一种排他性的定义，即：凡不能算作农业或工业部门的就是服务。在经济学中，曾经认为非实物性是服务最本质的特性。但随着技术的发展，尤其是各种信息产品的出现使人们逐渐改变了看法。市场营销学界对服务概念研究大致是从 20 世纪五六十年代开始的。区别于经济学界的研究，市场营销学者以把服务作为一种产品为基础而进行研究。西方市场营销专家从不同的角度为服务下了许多定义，表 8－1 列出了国外一些有代表性的学者或组织对服务所做的定义。

表8－1　国外部分学者或组织对服务的定义

美国市场营销学会 AMA（1960）	用于出售或者是同产品连在一起进行出售的活动、利益和满足感
雷根（Reingen P. H.，1963）	直接提供满足（交通、住房）或者与有形商品一起提供满足的不可感知的活动
斯坦顿（Stanton，1974）	可被独立识别的不可感知的活动，是一种特殊的、无形的活动，它向顾客或工业用户提供所需的满足感，它与其他产品销售或其他服务并无必然联系

续表

莱赫蒂恩（Lehitnen, 1983）	服务是与某个中介人或机器设备相互作用并为消费者提供满足的一种或一系列活动
格罗鲁斯（Grönroos, 1990）	服务一般是以无形的方式，在顾客与服务职员、有形资源产品或服务系统之间发生的，可以解决顾客问题的一种或一系列行为，在过程中解决消费者的有关问题
菲利普·科特勒（Philip Kotler, 1994）	一项服务是一方能够向另一方提供的任何一项活动和利益，它本质上是无形的，并且不产生对任何东西的所有权问题，它的产生可能与实际产品有关，也可能无关
美国市场营销学会 AMA（1997）	可被区分界定，主要为不可感知，却可以使欲望得到满足的活动，而这种活动并不需要与其他产品或服务的出售联系在一起，生产服务时可能会或者不会需要利用实物，而且即使需要借助某些实物协助生产服务，这些实物的所有权将不涉及转移的问题
佩恩（1997）	服务是一种由一些无形的因素结合而成的行为，它是和消费者或他们的财产相联系发生作用，但不发生财产所有权转移的行为。在不同的情况下，服务产品可能和物质生产相联系，也可能不和物质的生产相联系
G. 佩里切利（1999）	服务产品是各种因素组合的结果，可以分为以可触知的内容为主的有形产品和以不可触知内容为主的无形产品即服务，对服务的定义不仅要进行抽象的描述，还要引入由几种要素构成的系统"服务包"

资料来源：章海荣. 旅游业服务营销［M］. 云南大学出版社, 2001：21, 112；蔺雷, 吴贵生. 服务创新［M］. 清华大学出版社, 2003：37. 转引自：杨坤, 张金成. 服务业的质量管理——基于开放的生产体系［M］. 南开大学出版社, 2006：35.

国际标准化组织（ISO）也对服务作出了定义。在 GB/T19000—2000 idt ISO 9000:2000《服务管理和质量保证术语》中对服务是这样定义的：服务是在供方和顾客接触面上需要完成的至少一项活动的结果，并且通常是无形的。服务的提供可涉及：在顾客提供的有形产品（如维修的汽车）上所完成的活动；在顾客提供的无形产品（如对退税准备所需的收入声明）上所完成的活动；无形产品的交付（如知识的传授）；为顾客创造氛围（如在宾馆和饭店）。

这些定义一方面指出了服务与产品的区别与联系，认为服务是一种行为和过程，是无形的，服务可能与有形的产品联系在一起，也可能不产生任何联系；另一方面强调服务必须提供一种利益和满足感。

休闲服务也是和休闲产品联系在一起的，人们在休闲消费时既要消费服务产品，又要消费实物产品。事实上，在实践中很难将两者明确地区分开来。例如，大多数健身中心都会配备专职健身教练，因为人们不仅需要齐全的设备和器材锻炼身体、改善形体，还需要精心营造的运动氛围、训练有素的员工提供的服务、健身教练的专业指导，以及顾客间的相互交流，以放松精神、提高健身技能、结交同道朋友、丰富生活。健身中心提供的服务（运动氛围、员工的关心、教练的指导）是在消费者健身的过程中进行的，它同时需要借助有形的产品（各种健身器材和设备），在与顾客接触（和交流）的过程中完成。可见，人们休闲消费的对象是一个无形服务和有形产品构成的统一整体。因此，休闲服务是由各种休闲供给部门为休闲消费者正在进行的休闲消费活动提供的各种利益，是建立于有形产品基础上的一个完整体系；休闲服务是众多服务产品的一种类型，既有一般服务产品的共性，也有基于休闲产品特殊性而形成的自身特性。旅游与休闲服务概念包含顾客需求的各种特点、与核心产品或活动相关的收益，以及旅游业等产业的增值产品或额外服务，它也可以定义为企业的经营项目是什么，如何促销和组织生产。[①]

需要指出的是，人们的休闲需求总是处于不断变化的过程中，休闲服务的范围将越来越宽广，新的服务项目也会不断涌现，对休闲服务进行完整而准确的概括和定义是非常困难的。

二、休闲服务的特点

尽管人们对服务的定义多种多样，但关于服务的特点，目前国内外的研究者们都有了基本的共识，主要有无形性、不可储存性、品质差异性和生产与消费的同时性四大特点（图 8-1），其中无形性是服务与实物产品最主要的区别。作为服务的一种类型，休闲服务也具备这些特性。这些特性是进行服务质量管理的基础依据。

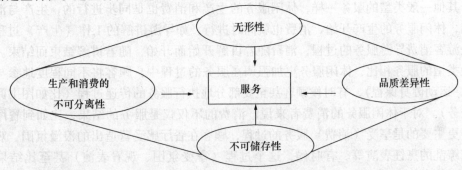

图 8-1　服务特性示意图

资料来源：蔺雷，吴贵生. 服务创新［M］. 清华大学出版社，2003：48.

休闲服务也具有区别于一般服务产品的特性。主要表现在以下几个方面。

（一）休闲服务提供给消费者的利益是满足精神需求

世贸组织统计和信息系统局按照一般国家标准（GNS）将全部服务活动划分为 12 个部门、155 个分部门（表 8-2）。

表 8-2　世贸组织对服务业的分类

商务服务	专业服务（法律、会计税收、医疗等服务）、计算机及相关服务、研发服务、不动产服务、其他职业服务（广告服务、咨询服务、技术检测服务等）
通讯或电讯服务	电信服务、广播视听服务
建筑及有关工程服务	设计、选址、施工等整套服务
销售服务	佣金代理服务、零售、批发和特许经营
教育服务	中等教育、高等教育和成人教育
金融服务	银行、保险和其他金融活动服务
健康与社会服务	医院服务和社会服务
娱乐、文化和体育服务	新闻社、图书馆、博物馆、文艺活动、体育活动等
旅游服务	旅游饭店、景区导游等
运输服务	海运服务、内河运输服务、航空运输服务、航天运输服务、铁路运输服务、公路运输服务、管道运输服务、运输辅助服务等
环境服务	

资料来源：作者据相关资料整理。

---

① Christine Williams, John Buswell. 旅游与休闲业服务质量管理［M］. 戴斌，依绍华，译. 天津：南开大学出版社，2004：173.

菲利普·科特勒（Philip Kotler）指出："一项服务是一方能够向另一方提供的任何一项活动和利益。"可以看到，在上表的服务分类中，有很多如商务服务、运输服务、通讯服务等，提供给人们的"利益"是满足人们生活的基本需要，是辅助性的。而休闲服务，如广播视听服务，娱乐、文化、体育服务和旅游服务，更多的是满足人们精神的需要，提供给消费者的"利益"则是使消费者得到精神上的愉悦和满足，是马斯洛需求层次论中较高层次的需求。一些积极的休闲活动，例如挑战自我的极限运动，给人们提供了非常好的探寻、表现和理解自我的机会。

（二）顾客是休闲服务的协同生产者

与其他一般类型的服务一样，休闲服务的生产和消费也是同步进行的，生产与消费不可分离，休闲服务的生产开始，消费也就同时进行，如导游讲解的工作（生产）过程，同时就是游客消费导游服务的过程，消费随着讲解开始而开始，随着讲解结束而结束。与其他一般类型的服务相比，休闲服务更加强调在服务的过程中，顾客将不同程度地参与其中（比如，运动健身课程），有时候顾客甚至要部分地执行服务的传递过程（比如图书阅览的自助服务）。对于休闲服务的消费者来说，消费的不仅仅是服务的结果，比如到餐厅饱餐一顿，更主要的是享受（消费）服务的过程，顾客在餐厅感受营造出的浪漫氛围、观看厨师眼花缭乱的烹饪表演等。有时候，这个过程（享受氛围、观看表演）甚至比结果（吃饱）更重要，更影响顾客对服务质量的评价。某种程度上，顾客是休闲服务的协同生产者，顾客积极主动参与其中，在与服务提供者的互动中共同完成服务生产和传递的过程。

（三）体验是休闲服务的显著特性

李仲广、卢昌崇（2001）认为，休闲是一个需要时间的过程。休闲作为过程而进行、运动和变化，它不是事先设好的一套要实施的计划，不是作为客观的事物摆在人们面前、由人去"内化"的外在的东西，不是静态的有待人们去接收的"材料"，而是一个展开的过程，是人们获得体验的历程。在休闲中，目标本身引起了人们的参与和投入；在过程中，休闲本身意味着人们的体验与休闲之间的交互作用，休闲应该成为一个情感体验的过程。实际上，我们日常的休闲活动，比如去健身俱乐部健身，和朋友一起到看电影，与家人共享周末晚餐等等，都包含着情感的因素。正是体验洋溢的情感，说明了休闲服务的吸引力，也增加了休闲服务质量控制的难度。

（四）休闲服务的投资品性质

马惠娣（1998）认为，"休闲是人的生命状态的一种形式，一般意义上是指两个方面：一是消除体力上的疲劳，二是获得精神上的慰藉"，"休闲是以欣然之态做心爱之事"。可见，休闲与人的全面发展密切相关，也与实现人的自我价值和"心灵的永恒性"密切相关。休闲不仅仅是为了寻求快乐，同时也是寻找生命的价值与意义。人们在休闲活动中获得身心的全面发展。卿前龙（2007）从贝克尔的人力资本理论受到启发，认为休闲服务在一定程度上具有与教育服务同样的特性，具有投资品的性质。消费者所消费的休闲服务不但能够获得当前的效用，还能够给消费者以未来的回报：促进身心发展、提高智力水平和健康水平，提高对外界刺激的敏感性和身心协调能力，最终提高劳动生产率，导致市场上更大的产出。这其中的逻辑关系如下：休闲服务消费—增进身心健康—提高人力资本水平—提高劳动生产率—产出增加—收入增加—生活水平提高—休闲服务消费再增加。休闲消费具有人力资本积累的作用，既是当前消费，也是一种人力资本投资，和接受教育一样具有人力资本积累的性质。

田园交响——台湾休闲农业之南投"绿屋"

"绿屋"是一家以青蛙为主题的民宿（家庭旅馆），位于南投县埔里镇著名的桃米小区。不大的院落草木葱茏，房屋饶富情趣，到处可见真真假假的青蛙，充满大自然的动态与静谧之美。绿屋最吸引人的是主人为纪念其父亲而建的凉亭"金刚亭"，其构筑材料全来自"9.21"地震的损坏物品，如供桌、神明桌、谷仓板、门板等，深具纪念意义。

最初，绿屋只有两座搭建于香楠木上的树屋供游客住宿，是主人亲手搭建的。树屋里使用采光玻璃，每天清晨可从屋内观赏到园区里的白头翁、绿绣眼、五色鸟等鸟类，体验自然的生态之美。天气晴朗的埔里黄昏，有时天空会出现蓝光，将绿屋点缀得出奇的美。绿屋的夜晚同样丰富、热闹，园区的生态池可让物种栖息、躲藏、及繁殖，每逢春、夏两季便有6种青蛙在此栖息，游客可就近观察，通过专业考试成为生态解说员的主人将会提供详尽的生态知识。绿屋的夜晚还有遍布草丛间的萤火虫穿梭着，犹如满地的闪亮星光，更是不能错过的美景。绿屋的另一栋建筑从造型设计到施工，全由桃米小区民众共同加入完成。整栋建筑物采用环保材料，为了更贴近大自然，外表颜色漆上绿妆，更特别的是每间房间均以青蛙的名称来命名，让游客从生活起居便与大自然同步。在绿屋的吃也别具当地特色风味，各种菇类、牧草、甘蔗笋、麻竹笋，以及只有桃米小区才有的青蛙粿与蜻蜓粿，游客还可以自己动手DIY制作具有特色的粿。

资料来源：绿屋民宿 自然之美. www. trend. org/hostel/hostel/a015/a. htm.

三、休闲服务业

休闲是人类在自由支配时间内主体自由选择之普遍活动方式，用于满足基本生活需求之外的发展需求。许峰（2001）将满足当地居民基本需求满足之外其他生活需求的部门都视为休闲服务业，认为休闲服务业的界定可以是以经济活动的主体特性为划分依据，而旅游城市休闲服务业由于最大化地满足消费者（旅游者与居民）闲暇时间内基本生活条件之外的需求，其构成为第三产业的绝大部分，并涵盖了工农业中少数服务于人类主体休闲需求的企业或部门，如观光农业、陶艺作坊等。本书按照行业范围和行业层次对休闲行业进行分类（详见本书表2-1及表2-2），认为狭义休闲业和休闲第三产业都可以纳入休闲服务业的范畴（表8-3），其中狭义休闲业包括核心休闲行业以及休闲延伸行业。

表8-3 休闲服务业结构

狭义休闲业	休闲第三产业
核心休闲行业：	1. 农业（渔业/林业/牧业/副业）旅游
旅游休闲业	农业（渔业/林业/牧业/副业）休闲
体育健身业	2. 工业旅游/工业休闲
保健疗养业	3. 休闲商业，购物旅游/购物休闲
文化休闲业	4. 旅游/休闲房地产（旅游/休闲物业）

续表

狭义休闲业	休闲第三产业
娱乐休闲业	5. 旅游接待业
休闲延伸行业：	6. 体育健身业
观光农业/休闲农业	7. 保健疗养业
工业旅游/工业休闲	8. 文化休闲业
休闲商业/旅游购物业	9. 娱乐休闲业
旅游物业/休闲物业	

发达国家旅游城市休闲服务业的构成主要包括营利性组织、非营利性组织和公益事业三类部门体系（表8-4）。美国是的休闲服务业市场化运作为主，营利性服务机构组织承担美国95%的休闲服务项目。在英国，与营利性商业部门组织和公益性部门相比，非营利机构扮演较为重要的角色，英国全国在休闲领域里估计有超过200个全国性的非营利机构，地方性组织的数量就更多。托克尔岑将商业部门的休闲供给分为五个类别，包括围绕家庭的娱乐活动、社会型的娱乐、娱乐与艺术、运动和康体娱乐以及旅游、度假和非正式的娱乐①。M. 丘博和H. 丘博将商业性娱乐机构分为购物场所、餐饮服务、大众休闲场所等12个类型（详见本书表2-1）。乔治·托克森（1992）将英国地方政府直接在休闲和游憩领域的供应归纳总结后发现主要体现在10个方面：户外运动和游憩，室内运动和游憩，非正式游憩（主要是户外），乡村游憩，文化游憩，教育与休闲有关的游憩，图书馆服务，旅游、保护与遗产，娱乐、饮食业和会议，住宿、社区和社会服务。这10个大类还包含总共47个小类，这些供应既包括了休闲和游憩设施，又包括了休闲服务②。

表8-4 国外休闲服务业结构的主要分类

公益性组织	营利性组织	非营利性组织
剧院及电影院、宾馆饭店	体育健身中心场所	环境保护机构
饭馆、咖啡馆、酒吧	图书馆、博物馆	社区活动场所
舞厅及夜总会	艺术中心及美术馆	娱乐策划组织
旅行社及旅游公司	观光景点	文化组织
航空公司及代理	旅游信息中心	俱乐部及协会
旅游吸引物	社区中心	
健身俱乐部及工作室	公园体育场所及游戏地	
综合购物娱乐中心	游泳池	
运输公司	其他特殊设施	

资料来源：许峰. 旅游城市休闲服务业协调发展研究［J］. 旅游学刊, 2001, 16 (5)：70-74.

① 克里斯·布尔, 等. 休闲研究引论［M］. 田里, 董建新, 等译. 昆明：云南大学出版社, 2006：199.
② 吴承忠. 国外休闲经济——发展与公共管理［M］. 北京：人民出版社, 2008：146.

第二节　休闲服务质量

一、质量——服务的核心

（一）质量管理的发展史

随着经济、科学技术和管理实践的发展，质量最终将会为企业赢得竞争优势并为消费者所认可，已经成为深入人心的经营理念，质量管理理论也成为世界各地企业接受的指导战略。一般认为质量管理的发展主要经历了三个主要的历史阶段。

质量检验控制阶段。这一阶段的指导思想源于 1911 年美国工程师泰勒出版的《科学管理原理》。进行质量控制最初的目的是为了确保企业内部不同部门所生产的零部件规格一致，以便可以互换使用。一般的做法是工程师设计产品，制造部门生产产品，质检人员在产品下线后检测，挑出的次品由制造部门加以解决。这种事后进行的管理，在发现问题的时候，损失已经发生了。

统计质量控制（statistical quality control，SQC）阶段。受雇于贝尔实验室的物理学家休哈特（Walter Shewhart）发明了过程控制（process control），使用质量控制图（control chart）和"计划—实施—检测—修正循环过程（the Plan – Do – Check – Act cycle）"来不断提高产品质量。这个方法使人们将质量控制的重点前移到对生产过程的控制和管理。第二次世界大战期间，休哈特的过程控制和戴明（W. E. Deming）的统计抽样检测方法结合起来使用，形成了广为人知的统计过程控制（statistical process control）。这个时期服务质量管理还不是质量管理的主要内容。

全面质量管理（TQC/TQM）阶段。第二次世界大战后随着大规模产品生产和复杂的系统工程在安全性、可靠性等方面的要求不断提高，人们逐渐意思到应该把质量作为一个统一的有机体进行综合分析和研究。费根鲍姆（A. V. Feigenhaum）在朱兰（J. M. Juran）《质量控制手册》关于质量控制理论的基础上迈进了一步，提出了"全面质量控制"的概念，该理论支撑起了整个质量管理学说的框架。以"全体、全面、全过程"为特点的新的质量管理思想，逐步取代了以往质量管理的思路，并在许多国家得到运用。在日本被称为全公司的质量控制（CWQC）或一贯质量管理（新日本制铁公司），在加拿大总结制定为世纪质量大纲标准（即 CSAZ299），在英国总结为三级质量保证体系标准（即 BS5750）等。1987 年，国际标准化组织（ISO）在总结各国全面质量管理经验的基础上，制定了ISO9000《质量管理和质量保证》系列标准。

（二）质量的定义

不同的专家对质量有许多不同的定义，诸如适合使用、符合要求、不必改动的等等，有些专家还将质量区分为适应质量、性能质量、功能质量等以对质量做出理解。美国质量学会所下的定义：质量是一个产品或服务的特色和品质的总和，这些品质特色将影响产品去满足各种明显的或隐含的需要的能力[①]。显然，这是一个以顾客为导向的定义。朱兰

---

① 菲利普·科特勒. 营销管理［M］.10 版. 北京：中国人民大学出版社，2001.

（J. M. Juran）提出了较为宽泛的质量概念，即"适合使用"，认为在"质量"这个词的诸多含义中，有两个对质量来说是最重要的：①质量意味着能够满足顾客的需要从而使顾客满意的那些产品特性；②质量意味着免于不良——没有那些需要重复工作（返工）或会导致现场失效、顾客不满、顾客投诉等差错①。费根鲍姆（A. V. Feigenhaum）给质量做的定义是：完全混合产品和服务特性的营销、设计、制作和维护，在此过程中使用的产品和服务可以用来满足顾客的预期。他将有形（装饰、员工制服等）和无形服务区分开来，认为服务部门"在很大程度上取决于员工的技能、态度和培训"，这样，承认顾客与员工之间的相互作用的重要性就成为旅游与休闲服务质量管理的基础②。

对于质量的定义如此之多，在实践中究竟取哪一种呢？汪纯孝（2001）认为，虽然在企业管理文献中，有许多质量定义，但符合规格和符合期望是使用最广泛的两类。前者源于在 18 世纪末和 19 世纪初，大规模市场要求按规格生产通用零件和组装标准化产品，对生产率和成本要求很高，因此，那时候要强调符合规格；而后者更适合于当前新的形势③。就本书所研究的休闲服务业而言，"符合规格"与"符合期望"均应该作为衡量其质量的标准，因为休闲服务是一项同时涉及有形的产品与无形的服务，向顾客传递价值和利益的活动。

二、服务质量

（一）服务质量的定义

相对于实物产品的质量来说，服务质量是一个很难界定的概念，迄今为止，学术界对服务质量仍没有形成一个一致的定义。

质量及质量管理的理论和概念是从制造业逐渐渗透到服务业中的。在 20 世纪 80 年代，质量管理研究开始运用于服务部门。这项研究形成了两个独立的学派：北欧学派，这一学派的主要学者是格罗鲁斯（Grönroos）和古梅松（Gummesson）；另一个学派是北美学派，主要的研究者是蔡特哈姆尔（Zeithaml）、帕罗苏洛曼（Parasuraman）和贝瑞（Berry）。两派均来自市场营销背景，他们主要区别之一就在于对营销的定义不同。美国营销学会把营销定义为 4P（人、地点、定位和促销），其中默认了不属于营销的方面。北欧学派对服务营销采取整体性观点，即在建立客户关系的基础上采用整体方法。两个学派都认为了解顾客的需求是非常重要的，企业在制定决策时要考虑顾客需求方面的信息。两大学派争论的主要焦点在于是否需要用定量或者定性的方式来搜集顾客需求和顾客满意度方面的信息。目前大多数研究都指向使用补充方法论的优势，这将缩小管理服务质量方面北欧学派和北美学派在方法论上存在的主要区别④。表 8 – 5 对两大学派进行了比较分析。

① 约瑟夫·M. 朱兰，布兰顿·戈弗雷. 朱兰质量手册［M］. 北京：中国人民大学出版社，2003.

② Christine Williams, John Buswell. 旅游与休闲业服务质量管理［M］. 戴斌，依绍华，译. 天津：南开大学出版社，2004：77.

③ 汪纯孝，等. 服务性企业整体质量管理［M］. 广州：中山大学出版社，2001：14.

④ Christine Williams, John Buswell. 旅游与休闲业服务质量管理［M］. 戴斌，依绍华，译. 天津：南开大学出版社，2004：86，104.

表 8-5 服务质量的北欧学派和北美学派的比较分析

	北欧学派	北美学派
质量的整体方法	√	√
顾客导向型方法	√	√
质量的决定因素	4 或 6	5
质量的定量测量	×	√
顾客感知的测量 – 顾客预期 = 顾客满意度（= 服务质量）	√	√
顾客难以判断服务质量	√	√
在判断中企业形象很重要	√	√
过程质量	√	√
结果质量	√	√
团队合作的重要性	√	√
真实时刻的重要性	√	√
授权于一线员工	√	√
服务标准化	×	√
作为利益战略的质量	√	√
仅以服务部门为导向	×	√
关系营销	√	√

资料来源：Christine Williams, John Buswell. 旅游与休闲业服务质量管理［M］. 戴斌，依绍华，译. 天津：南开大学出版社，2004：103.

目前大多数服务质量研究都完全跳出了有形产品质量的概念模式，大都从服务接受者对质量的理解和感受以及服务为接受者提供的价值这两个角度进行研究，这对休闲业来说也是有效的。实际上，服务质量是对某种服务消费需求满足程度（获得的满意度）的衡量，总体而言，服务质量是一个主观的范畴，它取决于顾客对服务质量的预期（即期望的服务质量）同其实际体验到的服务质量水平的差距，而顾客所体验到的服务质量水平又会受到诸如与员工建立的关系、消费环境、社会文化以及顾客本身的因素（如经济收入水平）等因素的影响。一般情况下，如果顾客体验到的服务质量水平高于或等于顾客预期的服务质量水平，则顾客会获得较高的满意度，从而认为企业具有较高的服务质量，反之，则会认为企业的服务质量水平较低。但是，顾客可能认为企业所提供的服务质量是"好的"，但却并没有从享受服务的过程中得到满意。克朗普顿和麦凯提出了一个理论假设：顾客满意和服务质量属于不同的概念。满意是从享受服务的过程中产生的一个心理上的结果，而服务质量仅仅涉及对服务本身的特性的判断。

（二）服务质量管理模式

对服务质量管理模式的研究取得的共识，大体可以分成以下三种。[①]

---

① 章海荣. 旅游业服务营销［M］. 昆明：云南大学出版社，2001：241.

1. 产品生产模式

这种模式注重于服务产品的标准化生产，典型代表就是莱维特（Levitt）在20世纪70年代提出的"服务工业化"。他认为服务企业提高服务质量的根本出路在于引进流水作业法，进行合理分工，使用现代化设备和精心设计的服务操作体系，取代劳力密集型的服务工作，实现大规模生产，从根本上提高劳动生产率和服务质量。持这种观点的学者通常都将某种服务的质量看作有形属性和技术属性的质量，因此建议采用生产管理模式。在其研究服务质量管理的方法中，顾客并不是主要的。到了20世纪80年代，标准化的服务传递更多地采取以顾客为中心的方法，并得到了发展蓝图及引进信息技术的支持和帮助。蓝图是由肖斯坦克（G. L. Shostack）在简化服务管理系统时引进的一种制作流程图的方法，可以将服务设计为以时间为次序的系统流程。

2. 消费者满意程度模式

顾客满意度（Customer Satisfaction）的概念最早源自于日本企业提出的顾客满意战略。从个人层面上讲，它是指对某项产品或服务的消费经验的情感反映状态；从企业层面上讲，它是企业用以评价和增强企业绩效，以顾客为导向的一种指标，代表了企业经营质量。这种模式重视了过程质量和顾客的主观感受，并且认同这种感受与消费者的个性、服务时间和场合等因素有关，同时，质量属性与顾客感觉中的服务质量并不存在简单的、机械的对应关系。差距分析模型（SERVQUAL）就是分析顾客预期的质量和顾客感知的质量间的差距的模型，经蔡特哈姆尔等人加以发展以后，也用于检查质量以及顾客和员工对服务的评估。

3. 相互交往模式

这种模式认为，面对面交往式的服务受以下因素的影响：服务程序、服务内容、双方特点、企业特点和社会特点，以及环境的制约等。服务质量是上述各种因素共同作用的结果，管理人员无法通过预先确定的标准进行质量管理，必须通过优化组合，间接来提高服务质量。美国波士顿大学的克劳斯（Klaus）认为，面对面服务质量是由协调、完成任务、满意三个层次组成的。协调指双方的理解性行为和情感交流，然后各自完成自己的任务，最后再根据自己的期望评估各自的满意程度。

也有另一种观点认为服务质量管理主要与服务生产的运作方式有关，也分成三种模式：生产线方式、自主服务方式以及个体维护方式①。限于篇幅，此处不一一赘述。

三、休闲服务质量的内涵

理解休闲服务质量的内涵，首先需要充分了解休闲产品的本质。正如休闲产业本身是一个非常宽泛的领域一样，休闲产品也很难进行明确的分类。根据科特勒的定义：一项产品可以是能够对一个市场提供吸引、获取、使用或消费，并满足某一种欲望和需求的任何事物。他认为产品包含三个层次：核心产品、实体产品和附加产品。对休闲产品而言，这三个层次间的区别不是那么明显。如果消费对象是在电影院里看电影，在体育馆打羽毛球

---

① 杨坤，张金成. 服务业的质量管理——基于开放的生产体系［M］. 天津：南开大学出版社，2006：47～48.

或是在城市公园散步，那么看电影、打羽毛球、散步这些活动可以视为核心产品。如果消费对象是包价旅行，那么相对于实体产品（班机的座位、酒店的住房等），导游的专业技能及服务态度等几乎就是核心产品，显得更加重要。对某些休闲服务组织而言，附加的产品可能比核心产品带来更多的收益。如旅行社会通过租车、外币兑换、导游书籍和信用卡服务等增加包价旅游的核心产品价值。

如何管理休闲经营活动以及如何向顾客传递服务是休闲产品的一个重要因素。在某些环境中，服务本身是休闲消费的过程（如按摩、SPA 医疗保健服务），而在另外一些环境中，服务被视为购买的主要因素（如游泳训练班承诺"3 周包会"）。休闲产品本质上是一个包括活动、环境或背景、服务过程或服务传递系统以及创造并影响整个消费体验的概念（图 8 – 2）。

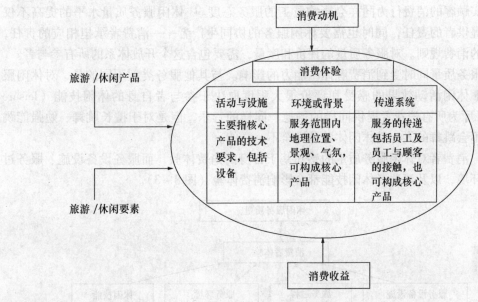

图 8 – 2　休闲产品的本质

资料来源：Christine Williams，John Buswell. 旅游与休闲业服务质量管理［M］. 戴斌，依绍华，译. 天津：南开大学出版社，2004：26.

通过对休闲产品的本质分析，可以发现休闲服务的质量应该包含以下几个方面内涵：

顾客对休闲服务质量的评价主要依据是自身的体验。消费体验既是消费者消费休闲产品的动机，也是消费者希望能够获得的收益。莫斯克洛普和斯托尔斯给休闲服务质量下了一个定义："旅游与休闲中的服务质量就是一种你知道自己已经度过了一段美好时光的体验。"

休闲消费过程混合了对实体产品（各种设备设施、活动及环境、气氛等）的消耗、使用、享受，以及对服务过程的体验。对休闲服务质量的判断是一个综合性的评价：既包含有形实物产品质量，也包含无形服务和服务传递过程的质量。实物产品的质量可以进行确定的量化管理，并通过技术水平的持续改进和创新不断提高。无形的服务及服务传递过程的质量具有不确定性，需要多种服务管理工具与方法进行控制和改善。

休闲服务质量受到服务传递过程"真实瞬间"的数量和形式的影响。"真实瞬间"是服务提供者与顾客进行面对面接触的时刻，也叫"关键时刻"，指的是只有在特定的时间地点，企业才有机会向顾客展示自己产品和服务的质量，这个时机过去了顾客就离开了，所以，这个时刻被称为"关键时刻"。休闲消费过程中，顾客对休闲消费的体验判断是由一个个的"真实瞬间"组合而构成的整体质量评价，最初感受到的"真实瞬间"所形成的体验会受到后来感受到的"真实瞬间"体验的影响。因此，对服务过程的控制成为休闲服务质量管理的关键领域。

休闲服务质量受到服务传递过程中各种因素的影响。生产与消费的不可分割决定了休闲服务是一个开放的过程体系，消费者参与休闲服务传递过程，与服务体系形成互动，消费者、员工、服务环境等因素都会影响服务质量。同时，消费者、员工、服务环境之间也会产生相互的影响。通常人们总是强调员工的服务态度对顾客感觉中的服务质量有极大的影响，其实顾客的消费行为同样会影响员工的服务态度。[①] 休闲服务质量水平的提高不仅仅是服务提供者的责任，同时也需要休闲服务的协同生产者——消费者承担相应的责任，遵守一定的消费规则。对服务质量的评价和度量，需要包含这个开放体系的所有参与者。

休闲服务质量同时受到消费者休闲能力的影响。与其他服务类型不同的是，对休闲服务的质量，休闲活动效果的感受和评价很大程度取决于参与者自身的休闲技能（leisure skills）。舞厅为所有消费者提供同样的舞池、同样的音乐，但是对于擅长跳舞、勉强能跳舞、完全不会跳舞的人，其休闲体验是完全不一样的。

由此，消费者对休闲服务质量的感知基于自身的消费体验，而服务设备设施、服务过程、服务环境，以及消费者休闲技能都会影响消费体验（图8-3）。

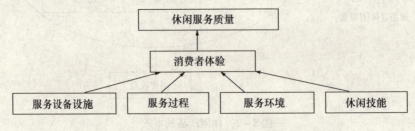

图8-3 休闲服务质量的层次

资料来源：作者整理

第三节 休闲服务质量管理

一、管理休闲服务质量的重要性

"质量是企业的生命"，这对于休闲服务企业同样是真理。由于休闲服务质量本身的特殊性，使得对休闲服务质量进行管理非常重要。休闲服务质量的特殊性主要表现在：①休闲服务质量管理的核心是对消费者体验的管理，体验是难以度量的。②顾客对服务质量的评价不仅考虑服务结果，而且涉及服务过程。而服务的过程与消费的过程同步进行，服务既无法"预演"，无法"试用"，也无法"返修"。③"服务接触"的"真实瞬间"是评价

① 汪纯孝，等. 服务性企业整体质量管理 [M] . 广州：中山大学出版社，2001：77.

服务质量的关键，这一"瞬间"是服务提供者与服务消费者共同的产出成果，顾客的参与增加了服务质量管理的复杂程度。④顾客对休闲服务质量的评价需要一个认知的过程。服务具有异质性。服务质量中只有一部分可由服务提供者来评定，其余的只能通过顾客的体验、感受来评价。同一服务，不同的顾客会有不同评价。而顾客对服务质量的评价不完全取决于一次体验，往往需要很长一段时间，往往是在接受竞争对手的服务之后。

二、休闲服务设计

由于服务质量存在很大的不确定性，对服务过程以及服务系统进行设计是服务质量管理的重要手段。古梅松认为："服务设计包括以亲身实践活动来描述和细化一项服务、服务体系和服务传递过程……它是一个以某种物质形态满足需要的过程，最初是一个解决方案，然后是特定规划或物质、资源、设备和人员等方面的安排。"具体来说，服务设计是指使用图表、流程图、设计书、电脑程序和说明书等形式来直观地展示服务系统的方法。通过这些有形的形式展示，可以清楚地表明服务产品包括些什么以及如何进行服务生产。

服务设计问题有其独特性，这种独特性主要表现在两个方面：①由于服务生产与消费不可分割，服务产品本身就是服务过程本身，因此二者的设计是不可分离的；②服务的异质性要求服务产品个性化。在特定的环境下确定服务设计的方式，旅游与休闲业的运营者需要解决一系列的关键问题[①]：

服务的概念和服务包是什么？

你的顾客是谁？

你希望达到的运营标准是什么？

如何将服务包传递给顾客？

以及一些补充问题：

如何将产品和服务标准化？

心理互动的级别是什么？顾客的期望是什么？

运营过程中如何呈现技术性？

过程如何复杂化？

运营的容量是什么？

传递系统和资源使用如何才能够富有成效？

舒斯塔克认为服务产品及其供应系统的设计主要涉及四个步骤[②]：首先，确定构成服务产品的过程。也许有必要将企业分解为几个详细的部分以便确定整个企业内部的服务流程。项目编程以及计算机辅助设施有助于确定正确的服务流程，但是由于这些程序忽略了消费者与服务产品间的互动关系，即没有考虑到由人工提供服务产品的需要提供者的判断力，因此不应该过于机械地实施服务流程。其次，预测在提供服务产品的过程中可能出现的问题，考虑应急措施并制定应对突发事件的计划。第三，制定一个通过不同阶段实施服

① Christine Williams，John Buswell. 旅游与休闲业服务质量管理 [M]. 戴斌，依绍华，译. 天津：南开大学出版社，2004：180.

② 贾依·坎达姆普利. 服务管理——酒店管理的新模式 [M]. 程尽能，韩鸽，等译. 北京：旅游教育出版社，2006：143.

务计划的时间表，其中包括书面材料以及所需要的各种服务步骤。最后根据预期顾客满意度和预期企业利润率来分析设计安排。

服务设计有两个重要的工具：服务过程流程图以及服务蓝图。流程图显示服务供应所涉及的各项工作的时间顺序，通过流程图可以确定提供服务过程中所涉及的各个部门和服务人员的名称及所涉及的客人，与制造业中使用的流程图类似，包含只需回答是/否的问题和答案。流程图按照时间顺序排列出构成一项服务的各个步骤，再把这些步骤与所涉及的部门、员工及辅助服务联系起来。流程图可以用于不同的层次，可以绘制每项服务的流程图，也可以绘制每个部门的流程图，最后将这些图合并起来就是整体的服务蓝图。图8-4是一个健身俱乐部的服务过程流程图。

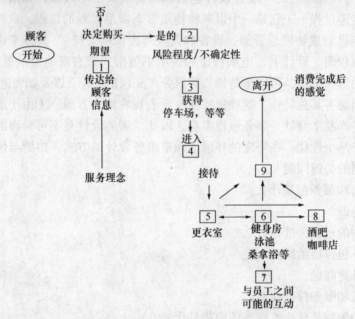

图8-4　服务过程流程图/服务接触（健身俱乐部）

资料来源：Christine Williams, John Buswell. 旅游与休闲业服务质量管理［M］. 戴斌，依绍华，译. 天津：南开大学出版社，2004：192.

流程图能够充分地展示各个服务接触的环节，说明顾客与一线员工或者系统以及程序的互动关系。服务流程图并没有揭示组织的行动和运营，这些方面虽然远离服务互动，但对其施加直接或间接的影响，服务蓝图展示了各个服务系统间的相互关系。从本质上讲，服务蓝图就是以图表的形式说明构成整个服务系统的各种过程，以及这些过程间的相互关系。

费什认为，服务蓝图更多地强调实现服务质量的三个关键要素：设计、员工的作用、员工与顾客之间的互动。图8-5是一张健身俱乐部的服务蓝图。验证顾客过程和员工服务互动可以水平方向由左至右沿"互动线"读取，此图强调了潜在的服务接触。沿示意图由底端向上至顶端通过几道分隔线清楚地揭示了服务逻辑的性质、后台结构以及组织的辅助系统。"可视分界线"（a line of visibility）将一线或前台运营与后台服务分隔开来。前台的职责是公众可以看到的各种服务。后台的职责是互动员工在公众看不到的地方的行为活动，可能是健身指导教练备课的过程或演艺人员的日常排练，也可能是零售商重新进货或导游接受培训等大量物质传递过程。前台和后台都是由其他功能提供支持的，这些通过"内部互动线"分隔，并强调联号质量的重要性以及内部顾客的理念。"互动线"还强调了正确理解将服务理念和组织的服务逻辑合并为一体的"宽泛图景"的重要性。最后，"执行线"将前台工作、后台工作、支持系统与管理的规划、组织功能及其需要的政策制定和决策功能分开①。

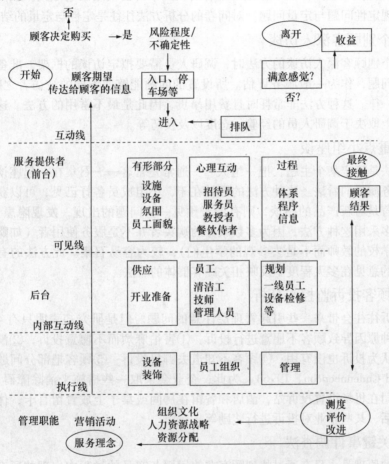

图 8 - 5　健身俱乐部服务蓝图

资料来源：Christine Williams，John Buswell. 旅游与休闲业服务质量管理［M］. 戴斌，依绍华，译. 天津：南开大学出版社，2004：195.

服务蓝图可以帮助管理者对服务理念预先进行测试，然后找出最有效的办法以保证服务传递质量。服务蓝图还可以运用于多项管理任务，包括设计新型服务产品、评估现有服务产品以及找出频繁出现服务问题的根源。

三、休闲服务质量的度量

服务质量的衡量对于服务质量管理具有重要的意义，它不仅可为经营者提供有关顾客

①　Christine Williams，John Buswell. 旅游与休闲业服务质量管理［M］. 戴斌，依绍华，译. 天津：南开大学出版社，2004：195－196.

的信息，使经营者做出正确决策，而且能够激励服务提供者，是进行质量控制的一个重要依据。衡量服务质量主要有定性研究方法、定量研究方法，以及定性和定量结合的研究方法。常用的定性研究方法主要有个别顾客深入访谈、重点小组座谈、顾客投诉监控与分析、关键事件调查、神秘顾客调查法、交易分析法、员工调查法等，定量研究主要采用SERVQUAL质量分析模型。在大多数对顾客的调查中都会使用问卷工具，在同一个问卷里经常同时出现定性问题与定量问题，对问卷的分析方法往往是定性与定量的结合。

（一）个别顾客深入访谈

在采用个别顾客深入访谈的方法时，调研人员需要拟定访谈的框架，准备好有关服务产品的系列问题，作为一般服务评估。所设置的问题能够使不同的被访者之间产生区别，而不是千篇一律。这种方法非常耗时且费用昂贵，因此是最不常用的方法。这种方法的效果很大程度上取决于调研人员的经验、态度以及技巧等。

（二）重点小组座谈

这种方法是确定某个主题，把一组人——通常是常客——召集在一起座谈，以了解他们对相关服务质量的看法。这种方法的好处在于，小组成员各抒己见，可以获得不同的意见和看法。若是对新产品的座谈，则有助于预见一些问题的出现，发现隐患，及时解决。休闲企业较多采用这种方法，因为多数服务的购买者并不是服务使用者（如购买博物馆参观服务的是学校的教师而不是去参观的学生们），较为容易召集。此方法的有效性取决于受访的小组的意见在多大程度上反映相关顾客群体的看法。

（三）顾客投诉监控与分析

顾客投诉往往会带来一些引起管理层注意的问题。但是研究却表明只有4%的顾客会投诉，有五种原因导致顾客不愿意进行投诉：①害怕麻烦而不愿意投诉；②没什么可投诉的；③顾客认为投诉也没有用；④顾客不知道去哪里投诉；⑤顾客把部分问题归因于自己（Horovitz and Cudennecpoon，1996）。为此，企业会采取一些措施来消除障碍，鼓励投诉，比如航空公司在机场设置投诉站，酒店和餐馆在房间或桌子上放置留言卡，休闲中心设置投诉热线电话，某些企业对投诉进行奖励等。

（四）关键事件调查法

此方法的原理是，只有通过找到顾客在使用服务产品的过程中出现的所有问题，才能持久地实现让顾客完全满意的目标。其主旨是力图通过评估顾客自述的质量体验以准确把握他们的体验。关键事件调查就是要积极和系统地调查顾客所体验的关键事件，而"关键"指的是背离了人们的预期——无论超出还是低于人们的预期——而且人们还必须能够对其加以详细描述。这样可以帮助管理者找出服务供应过程中存在的问题，查找问题产生的原因，并加以解决，方法可能包括额外的员工培训、服务传递过程的重新设计等，而解决问题的基础应该是顾客对服务质量的感知，而不是管理者的理论认识。

（五）神秘顾客调查法

这是一种参与观察的方法，经常为许多旅游与休闲企业所采用，是指调研人员装作普通顾客以体验企业提供的服务质量。为了保证效果，神秘顾客必须是客观公正的，可以独立而不受干扰地进行调查工作，并能够保证评价标准始终如一。调研人员还必须接受过专业培训，能够充分了解行业的工作任务、工作程序并掌握行之有效的观测技巧，能够区分细微的差别。神秘顾客获得的资料和数据由于基本上来自于主观判断而有较大局限性，必须通过精心设计和测试衡量程序来确定和提高这些主观数据的可靠性。使用这一方法还需要消除员工"被监视"的疑虑。

（六）交易分析法

交易分析法是指在交易结束之后通过邮寄调查问卷或电话访谈个别顾客，了解顾客对近期具体交易的满意度。这种方法不但可以了解顾客对服务的满意感，还可以评估与顾客进行直接接触的员工的服务质量，了解顾客的总体满意度。有利于企业表彰表现出色的员工或纠正令顾客不满的员工的工作。

（七）员工调查

在休闲服务领域，员工与顾客建立私人关系已经成为很普遍的做法，在健身服务、医疗保健服务等许多需要专业知识的领域尤其司空见惯。员工与顾客频繁而密切的接触可以获取对于服务质量更为客观的评价，通过与顾客的"服务接触"他们不但可以发现问题，也可以解决和纠正这些问题。员工调查就是企业通过建立鼓励建议机制奖励有新想法的员工，获取服务质量评价信息的方法。使用这种方法需要对员工进行适当的授权。

（八）SERVQUAL质量分析模型

为了衡量顾客对服务质量不同方面的满意度，20世纪80年代，三位美国学者 Para-suraman，Zeithaml 和 Berry 共同设计了一种被称为 SERVQUAL（即 Service Quality 的缩写）的评价模型，用来衡量不同服务之间的数量差别。这个测量工具建立的理论基础是：顾客是依照一个公式，即"顾客体验应当等于或超过顾客预期得到所提供服务的满足程度"来判断服务传递。此模型或其修改版已为许多学者运用于旅游与休闲业领域。该模型建立在5个被认为对顾客感知服务质量最重要的决定因素之上，有关5个因素及其含义如下：

有形性——有形服务设施的外观、设备、原材料、员工的外表和交流工具等；

可靠性——准确、及时的履行服务承诺的能力；

敏感性——或称响应性、回应性，指为顾客提供帮助和迅速的服务的意愿；

真实性——员工的知识和礼貌以及让顾客产生信任感和信心的能力；

移情性——或称共鸣性，设身处地为顾客着想，对顾客给予个性化关怀的设施。

在上述5个决定因素基础之上，SERVQUAL评价模型通过对顾客服务预期与顾客服务体验之间差距的比较分析来衡量顾客感知质量。通常选择22个指标，每个指标设计了7个分数，从"完全同意（7分）"到"完全不同意（1分）"，中间程度可以用2~6中的任一分数表达。被调查者根据其服务体验回答问题，通常把表达期望的条款放在一起，构成SERVQUAL评价模型的前半部分，把表达体验的条款放在一起构成后半部分，由此来确定顾客感知服务质量的分值。分值越高，表明顾客服务体验与服务预期距离越远，即顾客感知的服务质量越低。反之则说明顾客感知服务质量越高。[①]

此模型可以对服务质量进行全面的衡量。也有人对其普遍适用性提出了批评。比如，有的顾客很难区分众多量表项目间的不同，而且要求顾客在消费前和消费后描述其对服务产品的期望有时候并不实际。尽管存在一些不足，SERVQUAL质量分析模型仍然是一种简单而可靠的多项目量表并被广泛地视为衡量服务质量的有效工具。

---

① 有关 SERVQUAL 的开发过程图以及调查问卷，读者可参考本章延伸阅读［15］。

四、休闲服务质量管理体系

质量管理系统是对质量管理进行约束的操作框架，可以分为非授权质量管理系统与授权的质量管理系统。非授权质量管理系统是由组织独立设计并独立进行监管的，也被称为内部体系。在旅游与休闲业中，使用内部体系最著名的公司是迪斯尼公司和麦当劳公司。非授权质量管理体系成本低，一旦形成就几乎不会涉及实施的直接成本，并可以频繁地采用。其劣势在于不被外部企业所承认，同时，存在内部监控的难题，比如，员工可能会因为不想批评其他同事而使其获得比实际水平要高的分数。授权质量管理系统需要第三方的认证，是得到外部承认的，包括通过产业部门认可，或通过全球企业公认的 ISO9000 系列认证。授权质量管理系统也因为其强制性，高成本等缺点而受到许多小企业的批评。

ISO9000 是指质量管理体系标准，它不是指一个标准，而是一族标准的统称。[①] ISO9000 是由国际标准化组织（International Organization for Standardization，ISO）TC176（TC176 指质量管理体系技术委员会）制定的所有国际标准。ISO9000 是 ISO 发布之12000多个标准中最畅销、最普遍的产品。其哲学理念是通过引进一套正式的有关标准和程序文本系统来提升整个管理过程的质量。对休闲企业影响较大的是 ISO9001:2000 及 ISO9004:2000。ISO9001 体系认证基于 ISO9000:2000 八大质量管理原则：①以顾客为中心；②领导能力；③全员参与；④过程方法；⑤管理的系统方法；⑥持续改进；⑦制定决策的实际计划；⑧互利的供给者之间的关系。

很多国家都制定了服务标准化管理体制。目前，德国服务标准共有16项，法国服务标准共有40项，例如，旅游术语、饭店、旅游住宿设施、旅行社、旅游组织要求、语言培训、清洁服务、潜水安全技术要求、殡仪馆服务等。制定标准所涉及的行业范围主要是与消费者生活密切相关的行业。标准化的内容包括：名词术语的定义、服务质量的要求、服务质量管理、服务设施、保护消费者的安全标准等。参与起草标准的单位代表性广泛，标准的结构完整、内容详实，可操作性很强。[②] 我国休闲业中旅游服务标准化管理工作开展得比较早，2000年全国旅游标准化技术委员会编制了《旅游业标准体系表》。按照标准的一般划分，分成基础标准、设施标准、服务标准、产品标准和方法标准五大类。按照旅游业构成要素的划分，分成食、住、行、游、购、娱六大类，并且增加一大类综合类，共7类。涉及服务质量的文件有：《旅游团队餐质量标准》、《旅游度假设施与服务规范》、《旅游汽车服务质量》、《旅游船服务质量》、《导游服务质量》、《旅游区（点）质量等级评定》、《国内旅游服务质量规范》、《出境旅游服务质量规范》（包括边境旅游服务规范）、《入境旅游服务质量规范》、《旅行社门市服务质量规范》、《旅游游览点讲解服务质量规范》、《定点购物场所设施与服务标准》、《旅游商品质量标准》、《游乐园安全服务质量》等14项。

质量管理体系中的质量奖项设置也为各国所重视。许多授权质量奖项都是以最优模式为基础的，这种模式使质量管理体系运用整体方式进行运营。一个独立企业在该模式框架内可以灵活地插入许多质量管理工具和技术。[③] 日本戴明奖、美国波多里奇国家质量奖、

---

① 关于 ISO 9000 的详细介绍，请登录国际标准化组织（http：//www. iso. ch）、国家标准化委员会（http：//www. sac. gov. cn）等相关网站。

② 左佩兰. 德法积极推进服务标准化 ［OL］. http：//www. sac. gov. cn，2007－07－24.

③ Christine Williams, John Buswell. 旅游与休闲业服务质量管理 ［M］. 戴斌，依绍华，译. 天津：南开大学出版社，2004：269.

欧洲质量奖是世界三大质量奖项。英国体育和休闲质量计划（QUEST）则是基于优秀模式的行业质量大奖。借鉴国外振兴质量实例和经验，中国质量管理协会根据我国《产品质量法》于 2001 年启动了"全国质量奖"（CQMA）评审工作，目前，我国全国质量奖奖项设置为三类：制造、建筑业奖项，服务业奖项及小企业奖项。《质量振兴纲要》发布以后，有近 20 个省市设立了政府质量奖、市长质量奖，这些奖项也包括服务类。

知识链接

世界三大质量奖项

● 戴明奖是日本质量管理的最高奖，也是世界范围内影响较大的质量奖中创立最早的一个，始创于 1951 年，是为了纪念已故的威廉·爱德华兹·戴明博士。奖项由日本科学家和工程师协会授予对统计过程控制作用作出突出贡献的个人、组织或行业。以前该奖仅限于日本企业，目前已对所有企业开放。

● 美国波多里奇国家质量奖是美国的年度国家奖项，由美国第二十六届商务部长马尔科姆·波多里奇（Malcolm Baldrige）提出并以其命名，由美国国会立法设立于 1987 年。奖项分设三个类别：制造业，服务业和小企业类型。在 1998 年扩展到教育机构和医疗护理组织。自 2007 年起波多里奇国家质量奖又增加非营利组织，包括慈善机构、贸易和专业协会、政府部门。里兹卡尔顿酒店是 1992 年服务类奖项的得主。

● 欧洲质量奖是欧洲委员会副主席马丁·本格曼先生倡议，由欧洲委员会（EC）欧洲质量组织（EOQ）和欧洲质量基金组织（EFQM）共同发起的。欧洲质量奖授予欧洲全面质量管理最杰出和有良好业绩的企业，只有营利性企业才能申请，非营利性企业被排除在外，它对企业所有权的类和企业所有者的国籍并无要求，但申请企业的质量管理活动必须在欧洲发生。欧洲质量奖评价的领域广泛，它注重企业的经营结果、顾客满意和服务、人力资源开发，强调分享产品和技术信息的重要性。

资料来源：作者据相关资料整理。

本章小结

休闲服务除了具备一般服务无形性、异质性、不可储存性，以及生产和消费不可分割性的特点外，也有基于休闲产业特点的特殊性。休闲服务本质是为顾客提供利益，这种利益即为顾客的消费体验，体验是休闲服务的显著特征。休闲服务过程需要顾客参与，顾客是休闲服务的协调生产者。由于休闲是人们对自身精神生活的提升，所以，休闲服务某种程度上就有了投资品的性质。

迄今为止，学术界对服务质量仍没有形成一个一致的定义，服务质量的北欧学派和北美学派的研究为我们提供了理解服务质量的框架，及服务质量管理的基本方法。把握休闲服务质量的内涵需要充分理解休闲服务产品的本质——体验。休闲服务质量有两个层次：消费者对休闲服务质量的感知基于自身的消费体验，而服务设备设施、服务过程、服务环境，以及消费者休闲技能都会影响消费体验的形成。

对休闲服务质量的管理是一个系统工程。服务质量管理的一些成熟的方法可以运用于休闲业之中。通过服务设计可以帮助我们把对休闲服务、休闲服务质量的理解转换为适应于消费者需要的产品和服务，服务流程图及服务蓝图是服务设计的两个有用工具。服务质量的传递系统直接影响消费者的消费体验，度量服务质量是质量控制的重要方法与手段。质量管理体系是企业质量管理的催化剂，包括非授权质量管理系统和授权质量管理系统。

本章思考题

1. 名词解释

服务　休闲服务　服务质量　休闲服务质量　服务接触　真实瞬间　服务设计　流程图　服务蓝图　神秘顾客调查法　交易分析法　员工调查法　SERVQUAL 质量分析模型　非授权质量管理系统　授权质量管理系统

2. 简答题

（1）简述休闲服务的特点。

（2）你认为影响顾客休闲体验的主要因素有哪些？

（3）谈谈你是如何理解休闲服务质量的。

（4）你如何理解服务过程中的"真实瞬间"？

（5）根据你的理解，绘制一幅酒店客房早餐送餐服务的服务蓝图。

（6）比较非授权质量管理系统与授权质量管理系统的优势与劣势。

3. 论述答问

（1）如何理解体验是休闲服务的显著特征？

（2）谈谈你对休闲服务质量的内涵的认识。

（3）休闲企业为什么要进行质量管理？休闲服务质量管理的难点是什么？

（4）休闲服务企业为什么要进行服务设计？服务设计成功的关键是什么？

（5）谈谈质量管理体系对于休闲服务质量管理的意义。

（6）高技术服务环境极大促进了员工对信息的获取，提高员工的决策能力。你认为这是否会影响中层管理人员的作用？如何影响？

4. 材料分析题

阅读材料：

星巴克咖啡店如何给人难忘体验

星巴克（Starbucks），一家 1971 年诞生于美国西雅图的咖啡公司。专门购买并烘焙高质量的纯咖啡豆，并在其遍布全球的零售店中出售，此外，还销售即磨咖啡、浓咖啡式饮品、茶，以及与咖啡有关的什物和用品。

就像麦当劳一直倡导销售欢乐一样，星巴克把典型美式文化逐步分解成可以体验的元素：视觉的温馨，听觉的随心所欲，嗅觉的咖啡香味等等。顾客在星巴克咖啡店的体验包括：

口味：100% Arabica 咖啡豆，研磨加工时间约 18~24 分钟，真正是精心制作；

香气：100% 的 Arabica 咖啡豆，无与伦比的香气，直接引发最好的咖啡的联想，直接引发享用的欲望；

视觉：店标/颜色，家具/装饰，艺术品，彩色的横幅，给人与众不同的风情感受；

触觉：材料的质感，杯具，石地板，给人怀旧的感觉；

声音：制作 espresso 的声音，金属铲翻动咖啡豆，星巴克 CD，营造一切都是为你在忙碌、而且心情舒畅地为你服务的感觉，一种尊贵感由心而生。

进入星巴克咖啡店，顾客享受的不是一杯咖啡，而是独特的咖啡文化，世界一流的咖啡加工艺术，而且是为顾客一份一份单独加工的精品。

问题：

（1）人们到星巴克咖啡店仅仅是为了喝咖啡么？除了咖啡，人们星巴克还可以有什么样的收获？

（2）星巴克通过哪些方面的努力增强顾客的进入星巴克享受一杯咖啡的感受？星巴克如何通过服务设计来管理顾客的体验？

本章延伸阅读

［1］Christine Williams，John Buswell．旅游与休闲业服务质量管理［M］．戴斌，依绍华，译．天津：南开大学出版社，2004.

［2］汪纯孝，岑成德，温碧燕，等．服务性企业整体质量管理［M］．广州：中山大学出版社，2001.

［3］李仲广，卢昌崇．基础休闲学［M］．北京：社会科学文献出版社，2004.

［4］杰弗瑞·戈比．21世纪的休闲与休闲服务［M］．张春波，等译．昆明：云南人民出版社，2000.

［5］章海荣．旅游业服务营销［M］．昆明：云南大学出版社．2001.

［6］克里斯廷·格罗鲁斯（Christian Grönroos）．服务管理与营销——基于顾客关系的管理策略［M］．2版．北京：电子工业出版社，2002.

［7］菲利普·科特勒．营销管理［M］．10版．北京：中国人民大学出版社，2001.

［8］洛丝特．全面质量管理［M］．李晓光，等译．北京：中国人民大学出版社，1999.

［9］于光远．休闲服务与经营的创新问题［J］．自然辩证法研究，2003，19（2）：68－69.

［10］宋瑞．休闲消费和休闲服务调查：国际经验与相关建议［J］．旅游学刊，2005，20（4）：62－66.

［11］刘丽文．完整服务产品和服务提供系统的设计［J］．清华大学学报：哲学社会科学版，2002，17（2）：39－45.

［12］刘丽文．影响服务质量的几种差异分析［J］．中国软科学，2000，（11）：112－115.

［13］卿前龙．城市化与休闲服务业的发展［J］．自然辩证法研究，2006，22（6）：89－92.

［14］Lynn Shostack G．Designing Services that Deliver［J］．Harvard Business Review，Jan－Feb，1984：133－139.

［15］A. Parasuraman，Valarie A. Zeithaml，and Leonard L. Berry，SERVQUAL：A Multiple－Item Scale for Measuring Consumer Perceptions of Service Quality，Journal of Retailing，1988，64（1）.

第九章　休闲人力资源管理

本章导读

随着经济的发展，生产力水平的提高，人们的生活水平也在逐步提高。休闲已经成为我们这个时代的重要特征之一，休闲产业已成为国家经济发展的重要的支柱产业。美国宾夕法尼亚州立大学著名的休闲研究教授杰弗瑞·戈比预测，在稍后的几年，休闲的中心地位将会加强，人们的休闲概念将会发生本质的变化，在经济产业结构中休闲产业的从业人员将占整个社会劳动力的80%～85%，休闲服务将从标准化和集中化转向个性化服务。从业人员的素质将直接决定企业在竞争中成功与否，人力资源管理是提升组织竞争优势的工具。如何高效地对人力资源进行管理，已成为休闲业打造独特竞争优势的关键所在。本章分析了休闲业人力资源的特点及休闲业人力资源管理和开发的具体内容，针对休闲业特点探讨休闲教育的意义及实施途径。

第一节　休闲人力资源管理概述

据美国学者预测，休闲、娱乐活动、旅游业将成为下一个经济大潮，并席卷各地。专门提供休闲的第三产业在2015年左右将会主导劳务市场，将在美国的GDP中占有一半的份额。在我国，据资料显示，截至2006年底，全国娱乐业经营机构已达20万家，从业人员107万人，上缴税金50亿元人民币。在有些城市餐饮休闲娱乐业的经营面积甚至超过了传统零售业，成为区域经济发展的重要力量。在人力资源管理越来越受到重视的今天，如何发挥人力资源管理核心职能来提升组织的竞争优势成为休闲企业经营管理者和人力资源管理者日益重视和探索的问题，成为休闲企业成功经营、休闲产业健康持续发展的关键因素。

一、人力资源和人力资源管理

现代企业管理是对企业"人、财、物、信息资源"的管理。其中对人的管理是重中之重。那么，相对于企业的其他资源，什么是人力资源呢？不同的专家学者给出了不同的定义。郑绍濂等（1995）："人力资源是能够推动整个经济和社会发展的具有智力和体力劳动能力的人们的综合，它应包括数量和质量两个方面。"基于人力资源与其他资源比较的角度，台湾学者黄忠英（1997）提出了人力资源所具备的特征，具体包括：人力资源属于人类自身特有，具有不可剥夺性；存在于人体之中，是一种活的资源，具有生物性；其形成受时代条件的制约；在开发过程中具有能动性；具有时效性；有可再生性；智力与知识性。本书采用这个观点。什么是人力资源管理？人力资源管理是指以企业的战略为指导，以人力资源战略规划和工作分析为基础，对人力资源进行甄选配置、培训开发、绩效管理和薪酬管理等科学管理以达到有效开发和合理利用的过程。

二、休闲人力资源管理及特点

（一）休闲业的界定及特点

目前关于休闲业的概念，不同的专家学者给出了不同的意见。于光远（2005）认为"休闲产业就是为满足人们的休闲需要而组织起来的产业"。马惠娣（2004）认为："休闲产业一般涉及国家公园、博物馆、体育（运动项目、设施、设备、维修等）、影视、交通、旅行社、导游、纪念品、餐饮业、社区服务以及由此连带的产业群。休闲产业不仅包括物质产品的生产，而且也为人的文化精神生活的追求提供保障。"卿前龙（2007）将休闲业分为休闲第一产业、休闲第二产业、休闲第三产业。本章采用休闲第三产业，狭义休闲业（休闲服务业）的界定。即第三产业中那些为人们的休闲消费需要提供休闲服务的行业或部门。休闲业提供服务产品。休闲服务将从标准化和集中化转向个性化服务。休闲业员工直接面对顾客，向顾客提供高接触的服务。根据服务业利润链，企业的利润是忠诚顾客处获得，而忠诚顾客来自于满意顾客，满意顾客由满意员工创造。休闲服务业的成功取决于一个企业为顾客、员工创造价值的能力。休闲企业必须不断提高员工满意度、顾客满意度、降低成本、提高人力资源的效能。

（二）休闲人力资源管理及目标

由以上对休闲业的界定分析可以看出，休闲服务业人力资源管理是高质量完成服务过程，实现组织目标的必要保证，也是企业实施服务竞争战略的基础，同时也是提升组织竞争优势的重要工具。那么什么是休闲业人力资源管理？休闲人力资源管理是指以休闲行业的战略为指导，以人力资源战略规划和工作分析为基础，从休闲行业实际出发，对人力资源进行甄选配置、培训开发、绩效管理和薪酬管理等科学管理以达到有效开发和合理利用的过程。休闲人力资源管理的目标实现企业目标增强行业竞争优势和实现员工个人价值。

我国目前休闲人力资源管理重要任务是建立一支高素质的员工队伍，人力资源管理的重点是人力资源规划、培训与开发、调整劳资关系、和稳定员工队伍。

近几年，全国健身俱乐部每年以平均1000家的速度递增，因此健身行业内已经有了越来越多的"快"公司和"轻"公司——他们迫切需要降低服务成本，却又在人力资源系统上缺乏相应的管理人才。

（三）休闲人力资源管理的特点

1. 始终坚持"员工第一"，真正做到"以人为本"

传统的休闲业人事管理将员工视为企业的成本，在管理中尽量降低人力成本。如削减员工福利待遇等以提高产出率等。现代休闲业人力资源管理将员工视为企业的战略资源，加大对员工人力资本的投资，如增加员工的培训投入，以争取企业战略和员工个人价值的实现。现代休闲服务将从标准化和集中化转向个性化服务。个性化服务需要满意员工来提供。因此企业只有真正视员工为主人翁，把员工当作企业最宝贵的第一资源，员工才能处处为企业着想，为顾客提供发自内心的服务，才能有赢得更多的忠诚顾客。在服务业企业中，客户忠诚度的小幅度提高就能导致利润的大幅度上升，忠诚客户每增加5%，所产生的利润增幅可达到25%～85%。因此休闲业不能仅仅口头上"以人为本"，更重要的是在日常管理中真正做到"以人为本"。

2. 人力资源管理是所有管理者的责任

休闲行业中相当一部分企业还是劳动密集型企业，员工在服务质量中起着至关重要的作用，人力资源管理不应该仅仅是人力资源部门的责任，而应该是全体管理者的职责。因为他们都要参加像招聘、面试、培训、绩效考核和激励等这样一些人力资源管理活动。所有的基层管理者、中层管理者和高层管理者都必须了解一些人力资源管理相关的知识，充分挖掘员工的潜能，调动员工积极性。

北京金融街丽思卡尔顿酒店人力资源总监李瑛认为："酒店的人力资源管理尤其是企业文化宣贯，不仅是人力资源部的事，更是全酒店的事，每个一线经理都是人力资源经理。在全球近70家丽思卡尔顿酒店每天工作开始前的例会上，我们会用至少20分钟的时间重温一条服务或文化理念，为了方便员工对这些理念的理解，总部会收集近期员工工作中优秀表现的案例编辑成册，供大家在例会上学习分享。就这样每天温习一条，每两个星期就把所有的服务理念学习一遍，周而复始，不断地学习，最终我们所有的服务和文化理念就会深深地印在员工的头脑中。"

3. 科学化和动态管理

现代人力资源管理是建立在心理学、管理学、社会学和行为科学基础上的一门新兴交叉学科，有自己的理论基础和管理技术，是一项复杂、综合性的系统工程。而一部分休闲业人力资源管理者还处于经验管理阶段，处于被动的缺乏灵活性的管理模式。没有对人力资源的招聘、绩效管理、薪酬管理和培训开发等进行科学、全面、主动、动态的管理。没有使人力资源管理的各个环节相互结合、支持和配合，及时采取相应的措施调动员工积极性。

（四）休闲人力资源管理面临的挑战

1. 高素质的经营管理人才匮乏

目前休闲业人力资源现状整体呈现出：人力资源供过于求，人才资源供不应求。目前休闲规划管理、休闲策划管理、休闲业经营方面人才奇缺。

> **引例**

现代高尔夫已经成为了一项全球性的体育产业，但目前在中国还属于高消费行业，而作为一项体育运动，并没有实现大众化。那么，对于中国的高尔夫产业，目前它的人力资源有怎样的特点？上海旭宝高尔夫俱乐部的副总经理黄沧江认为：人才的缺乏是目前这个行业人力资源状况最典型的问题。而人才的匮乏又主要体现在工程技术和营运管理两个方面。目前，国内的球场几乎都是由国外的设计师设计的，国内的设计师主要的问题还是经验不足；而营运管理人才涉及的面就比较广。例如，餐饮管理、会员管理、赛事管理等等方面都需要更多的人才的补充，而国内球场的高层管理者大多都是外籍的管理人员，在中层管理者层面，有些球场已经逐步实现人才的本地化，但本地的人才主要问题还是表现为经验不足。

资料来源：Margaret Li. 高尔夫产业的人力资源管理. [2008 – 04 – 12]. www.newgolf.cn.

2. 高素质专业技工缺乏

休闲业中，一方面高层次的经营管理人才缺乏，另一方面一些具有特殊技能的员工的缺口也比较大。

中国沐浴人才培训基地副校长康宁说，目前全国沐浴行业的人才缺口是700万。由于人们的择业观念尚未改变，对从事修脚、搓背之类依然不能坦然接受。在这一点上，"三把刀"中的其他"两把刀"——厨刀和理发刀走在了前面，目前人们普遍尊重厨师及美发师。正因如此，高素质人才加入修脚师和搓背师行列显得尤为珍贵。康宁说，一个熟练修脚工的月收入平均在四千元左右，对于贫困山区的人来说，只要半年就能脱贫。她希望更多的人改变择业观念，加入这一发展前景广阔的"朝阳行业"。知名作家、中国商业联合会沐浴专业委员会专家顾问王资鑫表示，高素质人才进入沐浴休闲行业，将直接提升"扬州修脚刀"的档次，有利于从理论上阐述"扬州修脚刀"技艺特点，并更好地传承和发展。

资料来源：扬州修脚刀吸引"高级徒弟"．［2006－11－13］．中华洗浴网．

3. 员工流失率过高，员工队伍不稳定

目前休闲行业普遍存在工作时间长、劳动强度大、员工工作压力过大，就职不稳定等特点，造成员工流失，另外薪酬不具备竞争力也造成了人员流动性强。如饭店业同层次员工的薪酬普遍低于IT行业20%～30%左右，造成高层次人才流失严重。如上海某高校旅游系的毕业生，分配到酒店第一年的流失率高达50%。杭州某高校近5年旅游管理专业毕业生分配到杭州市酒店企业的流失率达77.6%。

4. 员工整体素质偏低

休闲业中相当一部分企业相对进入门槛较低。加上一部分管理者对人才认识的不足和培训方面的缺失，导致休闲业员工队伍整体素质偏低。据谢红（2007）在《江苏省休闲产业人力资源发展研究》中指出："从学历结构来看，在被调查的有效问卷中，具有专科以上学历的人数仅占总数的26.32%。这说明江苏省休闲产业从业人员文化素质偏低，学历结构不合理，高素质人才明显不足。"目前，国内获得职业资格证书的合格导游仅有8万多名，高级导游仅有几百名，特级导游也只有数十名。许多旅游从业几乎没有接受专业训练的经历，如沿海某市2万名旅游从业人员中，旅游专业毕业生不足30%，其中本科以上学历的仅占18%。造成旅游行业专业化程度相对较低，高级管理人才相对较少。

5. 人力资源管理体制不完善，缺乏科学的人力资源管理体系

很多休闲企业领导不重视人力资源管理者的重要作用，在很多时候决策凭经验、拍脑袋，甚至很多人力资源管理者本身还停留传统人事管理的阶段。比如人力资源规划，很多企业往往都是认为休闲业进入门槛低，低层次的人力资源到处有，往往临时招人。结果往往来不及培训或者简单培训即匆匆上岗，造成服务质量的下滑，人心不稳。在健身业，由于近些年兴起健身热，造成健身教练的严重不足，因此健身业中出现到处挖墙脚的现象也就不足为怪了。同时很多健身馆出现一个共同的矛盾：人才供应与人才需求的矛盾，人才实力与服务质量的矛盾。要求健身业管理者必须建立科学的人力资源管理体系。

第二节　休闲人力资源管理

一、休闲人力资源管理内容

(一)休闲人力资源战略与规划

企业的战略一般分为公司层面、业务层面和职能层面,休闲业人力资源战略作为一种最重要的职能战略受企业战略支配,并反作用于企业战略。人力资源战略的制定必须与组织的战略相匹配。只有从战略的高度思考企业的人力资源问题,才可能使企业的人力资源管理职能不偏离企业的整体发展方向,企业战略的顺利实施也具有了人力资源保障。

人力资源规划是根据企业的战略目标和组织内外环境的变化,对企业人力资源的供给和需求做出预测,使企业的人力资源供给和需求达到平衡。由于休闲业中一部分企业如接待业有淡旺季之分,故人力资源规划显得尤为重要。企业进行人力资源规划的目的在于:为组织目标的实现提供了人力资源的保障,使企业的人力资源得到合理的分配,最大限度地实现适才适用、才尽其用。同时满足员工的需求,调动员工的积极性,促进员工的发展。人力资源规划的分类很多,按时间划分有长期规划、中期规划和短期规划;按照规划的内容和性质分为战略规划和战术规划;按范围分为企业总体规划、部门规划和项目规划。基于论述的方便,本文把人力资源战略和人力资源规划融合在一起。人力资源规划的程序一般分为以下几个步骤:①核查现有人力资源,关键在于弄清现有人力资源的数量、质量、结构及分布状况;②分析现有人才开发使用情况及存在的问题;③预测未来人力资源需求,确定人员需求量;④制定相应政策,确保需求与供给的一致;⑤确定具体行动计划或对策措施;⑥搞好反馈调整。

> **引例**
>
> 麦当劳的人力资源管理定位归总为三大职能:其一是人力资源业务策略的制订者;其二是人力资源业务策略的推动者;其三是业务伙伴和顾问。清晰、完整的定位使得麦当劳中国的人力资源管理具备了高起点和目标。在具备良好目标的同时,麦当劳的人力资源部门制订了专业的体系设置内容,以能力素质、绩效评价和后备人才开发等环节构成了人力资源管理的基本骨架。"通过构建能力素质模型体系,使得员工能力素质是可衡量的;根据工作目标和效率驱动要素,使得员工工作成果是可评价的;基于绩效结果和能力素质评估,使得后备人才开发是有体系的。"这是麦当劳人力资源管理的最大特点。
>
> 资料来源:麦当劳:完美复制人力资源管理.[2008-06-04].http://www.kingdee.com.

(二)休闲人力资源招聘与配置

招聘含有两方面的内容:招募和聘用(甄选)。招募就是根据组织的需要吸引候选人前来应聘所进行的一系列活动,包括招聘广告的设计、招聘信息的发布等。聘用(甄选)是从所有应聘的候选人中进行筛选、甄别从而选拔出符合组织需要的人员的活动。甄选包括两方面的内容:甄选的标准和人员测评甄选技术。招聘是企业人力资源管理工作的起点,企业招聘的目标就是事得其人、才尽其用。由于休闲业岗位的特殊性(高接触性)要求员工具有一定的亲和力、服务意识强。故为了减少员工的流失,提高满意度而做的工作，一定要从招聘开始。

如丽嘉酒店招聘时异常严谨，不仅判断是否具有从事服务行业的天赋和热情，还要就岗位知识技能、职业发展目标、酒店文化适应能力等方面接受相关部门的测试。索尼公司特别强调运用科学的人员甄选技术，获取最有发展潜质的人才。若招聘工作出现失误，对企业的影响是非常大的。尤其是休闲业的相当多管理者甚至人力资源管理者都存在这样的认识误区，认为行业进入门槛低，人力资源供过于求，不愁招不到人。事实上，员工离职的成本是新招聘员工的许多倍。如果招聘工作做得好，就可以避免后续问题的产生。如高流失率、高昂的培训费用。

因此，休闲业人力资源管理者要格外注重招聘工作。招聘的基础和前提是组织的人力资源规划和工作分析。

知识链接

迪斯尼公司的创新招聘

公司必须从应聘者中挑选出那些愿意为顾客服务的人，那些出色的沟通者，那些对公司的价值观和使命产生共鸣的人。迪斯尼的成功就是建立在这样的招聘结果上的。迪斯尼公司聘用的不是员工而是演职人员。实际上，他们的聘用遴选不是由人力资源部或人事部负责的，而是由"演员选派中心"负责这项工作。他们采用创新的技巧挑选新演员。

有望受聘的求职者旋开卡通片"爱丽丝漫游仙境"中那样的球形门把手，进入名为"演员选派中心"的大厦。穿过一个满是迪斯尼艺术品和纪念品的长廊。接下来，他们观看一个10分钟的录像片，介绍在迪斯尼公司工作的利弊。他们将了解到公司紧张的工作日程、严格的着装要求，不提供上下班的交通费用。到此为止，大约20%的应聘者感到迪斯尼不适合他们。让应聘者早一点知道自己十分适合该公司的工作，迪斯尼的招聘程序包括自我淘汰。但是，迪斯尼公司的神奇之处远不只如此。公司提供连续不断的培训课程和研讨会。他们不仅对新员工，而且对老员工进行指导和培训，让他们的技能永不落伍。

资料来源：R. Biebeler, T. B. Kelly and C. Ketteman, Best practices：Building Your Business with Customer – Focused Solutions. New York：Simon & Schuster, 1998. 转引自 KATHLEEN M. IVERSON 著，张文等译。

（三）休闲人力资源培训

在顾客需求越来越个性化的今天，为了保持竞争优势，休闲业要尽可能为员工提供培训来缩小员工所拥有的技能和为顾客提供高水平服务所必需的技能之间的差距。

引例

信报讯（记者那媛）断档16年的"修脚工"专业培训将在北京市重张。记者昨天获悉，针对本市目前从事修脚行业的技工队伍后继无人的状况，市职业技能培训指导中心将于3月上旬开办修脚工专业培训班，并颁发职业资格等级证书。据负责此项培训工作的艾老师介绍，"修脚工"本是个老行当，在"文革"前北京就有相关的职称评定，本市已经有16年没有开设这个专业的培训了。目前几千家洗浴中心一般至少有一名洗脚工，但持有职业资格等级证书的却几乎没有。修脚行业的从业人员水平参差不齐，除了极少数老的国有洗浴场所有专业修脚工之外，多数修脚工没受过什么培训，有的竟然拿着指甲刀就开练。为了规范修脚行业，本市劳动部门已出台修脚工的职业标准，将逐步向本市各宾馆、饭店和洗浴场所相关从业人员推广修脚工的正规培训。接受培训的人员将可以考取劳动部门颁发的职业资格等级证书。

资料来源：北京"修脚工"将有正规军 断档16年今再续前缘．[2004-02-21]．搜狐新闻．

培训不仅为企业带来高水平的绩效，同样还是吸引和留住员工的一种重要的手段。彭剑锋（2003）认为培训是企业向员工提供工作所必需的知识与技能的过程。培训和人力资源开发还是有一定区别的，但在实践中，我们往往对培训和开发不做严格的区分。目前在休闲业的培训中还存在很多的误区：

（1）培训的对象认识不足：由于休闲行业特点，对一线员工的技能性要求较高，故认为企业中最需要培训的是基层的员工。而最需要培训的中高层管理者却往往得不到培训的机会；即使有培训的机会，中高层的管理者也会经常以工作繁忙脱不开身为由不参加培训。

（2）培训的目的不明确：为了培训而培训，盲目跟风，一些休闲业企业不根据自身企业的实际情况做培训需求分析，随大流。别人培训什么它就培训什么，培训得不到应有的效果。浪费了宝贵的培训资源。另外由于休闲业的高流动率，使得一些企业不愿意为他人作嫁衣，而减少对培训的投入或者干脆不培训员工。

（3）培训内容单一：重视员工的技能的培训而忽略对员工企业文化、价值观、工作态度、工作礼仪等方面的培训。很多休闲企业往往在出现问题或企业停滞不前时才想到培训，而这些培训仅限于岗位培训，常着眼于解决当前问题，"头痛医头脚痛医脚"。培训没有与企业的长期发展目标联系起来，使得原本优秀的员工逐步退化，人才得不到有效发掘。

（4）没有培训需求分析和效果评估：培训的重要性已经被广大的管理者所认识。但目前一部分休闲业的利润空间不大，如何使有限的培训经费获得最大效益，使得培训需求分析和培训效果评估显得尤为重要。培训需求分析和培训效果评估能够使培训具有很强的针对性，同时尽可能使培训效益最大化。

引例

全员培训

无论是高层管理人员还是清洁工，所有"迪斯尼世界"的新员工都要参加为期两天的《迪斯尼传统》入门培训。作为培训计划的一部分，新员工被带到"魔术王国"观看有经验的老员工工作。经验丰富的老演职人员问新员工如何应对与顾客的交往。这将帮助迪斯尼把他们的服务理念传给新成员。

两天的迎新情况介绍结束后，新员工派到自己的工作岗位上。他们受到主管和有经验的培训员的迎接。他们将参加针对岗位需要所设计的培训课程。人力资源部的管理人员负责监督培训课程的实施。

资料来源：R. Biebeler, T. B. Kelly, and C. Ketteman, Best Practices：Building Your Business With Customer focused Solutions, New York：Simon & Schuster, 1998. 转引自（美）KATHLEEN M. IVERSON 著，张文等译。

休闲企业员工培训流程：①培训需求分析；②培训计划的制定；③培训方案组织与实施；④培训效果的反馈与评价。

培训需求分析决定着培训工作的有效性。培训需求分析可以了解员工需要参加哪方面的培训。培训需求分析内容通常包含：为什么培训、培训什么、培训谁等方面的内容。培训需求分析通常在三个层面上展开：组织分析：将培训工作与企业的战略紧密结合。任务分析：着重分析为顺利完成工作所具备知识、技能和态度等。员工个人分析：分析员工是否需要培训，需要哪方面的培训等。在培训需求分析的基础上制订培训计划、培训的场所、培训人员和培训评估的标准等。然后进行培训准备：确定培训对象、地点、培训时间、培训师资的选择、如何开展培训、培训过程的控制等；最后进行培训效果的评估与反馈。培训效果评估既是对整个培训过程的总结，也是为下一个培训提供重要信息。休闲业培训效果可以简单地从虚和实两方面评估。"虚"指的是工作满意度、顾客满意度、忠诚度等态度方面。"实"指的是投诉率的下降，工作效率的提高，离职率下降等方面。

（四）休闲人力资源绩效管理

绩效指结果，反映人们从事某种活动所产生的成绩和成果，企业绩效一般可分为组织绩效和个人绩效。组织绩效指运营管理的结果，完成工作任务的数量、质量和效率。个人绩效指员工的工作业绩和工作效果。针对休闲业从业人员的工作特点，建议对管理层的考核以绩效目标为主，对于基层员工的考核就应以行为准则为主。

绩效管理是人力资源管理的重中之重，休闲业管理层必须高度重视绩效管理。绩效管理将员工关心的问题和企业的效益结合在一起。绩效管理不同于传统的绩效考核，绩效管理的最终目的是提高工作效率减少员工流失，改善服务，提高员工的满意度。绩效管理最根本的目的是将提高员工的绩效集中到实现企业改进顾客满意度上来，从而大幅度地提高休闲企业的效益。休闲企业的很多奖惩制度和顾客满意度密切相关，员工绩效的提高要和顾客的需求结合在一起。目前休闲业绩效管理中存在的问题是绩效管理与企业战略相脱节，过分关注企业短期绩效而忽略长期绩效，绩效考评的结果多集中于奖金分配和员工的晋升等。而绩效管理要想取得成效的一个最有效的方法是，建立科学绩效管理流程。绩效管理的工作流程通常为：制定绩效计划、绩效实施与管理、绩效评估、绩效反馈面谈、绩效改善。

知识链接

迪斯尼公司取消了考核部门。因为他们认为考核不应该仅仅是一个部门的工作，考核更应该是各部门领导的责任。

——人力资源部将在新任经理上任的前几天向他们讲述公司总体的考核基准及奖励办法。每一部门可以根据自己的实际情况，在这一基准上制定自己的奖惩制度。正是迪斯尼公司的这种分权式奖励系统，使公司内部保持了一种共同参与的气氛。人力资源部经理安德森说："我们仅仅提供一种框架，我们希望各个部门有他们自己的激励方式。"

——公司的部门经理可以根据本部门的实际情况制定自己的考核基准。这一新的考核基准要能够有效的运转，降低本部门的员工流失率，提高顾客的满意度。

——以何种方式奖励新员工，经理会征求新员工本人的意见，采取休假、送电影票、公开表扬等不同方式。

资料来源：林晓飞．看迪斯尼怎样"管人"．［2005－04－25］．中国人力资源开发网．有删节。

（五）休闲人力资源薪酬管理

受"按劳取酬"、"按需分配"意识的影响，在目前相当多的休闲企业管理实践中，薪酬仅仅体现了最基本的保障和补偿功能。而薪酬不仅是公平的交易，而更应该体现企业的文化和管理者的意图。休闲业薪酬体系应该支持企业的战略，保持内部的一致性，体现外部的竞争性，即有竞争力的薪酬体系。同时薪酬管理是休闲业人力资源管理的一项重要内容，不仅涉及休闲业的成本开支，还是激励员工的一种方法，直接影响员工的工作主动性和积极性。所以休闲业管理者应选择符合企业战略的薪酬策略，建立良好的薪酬福利制度，进行薪酬管理，激励员工积极工作。薪酬管理的内容：选择与企业经营战略相匹配的薪酬战略、薪酬市场调查、岗位评价、薪酬的调整与控制。

引例

完善的薪酬制度

在员工薪酬福利上，麦当劳公司有两条原则，一是保持工资在市场上有一定的竞争力，这包括至少每年进行一次薪酬方面的调查；更重要的是，麦当劳倡导员工以自己的工作表现和绩效来实现收入的增加。麦当劳按工作表现付酬，每年的绩效考核和工资挂钩。麦当劳在绩效考核方面是市场的领先者。公司每年进行一次绩效评估，并和员工讨论其工作表现，评估时采用五个评估等级：杰出（QOTSTANDING）、优秀（EXCELLENT）、良好（GOOD）、需要改进（NEEDS IMPROVEMENT）、不满意（UNSATISFACTORY）。员工的工作表现被评为"良好"或以上等级，将被考虑加薪或奖励。对于表现不够理想的员工，公司有一个工作表现改进计划（PIP）。通过 PIP 计划，麦当劳积极帮助工作表现需要改进或不满意的员工克服客观的困难，改进工作方法，提高工作效率，减少差错。这样的薪酬制度，能为员工提供一个积极向上的工作氛围，员工能不断自我加压，然后不断提升自我。

资料来源：麦当劳的人才观与人力资源管理．[2008 - 12 - 18]．河北人力资源网．有删节。

二、休闲业管理者的领导艺术

关于领导的定义，众说纷纭。不同的专家学者从不同的角度给出了不同的定义。目前大多数学者认为：领导就是指挥、带领、引导和鼓励下属为实现目标而努力的过程。领导者和管理者既有联系又有区别，管理与领导的要求能力是有差别的，最重要的差别是，领导主要是规划未来，制定方向，影响和激励人们实现变革组织目标，管理者的目标是激发员工的积极性，保证组织目标的实现，使企业盈利。管理者可能是领导者，也可能不是，反之亦然。根据休闲业的特点，下文把管理者和领导者概念互换。"领导是促使其下属充满信心，满怀热情地完成他们的任务的艺术。"（H. 孔茨，H. 韦里克）。一般认为领导是一门科学更是一门艺术，领导艺术应包括决策艺术、用人艺术、沟通协调艺术等。同样目前还没有一个广为接受的关于领导艺术的定义。为行文方便，笔者在下文中领导艺术等同管理艺术。

休闲业管理者必须具备良好的人格魅力、沟通能力、组织能力、领导能力，因为休闲业有一部分工作时间不定时，作为管理者必需调配工作人员，有能力把员工凝聚在一起。另外作为休闲业的管理者必需以身作则，要提高休闲服务业的质量，各级管理人员必须为员工树立榜样，管理者的言谈举止、工作热情，敬业精神无形中成为员工学习的榜样，潜移默化中影响着员工。休闲业员工的工作态度取决于管理者的态度，因此休闲业的管理者必须学习提高自己的管理艺术。休闲业管理者的领导艺术主要体现在以下几个方面。

1. 授权

授权管理出现于 20 世纪 90 年代，自诞生就受到了普遍的关注。管理人员和员工一致肯定这种管理思想。得到授权的一线员工可以在没有上级干扰的情况下，做出并执行重大决定。授权式管理的企业可以成为培养主人翁责任感和信任的环境，同时也使企业决策者减轻了日常琐事的压力。凯悦酒店前任地区副总裁爱德华·G. 萨力文（Edward G. Sullivan）曾经说过："酒店经理必须对员工进行培训并授权给他们，以使他们在处理顾客事件时能做到当场解决、判断准确、迅速有效、专业而礼貌。这样会提高服务质量和顾客的满意度，同时也给员工创造了良好的工作环境，经理就会有更多的时间做好他的管理工作"。

授权对休闲服务业尤其重要，因为休闲行业中的一线员工直接面对大量的顾客。在服务行业中顾客对企业的第一印象来自于他们和一线员工打交道的经历。如果授权给一线员工，让他们快速处理顾客的要求和问题，则会增加顾客的满意度，如果将问题提交给上级（主管或经理），就会拖延时间，那顾客的满意度就会大打折扣。相信大家都有过类似的经历：在餐厅或者休闲场所消费后，有优惠卡的可以打折，当常客偶尔忘记带卡时，前台工作人员仍然坚持"原则"，给消费者留下非常不好的印象。原因是前台工作人员没有决策权，究其实质还是管理层授权不够。要想真正落实授权，从管理上就必须接受这种观念，充分将决定权交给一线员工。授权的好处：增加顾客的满意度；员工的满意度的增加，个人价值得到体现，从而更加全身心低投入到工作中；服务质量的提高；一线员工可以处理日常琐事，从而使经理解放出来处理更多决策方面的事情；员工忠诚度增加，降低员工的流动率。

> **引例**

航空业中，员工与顾客的接触很多，针对突发情况和不可预料情况，服务人员必须在现场做出各种决策，以灵活地为客户提供多样化和个性化服务，因此需要航空公司授予员工必要的现场服务决策权。

长期以来，航班延误服务一直是我国航空公司颇为棘手的问题。深圳航空公司（以下简称深航）对由于航班延误而产生投诉的大量案例进行了分析，发现很多投诉是由于请示汇报的时间过长，问题没有及时解决造成。深航管理层意识到，若能授予一线员工现场决策能力，将有助于提高决策效率、及时对旅客提出的问题进行答复，即使出现航班不正常现象，也可能圆满解决，从而最大限度地减少投诉现象。为此，深航在员工授权方面出台了相应的管理制度：

（1）深航于 2005 年 8 月出台了《不正常航班地面服务保障规定》，提出"充分向一线人员授权"，即遇到不正常航班，员工在服务时无须请示汇报，可充分发挥自己的主观能动性，及时根据旅客的要求为其提供到位、优质的服务。

（2）深航根据民航总局航班延误处理意见，对《深航客户服务指南》进行了升级（第三版）。在升级后的指南中，深航明确了对 5 个方面不正常航班服务的补偿内容、标准和程序，包括：信息的传递；办理退票、变更和签转客票；食宿安排；经济补偿；代码共享航班不正常情况的服务，并将相应的现场处理权限授予了一线的客户服务员工。

深航充分授权给员工的策略收到良好效果。2006 年全国 9 家航空公司航班不正常率和旅客投诉率的数据表明，深航航班的不正常率排名最高（25.5%），但旅客投诉率最低

（0.0004‰）。这与其采用顾客授权策略密不可分。

资料来源：创新研究中心开发的国内外案例服务管理小案例之44：员工授权管理．[2008 - 10 - 09]．清华服务创新研究网．有删节。

2. 开放式沟通

沟通是生活的重要组成部分，据分析，人类除了睡觉，70%的时间都是用在人际沟通上的。而据调查，沟通不好也是现代休闲业员工跳槽的主要原因之一。所以，休闲企业平时要注意建立畅通的沟通渠道，创造足够的沟通机会，以加强沟通，在企业内建立一种良好的人际关系。事实证明，和谐的人际环境、向上的团队精神舒心的工作氛围对休闲业留住员工大有帮助。

> **引例**

波特曼·丽嘉的员工满意度从1999的70%提升到了2002年的97%，酒店上下在其中所做的努力有目共睹。狄高志认为，酒店目前已经实现了在薪酬、奖励、培训、职业发展等各方面的制度化执行。今后的进一步提高，来自于不断从小处着手，改进最基础的部分。每位员工都被鼓励寻找酒店运作中存在的弱点，并共同讨论解决。在人事部工作多年的丁萍也感受到，影响员工心情的常常只是一些小事，如果沟通渠道不畅通，小事情得不到管理层的重视和解决，日积月累就会影响员工满意度乃至敬业度。丽嘉的沟通制度是：每天的部门例会上，员工可以向主管反映前一天工作中发生的小问题，大家一起回顾具体出错的环节在哪里；每个月大部门会议，会讨论员工满意度的情况，向部门总监提出需要改进的地方，然后各部门会不断跟进事情的进展；另外，每个月人事总监还会随机抽取10个左右的各部门员工，一起喝下午茶。话题大到酒店硬件设施的维修，小到制服的熨烫，都会反馈到相关的部门加以解决。"我们会用最快的速度及时改进，否则也会给出进展的期限或者不能解决的解释，总之会让员工得到满意的答复。"

资料来源：波特曼·丽嘉．一切来自员工满意度．[2005 - 02 - 02]．中国人力资源开发网．有删节。

3. 走动式管理

"走动式管理"这一管理概念，最早是由管理学大师帕斯卡尔（R. Pascale）提出。后经过汤姆·彼得斯在《追求卓越的激情》一书中把走动式管理具体化。它的核心是管理者要融入员工之中，走动式管理被越来越多的休闲企业纳入常态的管理机制，要求各级管理者深入管理现场，走到员工和顾客中去，了解工作进度和存在的问题，听取顾客意见。麦当劳创始人雷克罗克大部分工作时间都是到各公司、部门走走、看看、听听、问问。麦当劳出现严重亏损危机时，克罗克想出一个"奇招"：将所有的经理的椅子靠背锯掉。迫使他们走出办公室，深入基层，开展"走动管理"。及时了解情况，现场解决问题，终于使公司扭亏为盈。

4. 营造宽松积极的工作氛围

由于休闲业一线员工直接面对顾客，而顾客的需求越来越个性化，要求高质量的服务，员工面对很大的工作压力。有人称"快乐也是生产力"。管理者应该营造快乐开心的工作氛围，丰富员工的业余生活和精神生活，使他们有充沛的精力，开心迎接工作中的挑战。

> **引例**

在麦当劳，人人平等，所有的人员都以名字来称呼，旨在营造宽松的工作氛围。此外，麦当劳实行"开门政策"，鼓励员工积极沟通，如果员工有问题和建议，随时可通过不同的方式进行沟通。员工的建议，对麦当劳的成功和未来发展都很重要。为使开门政策不流于形式，麦当劳有许多具体的措施：如，沟通日，员工可在特定的时间与餐厅经理或总经理进行沟通，当然日常的随时沟通也是有效的沟通方式；座谈会，管理层或工作伙伴之间会召开一些小型非正式的讨论，探讨一些意见、建议和问题；员工大会，每三个月至少召开一次，是员工与管理层沟通的又一渠道；办公室职员大会，由公司向办公室职员传递经营情况、市场情况及公司政策等有关信息；餐厅员工大会，是餐厅管理组向餐厅员工宣传公司有关政策、解决员工困难、采纳员工提出建议、表彰先进的重要渠道。

资料来源：麦当劳的人才观与人力资源管理．[2008 - 12 - 18]．河北人力资源网．有删节。

5. 积极肯定员工

员工积极的态度是休闲企业获取成功的基石。许多休闲业企业逐步认识到员工的重要性，员工是他们最重要的客户。如果他们对员工多加赞赏和肯定，员工就能更加努力地投入工作，并且在工作中献计献策，愿意多付出一份努力去为顾客服务。因为根据马斯洛的需要层次理论，每个人都有被尊重的需要。如北京一家洗浴中心的一员工，除了常规的洗浴按摩外，还自觉自愿地为年纪大的客人修脚。因为偶尔的一次替客人修脚便得到了客人和老总的赞赏和肯定。他在工作中感觉到了尊重，得到了满足。工作得到了认同，人生的价值得到了肯定和体现。从而更加全身心低投入到工作中。

> **引例**

与一些高高在上的经理们不同，波特曼·丽嘉从总经理到各级部门总监、主管都会经常在酒店巡视，关注每位员工的工作；平时也会注意收集自己员工的兴趣爱好，在奖励他或过生日时投其所好。"作为管理者，应当多花点时间去了解每位员工做了些什么特别的事情，他需要什么样的鼓励和肯定。这对于让员工保持积极心态是非常关键的。"狄高志说。在酒店大堂，有一位专职问候来店客人的员工 Nick Huang，他可以叫出酒店所有常客的名字，并用各国语言和他们热情地打招呼。客人们都很喜欢他，看见他就如同看见自己的管家一样亲切。由于这份天赋，五年来 Nick 没有换过岗位，但为了表示对他个人价值的肯定，每年酒店都会提高他的待遇，目前他的级别相当于大堂副理（Chief Lobby）。"我感到非常满足"这位年近半百的绅士说道。

资料来源：波特曼·丽嘉．一切来自员工满意度．中国人力资源开发网，[2005 - 02 - 02]．有删节。

第三节　休闲教育

一、休闲教育的意义与内涵

休闲需要教育吗？美国学者预测，未来 15 年中，发达国家将陆续进入"休闲时代"，发展中国家也将紧随其后。我国自 20 世纪 90 年代至今，休假制度不断变革，加上科技带来的社会交往的便利快捷，人们工作的时间和地点越来越灵活，人们拥有的闲暇时间越来越多。但是许多国家（包括中国）的民众休闲生活方式并不科学、合理。国民缺乏系统的休闲教育，以闲暇时间形态存在的社会资本远没有被充分利用，造成巨大浪费。现在对国内休闲状况的调查显示，中国居民的大多数休闲活动主要是以看电视、逛街、棋牌娱乐为主，休闲多趋向于被动的休闲、消极的休闲，甚至还有不健康的休闲。休闲活动单一、休闲质量不高、经常处于一种休而不闲的状态。是我国目前休闲现状。如十一长假很多人忙于应酬玩乐。导致患上节假日综合征。原因在于目前中国社会对闲暇时间的价值缺乏正确认识，休闲教育在中国几乎是一片空白。早在 1918 年，美国联邦教育局就将休闲教育列为高中教育的一条"中心原则"，即每个人都应该享有时间去培养他个人和社会的兴趣。

什么是休闲教育？1861 年英国教育学家斯宾塞"教育就是完美生活的准备"。有学者认为休闲教育就是在休闲中接受教育。成功地开发闲暇时间是西方发达国家社会进步和提高人的素质的一个很重要的经验。中国人民大学休闲经济研究中心主任王琪延认为休闲教育的目标是培养个人休闲能力和个人休闲事业经营能力。发展休闲教育，不仅可以促进人力资本增长，同时也可以促进经济发展。休闲教育包括认识和了解休闲，形成正确的休闲观念；休闲教育可以培养休闲能力，提高人们的休闲生活质量，体现人的生命价值，增强主观幸福感；休闲教育不仅仅是休闲技能的教育，也包括休闲产业经营管理的教育以及休闲价值观的教育。为迎接"休闲时代"的到来，我国应该积极倡导、普及休闲教育，提升国民的休闲能力，同时大力培养高素质的休闲专业人才，促使我国的休闲产业健康发展。

二、休闲教育的实施

休闲教育应该在各个层面展开，并且应该是终身教育。休闲教育是一个需要整个社会支持的系统工程，本节从家庭休闲教育、学校教育、社区休闲教育三个方面论述。

（一）家庭休闲教育

家庭教育是一个人终生教育的基础，父母是孩子的启蒙老师。家庭教育是人生的第一所学校，家庭是开展儿童休闲启蒙教育的重要场所。斯宾塞就曾说过："无论是从父母本身的幸福来看，或是从对子女和后代的性格和生活的影响看，我们都必须承认懂得对儿童少年进行体育、智育、德育的正确方法是非常重要的知识。这应该是每个男女所受教育中的最后课题。"随着闲暇时间的增多，父母陪伴孩子的时间也增多了。因此家长应注重言传身教，通过各种游戏和亲子休闲活动着重培养孩子休闲活动情趣及能力。

家庭休闲教育，教会孩子学会休闲，学会生活，帮助孩子树立正确的闲暇观念，培养孩子对休闲行为的选择和价值判断的能力。教会孩子学会欣赏美，培养社会交往能力，促进孩子身心的全面发展。让孩子学会选择对自己发展有意义的闲暇活动，鼓励孩子把自我发展与承担社会责任联系在一起，因此，父母要根据孩子的年龄特点、兴趣爱好为他们安排丰富有趣的休闲活动，寓教育于丰富多彩的活动之中。

> **引例**

"合家欢"家庭亲子游就要出发了！自《华西都市报》上周推出这项活动以后，不少家长打进本报热线咨询和报名，希望在亲子活动中能增进父母与孩子间的感情，也让孩子掌握切实有用的基本生存救护技能。记者近日走访发现，周末，大多数家长都给孩子安排了繁多的补课项目，即使有时间，孩子与父母一道出行，往往也只是大人身边的一个"影子"，锻炼不了团队协作及吃苦耐劳的精神。家住西华街的陈先生说："以前也常在周末带孩子出去，但往往是到了目的地之后，大人就围在一起打牌、聊天，孩子们则自己在一边找乐子，这样久了孩子就不愿意跟我们出去，与孩子间的感情反而疏远了。"不少家长打进本报热线表示，亲子活动的"坦克车"、"心灵感应"、"荆棘汲水"、"永不放弃"等项目太有趣了，特别是"心灵感应"训练，让娃娃蒙上双眼，通过心灵感应和点滴回忆来辨别和寻找亲人。"真想参加这个活动，希望孩子能认出自己。"另外，逃生安全训练也吸引了很多家庭前来参加，家长们希望自己的宝贝能掌握到切实有用的基本生存救护技能。参加过逃生训练的林佳小朋友说，炎热环境逼真地模拟了建筑物内火灾情况下的声、光、烟、热等现象，自己刚去的时候很害怕黑暗，心里很恐惧，但是在教练的指导下，最终通过正确的方法安全逃生。"生命救护训练让我学会了简易止血、包扎等，以后我碰到这样的事情就能沉着应对了。"

资料来源：增进感情，"合家欢"家庭亲子游本周末出发. 华西都市报，2008 - 04 - 12.

（二）学校休闲教育

1. 中小学休闲教育

中小学教育应全面培养学生德智体、情感心理和精神等方面的综合素质。可以利用多种方式将休闲教育导入学校教育教学中，如课内开设音乐鉴赏，文学欣赏等课程培养学生的审美情趣。同时在诸如一些主要课程的教学中引申出一些与休闲教育相关的内容，如语文课培养学生阅读世界名著，学会观察生活的技能等。也开展课外活动，将休闲教育融入在游戏或者竞赛等各种活动中，如书画比赛等。丰富完善学生的个性。培养学生正确的休闲价值观，使学生的综合素质得到全面提升。为了让学生在繁重的学习生活之外多一些休闲，2007 年 2 月杭州率先在全国推行中小学"一年四假"。但是，孩子的休闲状态却不十分理想。据 2007 年 2 月 25 日《家庭教育——中小学生家长》提供的杭州市拱墅区的一份调查显示，1/5 的孩子经常上网，热衷游戏的为数不少；免费博物馆比比皆是，八成小孩少有涉足；六成孩子喜欢读书，经典名著看得不多；看电视时间占去大头，公益活动少之又少；七成孩子很少运动，四成家长在意体能；八成家长希望学生闲暇生活能得到科学指导。懂得"休闲"，是一种智慧。牛顿赋闲乡下，发现了万有引力定律；瓦特发明蒸汽机受到沸水顶起壶盖现象的启迪……如何从小抓起，向孩子们普及科学、合理、健康的休闲教育是中小学要努力的。

2. 职业休闲教育

由于休闲产业的迅速发展，我国的休闲专业技术人才还相当匮乏。大力发展休闲职业教育，培养休闲产业急需技能型人才，是我国职业技术教育的重要任务。法国雅高酒店集团大中华区的副总裁泰文博说，在他眼里，休闲教育是为休闲产业培养更多人才，不仅要有高端的，更多需要低端的纯技术人才，因此应该大力发展职业教育，广泛培养休闲专业技术人才。同时采取资格准入制度，制定我国的休闲产业各领域的职业资格认证体系。积极开展相关的培训，提高休闲业从业人员的知识素养和专业技能。

引例

"往左转拉左缰，右脚踢马肚……"昨日，在位于金银湖的武汉东方马城内，来自内蒙古的专业骑师向武汉商贸职业学院国际管家专业的 59 名学生传授专业马术知识。该专业老师陈琳介绍，国际管家专业的学生从今年 10 月开始在东方马城上马术课。除学习马的品种、历史，马场建设等理论知识外，学生们还须熟练掌握备马鞍、刷马、骑马等最基础的马术技能。据了解，武汉商贸职业学院国际管家专业是 2006 年开设的、全国唯一进行学历教育的管家专业，目前在校生共有 59 人，学制三年，学生毕业后主要为富豪家庭当管家，或在高档小区从事物业管理。出于今后工作的需要，国际管家专业学生必须是"复合型全能人才"，并熟悉高档生活方式，除马术外，还要学习红酒、珠宝古玩鉴赏、插花、高尔夫等专业课。目前，不少用人单位到该校"预订"毕业生，仅深圳某酒店就一次性委托该校培养 100 人。

资料来源：楚天金报，2008 - 12 - 08. 有删节。

3. 大学休闲教育

发展休闲产业，开展休闲教育，必须以庞大坚实的休闲专业人才队伍为基石。中国人民大学的王琪延教授将大学休闲学科分为旅游休闲学、体育运动休闲学、娱乐学、爱好兴趣学和公益事业学等。因此有条件的大学要开办休闲专业，通过休闲专业学科建设，培养休闲管理的高级人才。同时，要在大学开设休闲教育的选修课，加强对大学生的休闲教育。

引例

浙江大学将在条件成熟时开设休闲学本科专业，"休闲学在国外并不是一门新鲜的学科"，浙江大学亚太休闲教育研究中心副主任楼含松说；"我们要做中国休闲教育的领跑者"，浙江大学亚太休闲教育研究中心主任庞学铨说。目前，浙江大学正计划组织相关学者编撰一本《休闲学导论》的教材，出版一套休闲研究书系，包括当代世界休闲研究论著的翻译出版，首批 5 种已经列入出版计划。楼含松说，通过一步步的努力，浙江大学将在深化学术研究的基础上，逐步形成学科建设和人才培养体系，建设休闲学的硕士、博士学位授权点，在条件成熟的时候，开设休闲学本科专业，成立休闲学院。培养休闲方面专门的管理技术与实务人才，以适应杭州城市发展的需要，推动国内休闲业的快速发展。

资料来源：杭州日报，2006 - 06 - 11. 有删节。

（三）社会休闲教育

高等院校与企业和政府部门合作，建立产学研一体化模式，加强对休闲企业管理、营销人才的培养，以适应休闲产业对人才的需要。如国内高尔夫人才严重的供不应求，培养本土化的高尔夫人才对现在或未来高尔夫的发展有着重要的意义。而高尔夫教育对师资的要求很高。如何解决这个问题？上海旭宝高尔夫俱乐部的副总经理黄沧江（2008）提出："在高尔夫人才的教育方面，我们强调理论与实际相结合。在办学初期，我们建议国内的院校能够与国外的院校结盟，这样可以保证成熟的高尔夫管理理论的来源；同时，院校可以与一些高尔夫俱乐部结盟，安排学生在球场进行实习，让他们在实际的工作中发现问题，以确保国内的高尔夫教育能够满足企业实际的需要。"

政府可以组织一些休闲行业协会开展行业培训，引入资格准入制度，进而提高从业者的素质。如中国商业联合会沐浴专业委员会组织业内专家、学者制订了《沐浴业职业经理人职业资格认证规范》，中国沐浴行业职业经理人职业资格认证培训工作已经全面展开。

社会上的商业性休闲服务机构和培训机构、社区可开展休闲技能相关的培训。汉孚休闲产业策划运营服务机构总经理吕志塘介绍，华尔街英语将所有的学校均开设在高档商务休闲区和 CBD 区域。环境高雅，内设休闲沙龙，可听音乐，欣赏影视作品，可以和老师交流也可以和同学自由交流，有课和没课都可以在学校休闲。学习者既可以自己的英语语言技能，同时又休闲交友打发闲暇时光。同时还有近些年来社区举办的各种厨艺、书画比赛等。

通过全社会的参与，多种途径、多种形式传播休闲相关知识，提高人们休闲生活质量。

引例

2008 中国国际美食旅游节品茗文化周在成都锦官驿街拉开帷幕。众多好茶市民闻讯赶往现场，免费畅饮茶艺大师们当场冲泡的好茶。四川新闻网记者在品茗文化周开幕式上看到，紫砂壶作品展、绵竹年画展和古琴乐器展亦同时展开。广大市民听紫砂壶鉴赏讲座、看年画大师现场作画、欣赏悠扬细腻的古筝演奏、近距离感受令人叹为观止的长嘴壶等川茶茶艺表演，品味清香怡人的特色川茶并开展茶文化交流。热闹的氛围中，洋溢着成都浓厚的茶文化气息。

资料来源：四川新闻网．[2008 – 10 – 12]．有删节。

健身塑身，女性成主力军

2 月 15 日，记者来到位于省城中山路上的一家名为"红舞裙"的拉丁舞培训机构，接待记者的一位女士表示，他们的拉丁舞培训从今年 3 月初开始上课，分为成人班和少儿班，成人班按每节课 20 元收费。她还告诉记者，早前已经开始接受学员报名，目前看来招生情况比较理想。"成人班报名的人也很多。主要是拉丁舞热情洋溢，不仅仅给人以美感，跳起来的时候运动量很大，有很多人没有把是否学好舞蹈放在首位，而是把跳舞当成是一种锻炼，因为跳拉丁舞的人一般会有比较好的身材，因此得到很多青年女性的青睐。"该培训机构一位舞蹈老师这样告诉记者。

资料来源：林雍．健身消费渐成时尚．江西日报，2009 – 02 – 17．

本章小结

本章探讨了休闲业的界定即第三产业中那些为人们的休闲消费需要提供休闲服务的行业或部门。休闲服务业的成功取决于一个企业为顾客、员工创造价值的能力。休闲企业必须不断提高员工满意度、顾客满意度、降低成本、提高人力资源的效能。我国目前休闲业人力资源管理重要任务是建立一支高素质的员工队伍，人力资源管理的重点是人力资源规划、培训与开发、调整劳资关系、和稳定员工队伍。

由于休闲业中普遍存在着劳动强度大、工作时间长、工作压力大等特点，因此在休闲业人力资源管理中必须真正做到以人为本，全员参与人力资源管理。对人力资源进行建立科学、动态的管理。目前休闲业面临着高层次的经营管理者匮乏，缺乏专业技术人员，员工流失率高，从业者素质普遍偏低，人力资源管理体制不完善，缺乏科学的人力资源管理体系等方面的挑战和问题。

休闲业人力资源管理的内容有：休闲业人力资源战略与规划、招聘与配置、培训、绩效管理与绩效管理。作为休闲业管理者必须具备良好的人格魅力、沟通能力、组织能力、领导能力，注重授权、沟通、为员工营造一个宽松和谐的工作氛围，积极肯定员工。

为了提升国民的休闲质量，使人力资本增值，促进经济的增长，我们必须全民展开休闲教育。家庭休闲教育注重言传身教，培养孩子良好的休闲习惯；中小学休闲教育丰富完善学生的个性。培养学生正确的休闲价值观，使学生的综合素质得到全面提升。职业学校为社会培养高素质的技工，有条件的高等院校开设休闲专业，通过休闲专业学科建设，培养休闲管理的高级人才。企业与院校联手培养紧缺的高层次休闲管理人才，社区、社会上各种营利性与非营利性服务机构通过开办讲座、展览、研讨会、等方式介绍休闲的相关知识和信息从而使人们学会休闲、享受休闲。

本章思考题

1. 名词解释

休闲业人力资源管理　人力资源规划　薪酬管理　绩效管理

2. 简答题

（1）休闲业人力资源管理的特点和意义是什么？

（2）人力资源管理仅仅是人力资源管理者的职责吗？

（3）人力资源管理的核心职能是什么？

（4）人力资源管理者在休闲业管理中扮演什么样的角色？

3. 论述题

为什么说人力资源管理可以提升休闲行业的竞争优势？

4. 材料分析题

位于美国佛罗里达州奥兰多市的迪斯尼公司成立于 1955 年，自创建以来，迪斯尼一直致力于娱乐业发展，已经成为集卡通设计、电视网络、电影、主题性公园、文化用服装服饰等为一体的大型娱乐性企业集团。随着公司业务的扩大及知名度的不断提高，公司雇员数目不断增加，人力资源管理工作也日见其重要性。

迪斯尼公司现有雇员 5 万人，有人力资源管理职务 500 多个，工作说明书 1500 多份，需要与 32 家工会达成 10 份左右劳工协议。此外，公司每天大约要雇用员工 100 名左右，同时又要处理现有员工岗位轮换及升调等工作。因此迪斯尼公司人力资源部所面临的工作量是巨大的，如何处理好这些繁忙的工作，并使本部门的工作与公司的总体战略目标相一致呢？

注重企业文化传达的招聘过程

迪斯尼公司总裁及首席执行官迈克。伊斯纳曾经说过，"保持公司良好的企业文化是我所要做的最重要的事。"这足以看出企业文化在迪斯尼公司所发挥的重要作用。同样，维持并提升公司现有的企业文化也是人力资源部的一个非常重要的任务。它必须使员工清楚地认识到消费者为什么会走进迪斯尼世界，并最终成为迪斯尼的一位忠实顾客，让他们理解自己在吸引顾客重复光顾迪斯尼中所发挥的作用。因此，人力资源部非常注意从招聘开始就对可能成为公司员工的人员进行企业文化熏陶。

在应聘者前来应聘之际，公司会主动向他们发放详细列有公司雇员工作条件及所应遵守的有关规章制度的文件，以便应聘者决定是否愿意并能够在这里工作。在整个应聘过程中，公司还会通过幻灯片、可视电话以及面试等多次沟通相关内容。

经过这一系列的精心安排，通过层层选拔的新员工在进入公司工作之前就会基本了解公司的企业文化，有利于规范他们的言行，保证公司沿着既定目标向前发展。

鼓舞士气的新员工教育

迪斯尼公司对新员工进行的岗前教育不仅仅局限于基本技能，他们更重视的是精神层面的教育，希望通过这些教育能够使新员工明白公司对他们的期望和要求，并能够向这方面努力。培训部经理帕克斯说："我们不是希望将员工放在迪斯尼中，而是希望将迪斯尼放在员工心中。"

灵活的激励机制

在迪斯尼，人力资源部负责人里雷向来访者展示公司自己绘制的有关员工士气变化的图表。通常在刚开始的时候员工的士气呈现不断上升的趋势，但随着时间的推移，这种上升的速度开始变缓，并在某一时刻开始下降。但值得庆幸的是，在下降一段后员工士气会再次上升，并且会上升到一个比原来更高的层面。这一过程将循环下去。

如何使员工保持较高的工作热情呢？里雷说："我们并不刻意地去激励员工，但是我们会创造一个支持性的工作环境，让员工们在其中自然而然地感受到激励因素的存在。"迪斯尼公司的具体做法是创建一系列的识别程序，主动去发现员工的先进事迹并及时地给予奖励。如公司将会给做了一件好事的员工一张"为你喝彩"卡。

更值得一提的是以下五点：

——迪斯尼公司废除了有关出勤的奖励。因为他们不希望顾客看到生病的员工，这会影响到公司的整体形象。

——迪斯尼公司取消了考核部门。因为他们认为考核不应该仅仅是一个部门的工作，考核更应该是各部门领导的责任。

——人力资源部将在新任经理上任的前几天向他们讲述公司总体的考核基准及奖励办法。每一部门可以根据自己的实际情况，在这一基准上制定自己的奖惩制度。正是迪斯尼公司的这种分权式奖励系统，使公司内部保持了一种共同参与的气氛。人力资源部经理安德森说："我们仅仅提供一种框架，我们希望各个部门有他们自己的激励方式。"

——公司的部门经理可以根据本部门的实际情况制定自己的考核基准。这一新的考核基准要能够有效的运转，降低本部门的员工流失率，提高顾客的满意度。

——以何种方式奖励新员工，经理会征求新员工本人的意见，采取休假、送电影票、公开表扬等不同方式。

正是这种独特灵活的考核激励系统的建立与运作，成了迪斯尼维持较高的员工士气的秘诀。

完善的内部沟通网络

迪斯尼公司员工众多且工作领域分散，因此公司采取各种方法以保持公司内部的有效交流，以及准确地传达相关信息。公司所采用的沟通工具有：各种电子公告板、电子邮件、计算机网络中心、内部电视台等等，并且公司每周都要发放4万多份内部报刊——《视与听》，传播公司内部信息。各班主管将分别在早、中、晚时间向相应班次的员工传达最新信息。

迪斯尼公司还以为，尽管有各种各样的沟通工具，但部门领导的直接参与是最好的沟通方式。因为每一个员工都希望从他的上级那里直接得到消息。每年，迪斯尼公司都会聘请外部咨询公司，帮助调查员工对公司的企业文化领导模式、工作流程等方面的满意度，并将结果公布，找出其中可以改进的方面，用来指导下一年的工作。可以肯定，有效的内部沟通大大降低了迪斯尼的内部交易费用，提高了工作效率，保证了公司正常高效营运。

除了上面所述的各种管理方法以外，迪斯尼公司还非常重视以下三方面人力资源管理内容。

一是员工关系。迪斯尼公司为员工提供公平的就业机会；履行有关的保护残疾人法规；对有关性别歧视的案例进行及时调查和处理；定期与工会签订相关协议等等。

二是管理培训。迪斯尼公司为各级经理制定了相应的职业发展和核心培训计划，同时又设计了成套的反馈工具。

三是报酬系统。迪斯尼公司每年都会制定奖赏计划，并向公司公布同期同行业工资水平，同时健全自身的绩效评估系统。

资料来源：林晓飞. 看迪斯尼怎样"管人". ［2005－04－25］. 中国人力资源开发网. 有删节。

问题：

（1）分析迪斯尼公司人力资源管理的特点。

（2）对我国的休闲业经营管理者有何启发？

本章延伸阅读

［1］www. hrd. net 中国人力资源开发网

［2］http://www. ccnt. com. cn 中国文化信息网

［3］卿前龙. 休闲服务与休闲服务业发展［M］. 北京：经济科学出版社，2007.

［4］楼嘉军. 休闲产业初探［J］. 旅游科学，2003，（2）.

第十章　休闲政策与法规

本章导读

休闲政策与法规是促进休闲产业健康发展、保障人们休闲权利得以实现的基础。休闲产业政策与法规的制定与实施得当与否，直接影响休闲组织运作、休闲产业的发展，导向正确的产业政策与法规在引导产业结构调整、规范市场竞争秩序、保护脆弱行业等方面发挥重要影响。

休闲产业涉及的行业范围广泛，目前世界各国都还是针对休闲产业中的某一行业进行立法规范，都没有专门针对休闲产业的统一政策，世界各国都在不断地完善和充实自己的休闲产业政策。本章将介绍国内外主要的休闲产业政策及法律法规，对比国内外休假制度及其对我国的启示。不同经济体制、社会制度的国家所采取的休闲政策不同，同一个国家在不同历史时期也会对其休闲政策进行调整。随着人类休闲需求变化及休闲产业的发展，休闲政策与法规也处于不断变化之中。

第一节　休闲产业政策

产业政策是指政府为了扶持某一产业的发展而制定的各个方面的促进政策和保障政策。制定和操作产业政策的主体是政府，针对的对象是某一特定产业。[①] 休闲产业政策是相关政府部门制定的旨在促进、规范休闲产业发展的一系列政策的总和，是国家组织实现休闲经济管理职能的重要工具。既包括休闲发展的指导方针、总体原则，也包括产业发展政策、就业政策、休闲管理制度、休闲产业配套与保障政策等。其目的在于达到规范休闲业经营市场，提高休闲业的经济效益，并确保消费者正当权益。

一、制定休闲产业政策的重要性

产业政策能在一定程度上促进经济增长、推动产业结构调整优化，这已成为大多数学者的共识，并为许多国家的实践所证明。休闲产业政策对休闲产业发展的影响主要有以下几个方面。

（一）体现政府休闲产业发展的价值取向

产业政策具有鲜明的指向性，引导产业的发展方向。关于某一产业发展的基本政策体现了政府进行行业管理的基本价值取向，是政府实现国家管理的基本手段。

[材料阅读]

"二为"、"双百"方针与"五个一工程"

我国社会主义文化的总政策为"二为"、"双百"：即"为人民服务"、"为社会主义服

---

① 魏小安，韩健民. 旅游强国之路：中国旅游产业政策体系研究［M］. 北京：中国旅游出版社，2003：313.

197

务"、"百花齐放"、"百家争鸣"这也是我国文化产业发展的基本方针。党的十五大从新的理论高度把"文艺为人民服务,为社会主义服务"同人的素质的提高,人和社会的全面进步、全面发展统一起来。体现了我国文化政策的一种价值取向:人和社会的全面进步和发展,是对马克思文艺思想和政策思想的一种发展。"双百"是实现"二为"的手段,体现的是文化发展和学术创作的自由。

"五个一工程"是由中共中央宣传部组织的精神文明建设评选活动,自1992年起每年进行一次,评选上一年度各省、自治区、直辖市和中央部分部委,以及解放军总政治部等单位组织生产、推荐申报的精神产品中五个方面的精品佳作,并对组织这些精神产品生产成绩突出的省、自治区、直辖市党委宣传部和部队有关部门,授予组织工作奖。至今已有电影122部、电视剧291部、戏剧243部、歌曲193首、广播剧159部获得"五个一工程"奖。这些代表着"五个一工程"实施十几年来丰厚收获的精品力作,凝聚着各级宣传文化部门和广大文艺工作者的心血。

这五个方面是:一部好的戏剧作品,一部好的电视剧(片)作品,一部好的图书(限社会科学方面),一部好的理论文章(限社会科学方面)。1995年度起,将一首好歌和一部好的广播剧列入评选范围,"五个一工程"的名称不变。无论是家喻户晓的电视剧《亮剑》、《长征》、《激情燃烧的岁月》、《编辑部的故事》,还是创下当年国产电影票房奇迹的《生死抉择》、《离开雷锋的日子》,或是传唱大江南北的歌曲《春天的故事》等一大批广大群众耳熟能详的文艺作品,都曾经是"五个一工程"的优秀作品。

资料来源:作者根据相关资料整理。

(二)引导休闲产业结构调整

从某种意义上说,产业政策就是"结构政策"。产业政策之所以对产业结构的调整和优化具有重要影响,主要因为产业政策不仅制定了产业结构调整的方向、目标、规划,而且拥有引导结构调整的各种手段和途径,能够通过法律、行政、经济的手段,使政策客体即政策作用对象的利益发生改变,从而使政策客体对自己的经营方向和经营行为作出必要的调整,使资源配置按预定的目标发展,使生产要素向预定的方向流动。

(三)规范休闲产业市场竞争秩序

在产业成长过程中尤其在产业发展初期,有两个最关键的问题:①市场进入和退出的无序,②产业内的恶性竞争和过度竞争。运用产业政策设置一定门槛,对资本进出产业进行一定限制,对竞争行为施加一定的干预,可以避免产业长时间处在内部恶性竞争、过度竞争的混乱、无序局面,以帮助产业尽快走向健康发展的道路。通过制定各种产业政策,可以为产业发展创造必要的竞争秩序和竞争环境。比如《反不正当竞争法》和《反垄断法》,既反对产业内的过度竞争和恶性竞争,又反对阻碍竞争的垄断行为,以保证竞争的公平性,实现有效竞争,维护市场活力。

二、休闲产业政策的类型和功能

政府参与休闲产业管理,支持和培育休闲产业的健康发展是休闲业发达国家的普遍经验。政府参与休闲服务的传统解释是,政府的参与对于为全体人民提供总体福利是必要的。Lowi(1972)指出,公共政策包括四种类型:分配型政策(distributive policy),即旨在使所有或者大部分公民平等受益的政策;再分配型政策(redistributive policy),一般使一部分人受益而另一部分人受损；宪法型政策（constituent policy），即确定社会一些基本程序如选举法等的政策；规制型政策（regulative policy），旨在控制社会成员的行为。休闲政策基本上涵盖了其中三种：分配型的，如为了促进国家自豪感而投资体育；再分配型的，如提供给失业者、老年人、残障人士等部分人群的休闲服务；规制型的，如禁止毒品娱乐等。① 另外，根据政策作用的对象，按照休闲行业的类别可以将休闲政策大致分为：户外游憩政策、体育运动政策、文化艺术和娱乐政策、旅游政策、针对特殊人群的休闲政策等。

伯尔顿对政府在公共休闲服务供给中的作用进行了深入的分析，认为政府的作用主要体现在五个方面：直接向公众提供休闲服务；以授权或合作的方式提供休闲服务；以补贴的方式提供休闲服务；作为立法者和管理者提高有关休闲的立法或休闲管理服务。威尔（2002）归纳了政府参与休闲领域的管理的范围及参与活动的类型（表10－1）。

表10－1　政府在休闲活动中的参与类型（威尔，2002）

部门	政府涉及的类型			
	推广/供应	支持	规范/控制	禁止
运动	津贴/赞助/运动		运动药品测试/动物对待规范	残酷运动/禁止的兴奋药品
户外/环境/遗产部门	公园的供应/自然和历史遗产的保护	保护性立法		稀有物种的保护/物种遗产出口的禁止
艺术/广播	补贴/资助艺术体/对文化设施和服务的直接供应（通常是资助）		赞助	艺术遗产出口的禁止
社会活动	一些直接的供应（如海滩、社区中心）		酒精许可证/税/赌博执照/收卖淫税/妓院控制	游憩药品
旅游	旅游推广的资金；自然、遗产、艺术设施/服务的拥有保护与供应	贸易使命/大使	航线/空中交通的规范/移民/护照	
所有部门	培训/教育；研究资金；慈善事业；给地方权力机关更多立法权		个体/人群/集会地点的安全规范；噪音控制；镇/国家规划	

资料来源：吴承忠. 国外休闲经济——发展与公共管理［M］. 北京：人民出版社，2008：177－178.

三、国外休闲经营管理的政策

（一）英国休闲业发展的公共政策②

工业革命时期被看成是英国休闲运动的一个重要时期，18世纪晚期的工业革命的英国休闲政策发展研究的起点。英国休闲业发展的公共政策经历了几个阶段的演变（表10－2），显现出不同时期政府的产业管理政策导向。

---

① 宋瑞. 英国休闲发展的公共管理及其启示[J]. 杭州师范学院学报:社会科学版,2006,(5):46－51.

② 克里斯·布尔，杰恩·胡思，迈克·韦德，著. 休闲研究引论［M］. 田里，董建新，等译. 昆明：云南大学出版社，2006.

表 10-2　英国休闲公共政策的演变

时期	社会经济政策	休闲与游憩政策	政府的角色	商业部门的角色	志愿组织的角色
1780~1840年压制大众娱乐时期	济贫法修正法案（1834）	道路法案（1835）禁止血腥运动法案（1833）	控制和压制工人阶级"破坏性的"休闲活动，如街道足球、大众足球和斗兽运动；但资产阶级喜爱的休闲活动如打猎和射击却不受限制	小企业家（如酒馆老板）代替地主成为大众娱乐的提供者	控制工人阶级组织
1840~1900年社会经济政策中自由主义逐渐消除	工厂法案（1847、1867）、教育法案（1870）等公共澡堂和洗衣房法案（1846）	博物馆法案（1849）、图书馆法案（1850）、游憩场地法案（1852）等	国家支持、促进各种"提高型"休闲活动；立法虽不提倡但也开始允许将公共资金用于休闲活动	资本投资规模增大，如投资铁路、大型音乐厅、体育场、休闲设施等	反映中产阶级的意志，控制各类休闲组织，如工人俱乐部等
1900~1939年社会改革，奠定了福利国家的基础	教育法案（1902）、养老金法案（1908）、国家健康保险（1911）、失业保险法案（1934）	国家信托法案（1907）、城镇规划法案（1909）、赋予森林委员会以游憩管理职能（1919）、运动游憩和培训法案（1937）、山区进入法案（1939）等，《体育训练和娱乐法案》（1937）	认识到休闲是政府应该考虑的问题；政府开始主动发展和制定积极的休闲政策	随着劳动者可支配收入的增加，吸引了新的投资；从美国引进各种休闲产品如电影、音乐等；新技术带来新的休闲设施如收音机、照相机、汽车、摩托车等	建立志愿者机构和压力集团
1944~1976年福利国家的增长和成熟	教育法案（1944）、家庭补贴条例（1945）、产业分布法案（1945）、国家保险法案（1946）	1946年成立艺术理事会；1949年出台《国家公园和进入乡村法案》；1965年成立体育理事会；1968年成立乡村委员会；1975年发布《体育和游憩白皮书》	休闲被看作是福利服务的组成部分，是社会成员每日生活的必需之一	跨国性的休闲产业投资出现；增长最明显的是家庭休闲和旅游	志愿性的休闲机构增加，特别是对于社会经济高层集团
1976~1984年新的经济实用主义和福利国家的重建	1977年城市政策白皮书	减少地方政府和艺术理事会的开支；城市政策中增加"足球和社区""休闲和失业"等项目	认为休闲花费是一种"社会开支"	休闲投资集中在一些大型的跨国企业，垂直一体化	志愿者机构提供以前由政府提供的服务
1985年至今国家灵活化、减少投资（后福特主义国家）	权力集权化而供给分散化、市场化；建立了城市开发公司、公共休闲设施商业管理、企业区、1988年教育法案	地方政府预算减少	服务供给的市场化，休闲和旅游是一种经济生产活动，休闲的居住地供给成为城市主要的社会政策	灵活的积累战略	志愿者机构作为政府的补充和替代，管理并资助体育、艺术机构

资料来源：根据 Ian P. Henry（1996）. The Politics of Leisure Policy. London：E&FN 整理而成。转引自宋瑞. 英国休闲发展的公共管理及其启示［J］. 杭州师范学院学报：社会科学版，2006，（5）：46-51. 作者有修改。

（二）美国休闲产业政策

美国经济很多方面都涉及休闲服务领域。美国的休闲服务分别由政府、非营利性服务机构及营利性服务机构来实施。其中，营利性服务机构承担的比例达95%，政府和非营利性服务机构主要为青少年和老年提供某些项目的服务。

美国休闲产业在产业法制、产业标准等多方面走在世界的前沿。这其中行业协会功不可没。《2005美国户外休闲政策法案》首次为休闲政策的发展建立起一个全国性的约束机制，此法案由美国休闲联盟（ARC）和其他休闲产业组织共同起草。美国休闲联盟（ARC）是协调全美国联邦户外休闲产业政策、计划、产业实施的中介机构，由100多个休闲产业组织组成。另一个对美国休闲业发展产生影响的是美国户外产业协会（OIA）。该协会成立于1989年，是美国户外休闲行业企业最主要贸易协会组织，其成员包括全美4000多家户外休闲用品生产商、分销商、供应商、销售代表和零售商。协会制定的发展政策对美国休闲业发展影响重大。其2009年的休闲业发展政策主要包括：寻求更多的联邦资金投入建设居家附近的公园，步道和休闲娱乐基础设施；倡导为"水土保护的国家协助计划"、"森林休闲计划"、"休闲步道建设计划"增加资助；确保立法方向能够反映户外行业的需求，并维持现有的对在公共土地休闲的资助和保护；确保促进社区户外休闲活动计划能够进入国家公园服务百年发展法案（National Park Service Centennial Challenge Act），以及参与其他促进和保护户外休闲业发展的立法活动。[1]

协会设有户外行业基金会（The Outdoor Foundation），其目标是成为美国户外休闲活动发展的一个推动力量。以青少年中户外休闲活动（Teens Outside）计划为例，该活动致力于引导青少年参加居家附近的户外休闲活动，如徒步、野营、登山、骑车以及划水等，这些运动能够使青少年获得可持续的，长期的运动体验。该计划充分利用全国现有的社区项目，并为参与活动的青少年们安排指导老师。自2006年秋起至今，该计划已经在13个州的28个社区开展起来，2008年得到了美国娱乐和公园协会（National Recreation and Park Association，NRPA）的10万美元的支持，同时也获得美国儿童与自然论坛（National Forum on Children and Nature）的认可，被评为全美30个促进儿童接近自然的创新性项目之一。[2]

（三）韩国的"文化立国"战略

20世纪60年代到90年代初，韩国本土文化在日美以及中国香港、中国台湾文化的强势冲击下几乎被淹没。当时，美国"大片"等外国产品在韩国影视市场上几乎占60%的份额。韩国电影出口额1995年为21万美元，到2005年则达6700万美元，电视剧出口额近1亿美元。现在，韩国影视产品已经登陆欧洲和北美市场，并确保占有一席之地。这与韩国政府的积极扶持直接相关。

（1）产业定位明确。1998年，韩国正式提出"文化立国"战略，将文化产业定位为国家经济的支柱产业而重点扶持。目标是五年内把韩国文化产业的市场份额由1%提升到5%，使韩国成为世界五大文化产业强国之一。

（2）对产业进行政策和法律双重保护。1997年韩国成立了"文化产业基金会"，1998

---

① 2009, The OIA Policy Agenda，美国户外产业协会网站，http://www.outdoorindustry.org.
② 据美国户外行业基金会网站新闻整理，http://www.outdoorfoundation.org/grants.teensoutside.html.

年取消了电影审查制度，让影视作家得到了充分的创作自由，此后又颁布了《文化产业振兴基本法》，并先后制定了《国民政府新文化政策》、《文化产业发展五年计划》、《文化产业推进计划》等十几部法律法规，并于 2001 年成立了"韩国文化产业振兴院"。在"文化立国"战略中，影视业被视为"重中之重"。韩国政府努力采取一系列措施为影视业的振兴创造宽松环境：制定并完善了《电影振兴法》、《音像制品及游戏类产品法》等一系列相关法律。

（3）对文化产业实行税收优惠政策。通过文化登记制度、税收政策等鼓励企业向文化事业投资，以实现文化投资主体的多元化。例如，凡投资影视等文化项目的企业，皆可享受 3% 的税收优惠。

（4）为产业发展提供资金支持。韩国建立了电影振兴公社，设立专门的电影振兴基金，完善文化经济政策。电影振兴公社通过"电影专门投资组合"，每年可融资 3000 亿～4000 亿韩元（约合 3 亿～4 亿美元）。同时，政府每年拨出相当于 500 万美元的资金，重点扶持 20 部电影的制作。近年来，韩国政府逐年加大文化产业预算，到 2003 年对文化产业的投入已经达到 1001673 亿韩元。为了将文化产业培育成为 21 世纪韩国的核心产业，韩国政府专门设定了"文化产业发展中长期政策方向"和"数字时代广播影像产业振兴促进战略"，并成立了"影像制品出口支援中心"，集中资金，支持其出口创汇。

（5）政策规范与行政命令同时使用。在政府的大力倡导之下，三星、LG、CJ 等大企业集团纷纷参与影院建设，新型复合影院连锁网已颇具规模。政府还出台了"义务上映制度"，即每家影院一年内播放国产影片不得少于 146 天，电视台播放国产影片也必须保证达到 25%，给国产电影创造了良好的生存空间。

（6）制定奖励制度。2002 年起韩国政府设立"出口奖"，由文化观光部和文化产业振兴院从过去一年的出口产品和单位中评选出 10 个奖项。如曾获得韩国政府授予的"出口特别奖"的电视剧《蓝色生死恋》制作公司除资金外，还获得了国家提供的在国内外经营出口方面的多种优惠。

（7）整合影视旅游产业链。政府部门大力支持举办影视节等文化节庆活动，并为其提供资金支持，为配合吸引"韩流"、"韩剧"旅游者，韩国在简化旅游者签证手续，购物减税、免税等方面推出多项措施。影视业与旅游业的紧密互动产生了"放大效应"，在一部《冬季恋歌》带来的旅游收入就达 1 万亿韩元。《大长今》播出后，2004 年到韩国的游客人数增加了 15% 以上。据统计，2005 年，旅游业为韩国创汇 10.7 亿美元。

四、我国的休闲产业政策

（一）制定休闲产业政策的原则

随着我国的经济的不断增发展，人民的休闲需求不断提升，将逐步地进入休闲时代。休闲经济成为新的经济增长点，成为我国目前扩大内需的主要动力。在制定产业政策时，要把握以下基本原则：①政策要具有前瞻性，科学把握休闲产业的发展的趋势。②结构多元化，满足各个不同阶层的需要。③力求协调性，注重相关配套政策的支持。④体现可操作性，因地制宜把握差异性。⑤体现社会公平，《全球人权宣言》第 27 号决议提出："每个人都有权利参加社区文化生活，欣赏艺术，分享科技成就及其利益。"我国休闲产业政策应该体现实现社会公平，扶助弱势群体的原则，以使我国休闲产业在发展初期就能够体现"以人为本"的目标。

休闲产业政策在具体的贯彻落实过程中，要把握以下实施原则：①可持续发展的原则。协调好经济效益与社会效益、眼前利益与长远利益、局部利益与全局利益的关系。②坚持政府主导与市场机制相结合的原则。政府在休闲产业发展过程中要发挥组织协调和管理的职能，并充分发挥市场资源配置的基础作用。③把握价值观导向的原则。发展休闲产业最终目标是为了提升我国人民生活质量和生活品质，弘扬社会主义价值观和精神文明成果。④对外开放的原则。伴随着我国加入 WTO，我国国内市场体系逐步与国际市场体系接轨，这对休闲业，尤其是休闲服务业来说既是挑战也是机遇。

（二）我国主要休闲行业的产业政策

1. 旅游产业政策

我国旅游业起步于新中国成立，真正大发展始于改革开放以后。30 年来我国从中央政府到地方各级政府相继制定并贯彻执行了适合本国国情的旅游发展路线、方针和产业政策（表 10-3），带动了相关产业的发展，刺激了经济繁荣，丰富了人民群众的业余文化精神生活，在建设小康社会、构建和谐社会的伟大事业中作出了积极的贡献。

表 10-3　1978 年以来我国主要旅游政策

时期	主要事件/政策	主要影响
1978~1980 年游业起步阶段	1978 年 10 月至 1979 年 7 月，邓小平同志 5 次专门讲话 1979 年全国旅游工作会议，提出旅游工作要从"政治接待型"转变为"经济经营型"	形成对旅游业的基本认识
1981~1985 年旅游业培育期	1981 年提出今后一个时期发展旅游事业方针："积极发展，量力而行，稳步前进"；旅游管理体制原则："统一领导，分散经营"；并决定旅游总局要与国旅总社分开，国务院成立旅游工作领导小组 1984 年，国务院批复《关于开创旅游工作新局面几个问题的报告》提出了加快旅游基础设施的建设要采取国家、地方、部门、集体和个人一起上，自力更生和利用外资一起上的方针和旅游行政部门简政放权等措施 1985 年国务院批复《关于当前旅游体制改革几个问题的报告》，提出了旅游管理体制实行"政企分开，统一领导，分级管理，分散经营，统一对外"的原则，下放外联权的签证通知权 1985 年 12 月国务院批准《全国旅游事业发展规划（1986 年至 2000 年）》	确立旅游发展基本方针和原则；实现四个转变，由国际旅游为主转为国际和国内旅游并重
1986~1990 年旅游业在调整中发展	1986 年将旅游业列入"七五"计划，指出"要大力发展旅游业，增加外汇收入，促进各国人民之间的友好往来"。这是旅游业第一次在国家计划中出现，旅游的产业地位首次得到了明确，是旅游产业发展的一个重要标志 制定了行业管理规范，《旅行社管理暂行条例》（1985）、《导游人员管理暂行条例》（1987）、《中华人民共和国评定旅游涉外饭店星级的规定》（1988），1990 年，全国开展了清理整顿旅行社市场的活动 1988 年国务院出台 101 号文，将旅游宾馆建设纳入楼堂馆所的范围，实行严格控制。之后在国家计委出台的产业导向目录中楼堂馆所别列为限制发展的类别 1990 年，国家旅游局发布了《关于组织我国公民赴东南亚三国旅游的暂行管理办法》，正式启动了中国公民自费出国旅游的市场	旅游业产业地位的初步明确，开始建立旅游行业管理体系

时期	主要事件/政策	主要影响
1991～1995 年旅游业产业发展政策环境改善	1992 年《关于加快发展第三产业的决定》，进一步明确旅游业是第三产业的重点，各级政府相继把旅游业列入国民经济和社会发展计划 1993 年《关于发展国内旅游业的意见》，"搞活市场，正确引导，加强管理，提高质量"成为国内旅游发展方针，带动国内游蓬勃发展 1994 年旅游外汇统计由行政统计调整为抽样调查方式，旅游业开始有反映全行业发展的数据体系 1995 年，实行旅行社质量保证金制度；成立"全国旅游标准化技术委员会"，继续旅游市场专项治理工作	把旅游业主要当作经济产业来办，旅游业地位逐步提高，大市场、大旅游的观念开始产生；行业管理为政府主导型
1996～2000 年旅游产业高速发展	1997 年《中国公民自费出国旅游管理暂行办法》标志着中国开办公民自费出国旅游从试验阶段过渡到正式实施阶段 1998 年中央经济工作会议将旅游业和房地产业、信息业等行业一起被确定为国民经济新的增长点 1999 年《全国年节及纪念日放假办法》、2000 年《关于进一步发展假日旅游的若干意见》，国内旅游极大发展，形成了假日旅游现象 各地方政府出台旅游发展办法，明确旅游产业地位 中国优秀旅游城市评选与建设活动实施，城市旅游得到快速发展	旅游业在区域经济中的地位得以确立；形成了一系列行业标准和管理法规
2000 年至今旅游业持续、稳定发展	2001 年《关于进一步加快旅游业发展的通知》中重申改革开放以来旅游业"在促进对外开放，推动国民经济增长，增加就业和消除贫困，提高人民生活质量等方面发挥了重要作用"，提出要"树立大旅游观念"，"进一步发挥旅游业作为国民经济新的增长点的作用" 区域协调发展："西部大开发战略"将旅游业作为重点发展产业，2002 年旅游工作会议提出加快西部地区和西藏地区旅游业发展的步伐，实施"支教兴旅扶贫"战略，对中西部地区"送教上门" 开放出境旅游市场：《大陆居民赴香港、澳门旅游管理办法》（2004）、《中国公民出国旅游管理办法》（2002）、《大陆居民赴台湾旅游管理办法》（2008） 丰富旅游产品结构：《全国农业旅游示范点、全国工业旅游示范点检查标准（试行）》（2002）、《2004－2010 年全国红色旅游发展规划纲要》、《全国乡村旅游倍增计划》（2009）、《国民休闲旅游计划》（2009） 注重旅游业可持续发展：《关于进一步加强旅游生态环境保护的通知》 坚持旅游业的对外开放：《设立外商控股、外商独资旅行社暂行规定》（2003）、《内地与香港关于建立更紧密经贸关系的安排》（2005）、《内地与澳门关于建立更紧密经贸关系的安排》（2005）；2004 旅游工作会议提出鼓励中国有实力的旅游企业"走出去" 加强行业规范管理，如修订《中华人民共和国评定旅游涉外饭店星级的规定》、《旅游景区的质量等级划分与评定》、《导游人员管理实施办法》、《旅游资源分类、调查与评价》、《旅游规划通则》等 加强旅游业的对外合作，签订《釜山宣言》（2008）加强中日韩旅游发展合作等	积极发展旅游业成为从中央到地方的共识；"三个市场"平衡发展的局面开始形成；旅游产业发展模式转向集约型；行业管理以尊重市场经济规律为主，辅以政府管理协调

资料来源：作者据相关资料整理。

2. 文化产业政策

文化产品主要是满足人们闲暇时间的生活和消费需要，文化产业是休闲产业的重要组成部分。文化产业政策是指国家权威部门制定并组织实施的旨在鼓励、规范文化产业发展的一系列政策的总和。从 20 世纪 80 年代开始，我国政府出台了一系列文化产业发展的政策和措施，平均每年出台的政策文本多达 8 个。[①] 我国政府颁布的文化产业政策内容非常丰富，涉及面广。具体说，主要有以下几个方面：[②]

（1）鼓励多种经济成分共同发展文化产业。长期以来，文化一直被看成是意识形态的重要工具和由政府包揽的社会公益事业。随着改革开放的不断深入，这种格局开始打破。2005 年国务院出台的《关于非公有资本进入文化产业的有关规定》和《关于文化领域引进外资的若干意见》，对非公有资本和外资可以进入文化产业的哪些领域和禁止进入的领域作了详尽的规定。一个以公有制为主体、多种所有制共同发展文化产业的格局初步形成。

（2）优化文化产业组织的政策。主要包括：严格行业准入壁垒，控制企业数量；提高文化产业规模化、集约化、专业化水平，培育和建设一批文化产业基地；推行大企业、大集团战略，重点培育发展一批实力雄厚、具有较强竞争力和影响力的大型文化企业和企业集团；支持和鼓励大型国有文化企业和企业集团实行跨地区、跨行业兼并重组；鼓励同一地区的媒体下属经营性公司之间互相参股；支持中小型文化单位向"专、精、特、新"方向发展，形成富有活力的优势产业群。

（3）促进各地区文化产业协调发展的政策。国家在文化经济政策中制定了专门扶持少数民族和落后地区文化事业的优惠政策，如文化部出台的《关于实施西部大开发战略加强西部文化建设的意见》（2000）。旨在保持发达地区文化产业快速发展的同时，国家加大扶持中西部地区、尤其是落后地区和少数民族地区的文化发展的力度，促进文化资源配置向农村和中西部地区倾斜。政策内容包括增加经费投入，加强文化设施建设、文艺人才培养、对外文化交流、文物保护等。

（4）鼓励文化产业发展的经济政策。如对大中小学的学生课本和专为少年儿童出版发行的报纸和刊物，科技图书和科技期刊等出版物的增值税实行先征后退的税收优惠政策办法。建立影视文化产业发展的专项资金，如"宣传文化发展专项资金"、"优秀剧（节）目创作演出专项资金"、"国家电影事业发展专项资金"、和"出版发展专项资金"等。同时鼓励对文化事业的捐赠。

（5）促进文化产业发展的对外开放政策。在文化贸易方面，以"控制总量、合理布局、优化结构"为进口政策的原则，同时采取出口退税、补贴等鼓励文化产品和服务出口。对某些实力较弱的行业进行适度保护如电影的进口限额、黄金时段禁播国外动画片等。积极鼓励文化企业"走出去"在金融、投资、外汇、人才、管理、税收等方面给予政策支持。

（6）提升文化产业技术水平政策。文化产业是科技含量高的产业，尤其是广播影视、报刊出版、广告展览。我国制定了一系列优惠政策，鼓励企业增加对高新技术的研发投入，利用高新技术改造传统产业，加速技术设备更新换代，提升传统产业的技术水平，提

---

① 杨吉华．文化产业政策研究［D］．北京：中共中央党校，2007.

② 同①。

高信息化水平，实施"数字战略"。对从事数字广播影视、数据库、电子出版物等研发、生产、传播的文化企业，凡符合国家现行高新技术企业税收优惠政策规定的，统一享受相应的税收优惠政策。

3. 体育产业政策

有人统计，旅游、运动、阅读是人们选择休闲方式排在前三位的活动。可见体育运动在人们的休闲生活中具有多么重要的位置。改革开放以来，国家的政策集中于经济建设，相对忽视了体育产业的发展。所以，目前我国的体育事业、产业的发展还没有走上真正意义上的正规化道路。但是，国家相关的政策也在不断地完善，体育政策有从精英竞技化走向民众休闲化的趋势。[1] 1995 年 6 月，国务院颁布《全民健身计划纲要》；同年 8 月，全国人大常委会通过《中华人民共和国体育法》。此后又有一系列法规和规章相继出台，群众体育和全民健身运动得以沿着健康的轨迹发展。国家推广的大众体育、群众体育从体育活动的内容看都包含有休闲体育的内容，客观上形成了休闲体育发展的良好基础。

《体育产业发展纲要（1995—2010 年）》中提出重点培育和发展体育健身娱乐市场、体育竞赛表演市场，这实际上也肯定了发展休闲体育产业的方向。"围绕全民健身计划的实施，坚持国家办与社会办相结合的原则，积极引导和鼓励社会是投资兴办经济实体，开展体育健身娱乐方面的经营性活动。群众体育协会、俱乐部、社会体育指导中心（站），应以社会化、产业化为方向，面向市场，服务群众，以各类体育设施为依托，为群众开展健身、健美、康复、娱乐等体育活动提供场地、设施和技术辅导等多项优质服务。积极引进国外趣味性强的健身娱乐项目与设施，以满足消费者对体育健身娱乐不同层次的需求"，"鼓励并支持在社区中开展体育咨询指导及策划、体育场地设施和器材租赁、体育活动保险、体育康复等各类社会体育服务活动。体育行政部门及有产单位要加强对各类群众体育活动的经营组织和单位的监督管理，切实保障体育消费者的合法权益。"

为了满足人们开展休闲体育运动的需要，丰富广大人民群众的文化体育生活，2003 年国务院公布《公共文化体育设施条例》，将图书馆、博物馆、纪念馆、美术馆、文化馆（站）、体育场（馆）、青少年宫、工人文化宫等都纳入管理和支持建设的范围，明确指出"对少数民族地区、边远贫困地区和农村地区的公共文化体育设施的建设予以扶持"，并规定"各级人民政府举办的公共文化体育设施的建设、维修、管理资金，应当列入本级人民政府基本建设投资计划和财政预算。"为争取最大范围内的文化体育设施供给，提出三个"鼓励"：鼓励企业、事业单位、社会团体和个人等社会力量举办公共文化体育设施；鼓励通过自愿捐赠等方式建立公共文化体育设施社会基金，并鼓励依法向人民政府、社会公益性机构或者公共文化体育设施管理单位捐赠财产；鼓励机关、学校等单位内部的文化体育设施向公众开放。这些规定和措施为发展我国休闲体育尤其是公共休闲体育起到了积极的促进作用。近年来，我国采取各种措施积极发展群众体育运动（表 10 - 4）。

---

[1] 王志威. 1949 年以来中国的体育政策发展研究［J］. 内蒙古体育学院学报，2005，7（3）.

表 10 - 4　我国的群众体育政策

类型	政策措施/管理制度	主要内容
社会体育	全民健身计划（1995）、《社会体育指导员技术等级制度》（1994）、《健身指导员技术等级制度》（1998）、《中国体育彩票全民健身工程管理暂行规定》（2000）	制定社会体育发展的基本政策 规范社会体育运动 为开展社会体育运动提供人才保障、资金保障
农村体育	《县级体育工作暂行规定》、《全国体育先进县的标准和评选办法》	制定农村体育发展的基本政策 促进农村体育发展
城市社区体育	《城市公共体育运动设施用地定额指标暂行规定》（1984）、《全国城市体育先进社区标准和评选办法》	鼓励城市体育发展 推进社区体育运动
职工体育	《企业、事业、机关单位职工体育工作暂行规定》	
少数民族体育	《关于加强少数民族传统体育的意见》、举办四年一届的全国少数民族运动会	鼓励少数民族地区发展体育运动事业 加强少数民族传统体育项目的文化保护工作
残疾人体育	举办残疾人运动会	鼓励残疾人通过体育活动融入社会、发挥人生价值

资料来源：作者据相关资料整理。

（三）促进我国休闲产业发展的政策措施

1. 加强公民闲暇教育，改变落后的休闲观念

我国传统消费观往往崇尚节俭，重生产轻消费，对"休闲"存在着种种偏见，传统消费观念束缚了个人休闲消费的动力。政府的政策导向主要放在第一、第二产业，第三产业发展始终处于被动局面。理论研究和实践都表明休闲产业在扩大内需、刺激经济、拉动经济增长、加快城市化进程、提高人民群众生活质量等方面具有重要作用。所以，从政策制定者到普通民众都应该首先纠正人们对休闲和休闲业的认识偏差，为休闲产业的发展营造良好的氛围。通过积极倡导绿色消费，实现休闲业的可持续发展。创造条件培养高雅的休闲生活风尚，促进精神文明建设和人的素养的提高。2008 年，我国开始研究制订并颁布实施《国民休闲计划》，在此框架下广东省制定并启动了《国民旅游休闲计划》，说明政府已经充分认识到休闲对于国民经济发展以及公民素质提高的重要作用，计划的实施必将极大促进我国民众休闲意识的提高。

2. 制定休闲产业发展指导计划

遵循市场经济规律以及休闲产业发展规律制定指导我国休闲产业发展的《休闲产业发展纲要》。这个全局性的发展指导计划不仅是产业政策制定的重要依据，而且是休闲产业结构中各行各业协调发展的重要手段。

3. 规范休闲行业管理，制定中国休闲产业发展的相关规划和标准

这是在宏观层面的政策引导下，形成更为完整的休闲产业规划和标准体系。国家旅游局目前已有比较有效的饭店星级评定标准、景区分等定级标准、优秀旅游城市评价标准等。而休闲产业由于其涵盖的范围更广，内容更丰富，需要制定标准和规范加以引导的地方更多。通过一系列的标准化和技术规范，将会极大地促进休闲产业上水平、上档次，与

国际接轨。此外《休闲场所标准》将可把现有的各种休闲场所涵盖进来，为其提供设施和服务方面的指引，而休闲场所可以包括博物馆、科技馆、体育馆，等等，从而改变我国这些领域目前的落后状况。

4. 完善休闲产业的社会支持系统

除了加强基础设施建设，特别是与休闲产业发展配套的基础设施外，还应当从多方面入手，构建与休闲产业发展相适应的社会支持系统（图10-1）。政策系统规定休闲产业的行业范围、作用和地位，指引休闲产业发展的方向和目标。政府管理系统由管理体制和管理机构两部分组成，目前我国还没有对休闲产业的统一管理的政府机构或半官方的协会组织。这与我国目前对休闲行业没有明确的范围界定有一定的关系。产业基础系统包括实现休闲活动的基础设施，如户外体育运动设施、公共图书馆、博物馆、美术馆。也包括行业发展的基础条件，如道路交通、信息通讯等。法律系统包括各种促进和规范休闲产业发展的法律法规。教育与科研系统的组织实体包括开设有休闲类专业的学校、社会科研机构、民间协会等。这些组织一方面为休闲产业发展培养人才，另一方面为政府制订休闲产业的相关政策提供理论依据。教育与科研系统还必须同时承担对公民进行闲暇教育的职能。

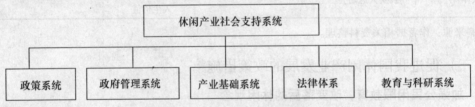

图10-1 休闲产业发展的社会支持系统

5. 鼓励和帮助私营和志愿者休闲服务机构的充分发展

从发达国家的经验来看，非政府组织在促进休闲产业发展方面发挥着积极的作用，众多的旅游组织、休闲俱乐部等提供了官方、产业界、学术界的交流平台。在欧美等发达国家，休闲协会作为政府的补充，管理和资助旅游、体育、艺术机构，弥补政府休闲提供的不足。我国在休闲事业和休闲产业的发展过程中可借鉴国外有关经验，大力扶持私营休闲企业的建立和成长，努力为私营休闲经济成分的壮大创造良好的外部环境。同时，可积极为休闲非政府组织包括休闲志愿者服务机构的产生和发展创造良好的制度和政策基础。政府应鼓励各种公益性休闲俱乐部、休闲基金会、休闲志愿者协会的自由发展，倡导这些组织为休闲者的利益维护、休闲活动、休闲公共事业和休闲产业中各种公共问题的解决贡献力量。

6. 重视并满足社会弱势群体的休闲需求

我国目前虽然休闲活动和休闲产业的发展非常迅猛，但对弱势群体的休闲生活关注很不够。残疾人、失业者、贫困者、老年人、青少年等社会弱势群体由于劳动能力和活动不足，生活方式单一。社会一方面要为他们提供就业机会，让他们参与生产活动以体现自我价值。另一方面，由于劳动参与较少，弱势群体拥有比正常人更多的闲暇时间，他们的休闲生活更要受到关注。在构建和谐社会的进程中，政府、民间组织和家庭要通过各种途径满足弱势群体的休闲需求。

7. 进一步完善公众假期和带薪休假制度

从倡导"以人为本，科学发展，和谐社会"的角度来看，国家应对休假制度的安排和立法进行进一步的研究、优化，以更利于引导公民的休闲消费。2008 年起，清明节、端午节、中秋节这些深藏于传统文化之中、具有普遍群众基础的"大节"已经成为公共假期，法定假日的重新分配，改变了"黄金周度假"模式，是对我国休假制度及民众休闲生活方式的科学调整。

第二节　休闲制度与法规

一、休闲权利的制度保障

（一）《圣保罗宣言》与《休闲宪章》

从国际范围来看，休闲与游憩被视作人的一项基本权利。《世界人权宣言》中指出，"人人有权休息和休闲，包括合理的工作时间和定期的带薪假期"（第 24 款）；"人人有权自由参与社区的文化活动，享受艺术，分享科学进步所带来的好处"（第 27 款）。1980 年《马尼拉世界旅游宣言》提出职工享有带薪休假的权利，目的是"使旅游从原来有限的富人活动，转变为一种广泛与社会、经济生活相联系的活动"。1987 年，时任联合国秘书长 Perezde Cuellar 也提到："人类的基本需求之一就是休闲，休闲能够使人身心健康，获得放松。"

1. 《圣保罗宣言》[①]

1998 年 10 月 30 日，世界休闲组织（World Leisure Organization）联合拉丁美洲休闲与娱乐协会、圣保罗服务组织在巴西圣保罗召开了第五届世界休闲大会，会议的主题是"全球化社会中的休闲"。

大会所发表的《圣保罗宣言》包括以下主要条款：

（1）所有人都拥有通过公平和稳定的经济、政治和社会政策取得休闲的权利；

（2）所有人都有在休闲中举行及分享我们的多样性活动的机会和需要；

（3）所有的政府和机构都应该保护及创造文化的、技术的、自然的和建设等方面的自由环境，使人们从中获得举行和分享休闲时间、空间、设施和表达的机会；

（4）集体与个人的努力应该被允许用来保持休闲的自由和完整性；

（5）所有政府应当制定和实施向所有人提供休闲的法律和政策；

（6）所有的公私部门都应该考虑由全球化带来的地方性、全国性、国际性后果所引起的、威胁休闲多样化和休闲质量的因素；

（7）所有的公私部门都应该考虑威胁个人滥用和误用休闲的因素，例如由地方性、全国性和国际性势力所导致的异常行为和犯罪行为；

（8）所有的公私部门都应该确保那些向学校和社区系统提供休闲教育课程（或项目）以及培训相关志愿者和专业人力资源的项目的政策得到贯彻实施；

（9）致力于实施一项持续的、一致的研究计划，使我们对全球化影响休闲的后果有更

---

① 李仲广，卢昌崇. 基础休闲学 [M]. 北京：社会科学文献出版社，2004：16 - 17.

深入的理解；

（10）致力于传播全球化某些影响深远的因素给休闲带来的代价与好处的信息。

2.《休闲宪章》

1970年，在联合国的援助下，由邦雷克财团主办，在比利时首都布鲁塞尔召开了国际闲暇会议，出席会议的有来自世界30多个国家大约500名休闲问题研究专家和政府官员。会议期间，代表们对休闲问题进行了充分的探讨和阐述以后，通过了著名的《休闲宪章》。其七条条文对人类的休闲权给予了肯定及描述：

每人皆享有休闲时间之权利；

个人有享受"完全自由的休闲时间"的绝对权利；

每人皆有使用公共娱乐设施及河川、湖、海滨、山林等一般自然保留地区及开放空间之权利；

每人都应有休闲时间去参与和被教导参与各类型的娱乐活动之权利；

政府机构、都市计划者、建筑师和民间单位，不应决定他人如何运用其个人的休闲时间；

每人应皆有机会去学习"如何享受其休闲时间"之权利；

游憩教育的责任应由许多的政策法规和机构所共同分担。

目前的《休闲宪章》最初于1970年由世界休闲组织（又称"世界休闲与娱乐协会"）的前身国际娱憩协会（International Recreation Association）通过。该宪章1979年和1983年曾被修改，2000年7月由世界休闲理事会正式批准通过，是联合国《世界人权宣言》中第二十七条闲暇权的具体化。其主要条款如下：

（1）所有的人都拥有参与符合其所在社会的规范和价值标准的休闲活动的基本人权，所有的政府都有义务承认并保证其公民的休闲权利；

（2）在保证生活质量方面，休闲同健康、教育一样同等重要，各国政府应当确保公民得到丰富多彩的高质量的休闲与娱乐机会；

（3）每个个体都是自己最好的休闲与娱乐资源，因此政府应当确保提供获得这些必要的休闲技术和知识的途径，使得人们得以优化自己的休闲经验；

（4）个体可以利用休闲机会来实现自我，发展人际关系，增进社会团结，发展社团和文化特征，促进国际间的了解和合作，提高生命质量；

（5）政府应当通过维护本国自然、社会和文化环境来确保公民未来开展休闲活动的可行性；

（6）政府应当确保训练专业人员来帮助个人获得休闲技能，开发和提高其素质，拓宽其休闲与娱乐机会的范围；

（7）公民必须获得所有关于休闲本质及其机会的信息，凭借这些信息，丰富其知识，并影响地方和国家政策的制定；

（8）教育机构必须尽最大的努力，促使人们了解休闲的本质及其重要性，以及如何将休闲知识融入个人的生活之中。

（二）我国的休假制度

我国的假日制度，始于距今2000多年前的西汉年间。当时的假日称为"五日休"，有点类似今天的5天工作制。到了唐代改为旬休，官员每10天可以休息1天。中国古代除了平日正常的休息日外，还有其他节假日。唐代中秋节放假3天，清明4天；明朝冬至放假

3 天，元宵节放假 10 天。我国古代还有事假和探亲假制度，晋代规定有"急假"；后晋时，对家居外地的官吏给予"探亲假"；到了清代，朝廷对有功人员还赐以"赏假"；明末清初，随着西方宗教传入中国，"礼拜天"这一宗教用语开始流行。民国后开始实行星期日休息制。① 民国期间，伴随着新政权建立，也建立了一套节日系统。政府部门和国有部门按照公历建立了一个新的节日体系，并在这些日子举行自己的新式仪式。而民众，尤其是城市私营部门的劳动者和农民，仍然按照夏历过自己的年和节。②

新中国成立以来，我国假日制度改革一共进行了 4 次。这 4 次改革充分反映了我国经济社会发展成就，体现了我国公民休息权利逐步得到充分实现和保障，目前我国正努力通过立法保障普通规模能够普遍享受带薪年休假。1949 年 12 月，新中国刚成立不久，政务院即发布了《全国年节及纪念日放假办法》，建立起 8 小时工作制和每年 7 天的法定节假日制度。我国劳动者的休息权益得到了制度保障。但是，由于后来不断的政治运动，特别是"文化大革命"十年动乱，公共假日制度遭到严重破坏。传统节日渐渐淡出人们的日常生活，许多民风民俗也渐渐被淡忘。这种状况直到 1978 年改革开放以后才开始改变。

1994 年，在经济发展、社会稳定的基础上，我国进行了第一次假日制度改革。这年 5 月 1 日开始试行每周 5 天半工作制。1995 年 3 月国务院重新发布《国务院关于职工工作时间的规定》，对假日制度进行了第二次改革，决定实行周末两天休息制，双休日正式走进人们生活。公民休息时间大幅度提高，从每年 59 天增加至 111 天。1999 年 9 月，国务院公布了新修订的《全国年节纪念日放假方法》，将全民节假日从 7 天增加到 10 天，节假日加上调整的两个双休日，形成了春节、五一、十一三个假日旅游"黄金周"，从而引发了假日旅游经济的热潮。

2007 年 12 月国务院第 198 次常务会议分别通过了《国务院关于修改〈全国年节及纪念日放假办法〉的决定》和《职工带薪年休假条例》（以下简称《条例》），并从 2008 年 1 月 1 日起施行。把传统节日清明节、端午节和中秋节增加为新的假日。《条例》使我国公民在享有法定节假日的同时，又能够享有年休假。最新的休假制度改革，不但突出对民族传统的重视和保护，休假不但是为了实现经济利益，更是为了保障公民的休息权。表 10 - 5 列示了最近两次休假制度改革后的节假日。

表 10 - 5　1999 年和 2007 年休假制度改革后的国家法定节假日

法定节假日	元旦	春节	妇女节	清明	劳动节	青年节	儿童节	端午	国庆节	中秋	总天数
1999	1	3（从农历初一开始）	妇女放假半天，常由单位组织开展各种活动	0	3	14 周岁以上 28 周岁以下青年放假半天	14 岁以下少儿放假 1 天	0	3	0	10
2007	1	3（从农历除夕开始）		1	1			1	3	1	11

资料来源：作者根据有关文献资料整理而成。

---

① 金卫东. 假日制度渊流考释 [J]. 档案时空，2004，(2).

② 高丙中. 民族国家的时间管理制度——中国节假日制度问题及解决之道 [J]. 开放时代，2005，(1)：73 - 82.

我国分别于1994年7月和2005年4月公布了《劳动法》和《公务员法》，对带薪年休假做了原则规定。但是，因为只是原则规定。没有相应的实施细则和具体的落实措施。因而没有刚性约束。实际上只有少数单位，主要是在公务员中实行。许多单位，特别是大量的企业并没有实行。对于改革开放以来成立的各类非公有制企事业单位来说，甚至连年休假的概念也没有建立起来。年休假制度实质上还是停留在书面上的条文。《职工带薪年休假条例》以国务院法规的形式，规定了实行年休假制度的具体办法，包括对执行范围、执行办法、年休假期间的工资待遇以及监督措施、对不执行的单位和责任人的处分办法等，都做出了明确的规定。如分别对能够和不能够享受年休假的人员及各种情况做了具体说明（表10-6）。对假日安排也充分考虑到了各单位的具体情况，规定：年休假在1个年度内可以集中安排，也可以分段安排，一般不跨年度安排。单位因生产、工作特点确有必要跨年度安排职工年休假的，可以跨1个年度安排。单位确因工作需要不能安排职工休年休假的，经职工本人同意，可以不安排职工休年休假。对职工应休未休的年休假天数，单位应当按照该职工日工资收入的300%支付年休假工资报酬。这些条款都落实了执行年休假制度的具体措施。由于《条例》具有很强的操作性和约束力，就改变了原来年休假制度形同虚设的状况。

表10-6　年休假适用人员及范围

可以享受带薪年休假的人员范围：			
人员范围	工作年限（累计）	享受年休假天数	休假期间的工资收入
机关、团体、企业、事业单位、民办非企业单位、有雇工的个体工商户等单位的职工	已满1年不满10年的	5天	享受与正常工作期间相同的工资收入
	已满10年不满20年的	10天	
	已满20年的	15天	
不享受当年年休假的人员范围：			
（一）职工依法享受寒暑假，其休假天数多于年休假天数的；			
（二）职工请事假累计20天以上且单位按照规定不扣工资的；			
（三）累计工作满1年不满10年的职工，请病假累计2个月以上的；			
（四）累计工作满10年不满20年的职工，请病假累计3个月以上的；			
（五）累计工作满20年以上的职工，请病假累计4个月以上的			

资料来源：据《职工带薪年休假条例》（2007）内容整理。

（三）国外的休假制度对我国的启示

1. 国外的休假制度

尊重公民的休息权，是当今世界各国遵循的普世价值。早在1936年法国就立法确立了带薪休假制度，促使人们对假期有了新认识。假期不再是精英阶层的独享，而成为普通民众生活的一部分，代表着公民权和历史传统的传承。在这种思潮下，休假涉及的阶层迅速扩展。休假制度在法国的实践引起了世界各国的重视，人们开始重新审视带薪休假制度。1948年12月，联合国大会通过的《世界人权宣言》第24条提出，"人人享受休息和闲暇的权利，包括工作时间有合理限制和定期带薪休假的权利。"第二次世界大战后许多国家都制定法律确保公民休假的权利。现在休假制度已经成为发达国家主要的公共管理政策之一。表 10 - 7 列示了部分国家和地区的公共节假日基本情况。

表 10 - 7　部分国家或地区公共节假日

序号	国家/地区	节日数（个）	天数（天/年）	序号	国家/地区	节日数（个）	天数（天/年）
1	中国台湾	12	14	17	芬兰	—	12
2	中国香港	12	12	18	希腊	—	12
3	中国澳门	14	14	19	爱尔兰	—	9
4	美国	9	9	20	意大利	—	11
5	加拿大	8	8	21	荷兰	—	8
6	法国	11	11	22	挪威	—	10
7	德国	12	12	23	葡萄牙	—	14
8	西班牙	13	13	24	西班牙	—	14
9	瑞士	7	7	25	瑞典	—	11
10	澳大利亚	6	6	26	英国	—	8
11	新西兰	7	7	27	印度	14	16
12	日本	14	14	28	巴西	11	13
13	新加坡	—	13	29	泰国	15	15
14	奥地利	—	13	30	非洲	—	9
15	比利时	—	10	31	拉丁美洲	—	9
16	丹麦	—	9.5	32	亚洲	—	12

　　资料来源：转引自杨劲松. 国外休假制度及其对中国的借鉴［J］. 旅游学刊，2006，21（11）：19 - 24，表 10 - 3 及表 10 - 5。

　　公共节假日反映了各国（地区）由于历史、宗教、民族、文化、政治背景特点。世界各国（地区）比较统一的节假日是新年元旦和五一国际劳动节。春节、清明节、端午节和中秋节是受到中国文化强烈影响的国家和地区的节日；圣诞节、感恩节、复活节等则是信仰基督教国家（地区）的主要节日。除这些之外，国庆和国家民族重要的纪念日也是各国公共节假日不可或缺的组成部分。

　　经济发达国家（地区），尤其是欧美国家，带薪假期制度完善，并且从法律上对公民的带薪休假权益给予充分的保障，带薪假期成为公民日常生活的一个重要组成部分。这些国家或地区的带薪假期有很多是建立在劳资双方集体协议的基础上，而不是政府的强制规定。政府在其间扮演的是引导鼓励的角色。发展中国家的带薪假期一般较少。由于国家所处的发展阶段及经济发展水平有限，非洲和拉丁美洲的许多国家对带薪假期并不十分看重，一般为两周左右，不到欧洲发达国家的一半。[①] 表 10 - 8 列示了部分国家和地区的带薪休假的基本情况。

---

①　杨劲松. 国外休假制度及其对中国的借鉴［J］. 旅游学刊，2006，21，（11）：19 - 24.

表 10 −8　部分国家和地区的带薪休假的基本情况

国家/地区	法律规定	劳资方集体协议（周）	享受条件
奥地利	—	5 ~ 6	—
比利时	24	4 ~ 5	—
丹麦	30	—	—
芬兰	—	5 ~ 6	—
法国	30 天（其中 12 天为连休）	5 ~ 6	劳动者从工作第 2 年起，每年获得带薪假期 5 周，通常情况下 5 周假期不能一次性用完
德国	18 天（西德）	6	—
希腊	24	4 ~ 5	—
爱尔兰		4	—
意大利	无天数规定	4 ~ 6（5 ~ 6）	—
荷兰	4 周	5（5 ~ 6）	—
挪威	—	5	—
葡萄牙	21 ~ 30	22 天以上	—
西班牙	30	22 天以上	工作年限达到 1 年的劳动者每年平均享受 30 天的带薪假期，机关企业一般要求职员每年 7 ~ 9 月休假，假期可一次使用，也可分开使用
瑞典	—	5 ~ 6	—
瑞士	—	4 ~ 6	劳动者可获得 1 年 20 个工作日的带假期可一次性使用也可分段使用
英国	无法律规定	4 ~ 5（20 ~ 27 天）	劳动者每年可以享受 3 周（21 天）的带薪假期，可集中休假，也可分时段休假
冰岛	3 周	4 周	—
卢森堡	25	26 ~ 28 天	—
加拿大	起点为 2 周或 3 周	—	职工在同一家公司工作时间满 1 年即可享受带薪假期。在同一公司工作 10 年以上的，第 11 年除正常休假外，单位还一次性另给 8 周带薪假期（必须当年休完）。第 12 年开始，在 4 周假期的基础上可额外获得 8 ~ 9 天带薪假期
新加坡	—	—	政府公务员的官员（大学毕业）每年享受带薪假期 21 天；普通职员（大学文凭以下）为 14 天；公司职员带薪年假 10 ~ 21 天不等
日本	起点为 10 天	—	工作满 6 个月可获带薪假期 10 天，此后工龄每增长一年则带薪假期相应增长 1 天
中国香港	最低 7 天至 14 天	—	连续工作 12 个月以上的被雇用者，有权获得年度带薪休假，按工作年限获得最低为 7 天至 14 天假期

国家/地区	法律规定	劳资方集体协议（周）	享受条件
中国台湾	最低7天，最高30天	—	工作时间1年以上3年以下是7天；3年以上5年以下是10天；5年以上10年以下是14天。工作10年以上的每年增加1天，最多30天
澳大利亚（悉尼）	至少20天。规定在同一雇主手下工作10年，至少可休假6星期，15年以上时则有13周的长期带薪假期	—	同一个雇主手下工作1年以上，将得到每年至少20天的有奖金额的带薪休假。该奖励金额相当于平时工资的17.5%，要在休假前支付，并已扣除所得税。因为这种奖励带薪休假不在一定时期内使用，就取消奖励金额，所以使用率极高。另外，规定在同一雇主手下工作10年，至少可休假6星期，15年以上时则有13周的长期带薪假期。联邦政府还保障1年有8天的超假因病缺勤规定，雇主有义务给予劳动者4周的连续假期。如果要分开使用休假时，雇主与劳动者双方需协商一致，但最多只能分4次休假
巴西	30	—	1年的带薪假期，必须1次用完。休假时间由雇主决定，被雇佣方没有决定的权利
泰国	≥6	—	存在1年以上的雇佣关系，可以重复使用
非洲	15	—	—
拉丁美洲	15	—	—
亚洲	14	—	—

资料来源：转引自杨劲松. 国外休假制度及其对中国的借鉴［J］. 旅游学刊，2006，21（11）：19-24，表10-6及表10-7。

材料阅读

国外的假日制度

● **日本**

日本《劳动基本法》规定，出勤率在80%以上或连续工作6个月以上者，每年可享受10天的带薪休假。6年工龄以上者，每年可以有20天的带薪假期。企业还自己规定有婚丧假、产假、临时停产假、志愿者休假等有薪假日，日本公务员带薪休假时间一般在30天以内。除了星期六和星期天休息，日本每个月基本上还有一两个其他假日，就是各种纪念日，如11月3日的"文化日"，11月23日"勤劳感谢日"等，像天皇的诞生日，春分和秋分都是纪念日。日本1年中较长假期有3次，5月纪念日最多，5月3日是宪法纪念日，4日是绿色之日，5日是儿童日，再加上星期六和星期日，假期就相当于中国的黄金周了。8月份日本有盂兰盆节，又称"魂祭"、"灯笼节"、"佛教万灵会"等，原是追祭祖先、祈祷冥福的日子，现在已经演变成家庭团圆、地域狂欢的节日。每到盂兰盆节时，各地都要举行各有特色的庆祝活动，人们都"归省"——赶回故乡团聚。日本各公司视情况决定放假天数，约1个星期，也有的长达半月。另一次连续假期在年末年初，基本上也是各企业酌情自定休息天数，就休一两天的情况也是有的。

- **法国**

法国只要在一家企业工作满 1 个月，所有员工都可享受带薪假期。半日制员工与全日制员工享受的权利相同。带薪假期的天数根据其 1 年之内的实际工作时间而定。员工每工作 1 个月，可"存下"两天半的带薪假期，如果工作满 1 年（一般从前 1 年的 6 月 1 日至当年的 5 月 31 日），全年带薪假期为 30 个非假日。休闲度假是法国人生活中不可或缺的一个组成部分。每到夏季七八月份，甚至连政府、议会、司法机构等都大大压缩公务活动，因为其人员都已经走了。"休假去了"是一个神圣的借口！当然，与此同时也有很多人不休假或者很少休假，他们的工作不允许他们休假，如一些小老板或独立技术人员等。而一些独立行业，如农民、推销人员、商人、自由职业者等，这批大约 11% 的人每年假期从来不超过 4 星期。

- **俄罗斯**

有人统计过，俄罗斯人在一年之内要过 80 多个"五花八门"的节日，其中有只有 10 多个节日是"正式"的，几乎每个月有节过。俄罗斯有许多行业性的节日，几乎各行各业的从业人员都有自己的节日。比如，宇航节、印刷节、无线电节、教师节等。经俄罗斯杜马讨论通过，普京总统签字批准，俄罗斯制定了新的非工作的全民节假日。它们是：1 月 1~5 日新年、1 月 7 日基督诞生、2 月 23 日祖国保卫者日、3 月 8 日国际妇女节、5 月 1 日国际劳动节、5 月 9 日胜利日、6 月 12 日俄罗斯日、11 月 4 日人民统一日。俄罗斯人对待节日的态度是"一丝不苟"的。每逢节日之时，人们都要保质保量的享受自己的"休息权"，很少有在节日期间加班的时候。所以，有人说，如此之多的节日，是俄罗斯人会享受生活、追求生活质量的表现。

- **加拿大**

度假，是加拿大国民的一个生活内容，就和吃饭睡觉买房开车工作纳税一样。重要到在野党倒阁掀起新的大选时，往往要考虑避开 6~9 月的黄金季节。加拿大普通百姓家中的车库里，经常堆满了橡皮艇、登山包、帐篷、防潮垫、睡袋、渔具、雪地车等等度假用品。摩托车、自行车在加拿大基本是健身度假器材，特别是后者，家家必备。加拿大除了每年圣诞节凑上元旦以及赶上的双休日，没有黄金周。根据各省情况不同，一般每年除双休日外，另有 10~12 个法定假日。通过立法程序，议会把劳工节、维多利亚日等法定假日，都安排在星期一或星期五，这样加上双休日就拥有一个 3 天的假期，每年通过这种称为长周末的假日，形成多个非常便于短期旅游的短假期。根据加拿大劳动法规，雇主每年必须给雇员带薪假期，随工作年限增长假期要延长，一般短则 2 周长则 1 月，这是员工福利的一部分。假如员工放弃带薪假，雇主要补偿年薪的百分之四，这个比例虽然是固定的，但依法规，员工年薪也是随年限的增长而增长的。

- **澳大利亚**

作为英联邦成员，澳大利亚主要的公共假日跟英国、加拿大等国家非常相似。同时澳大利亚自身是由六个州和两个领地组成的联邦国家，因此除了国家层面的公共假日外，每个州还有不同的公共假日，或者同一个公共假日，在不同的州，时间也有所不同。国家性的节日有新年（1 月 1 日）、澳大利亚日（1 月 26 日）、复活节（3 月份或 4 月份）、澳新军团日（4 月 25 日）、英女王寿辰（6 月的第二个星期一）、圣诞夜（12 月 24 日）、圣诞节（12 月 25 日）、节礼日（12 月 26 日）。地方性节日中最有影响力的应当是墨尔本杯日，时间定于 11 月的第二个星期二，也就是这个星期二，这一天是墨尔本一年一度的赛马日。澳大利亚的公共假日虽然不少，但大部分假日只有一天的时间，因此放假的前一天晚上一般是最热闹的时候。年轻人会盛装打扮，早早地在酒吧门口排起了长队，而中老年人则会在自家的院子里，和朋友一起开个小型派队。新年的前晚，几乎澳大利亚的主要城市都会举办盛大的烟花表演，平时深夜冷清的街头则会变成一片人山人海。

- **美国**

美国是典型的新兴移民国家，以欧洲移民为主体，因此美国的假日既有欧洲的传统，也有美国历史发展的特征。具有欧洲传统的节假日有圣诞节、元旦节、复活节、情人节与愚人节，体现欧洲文化之源。美国特色突出的节日有万圣节和感恩节。体现美国价值观的马丁·路德金纪念日（Birthday of Martin Luther King，1 月第三个星期日）、华盛顿生日/总统节（Washington's Birthday，2 月第三个星期日）、阵亡将士纪念日（Memorial Day，5 月最后一个星期一）这三个节日都是法定的联邦假日。美国民主选举制度为西方民主形式的典型，其选举文化在假日中也有体现，每隔 4 年有总统就职典礼日（Inauguration Day），时间为 1 月 20 日。根据美国联邦法令，只有 10 个节日是法定的联邦假日（Federal Holidays）。联邦政府雇员和其他部门的工作人员，都可以享受带薪休假的待遇。其他的节日，虽然称为"全美假日"（US National Holidays），但多数节日属"民间性质"，政府及企业雇员不享受休假待遇。各州政府根据自己的"州情"，可将一部分节日认定为本州的公共假日（State Holidays），州政府的公务人员享受休假。联邦政府、州政府的法定假日，各地方政府（Local Governments）、私营企业（Private Businesses）、邮政与学校等公共服务行业都要执行。带薪假日由劳资双方确定，政府并不对此加以限制。

资料来源：作者根据相关资料整理。

2．国外的休假制度对我国的启示

我国公民公共假期基本上接近发达国家水平，高于一般发展中国家水平。一方面，我国有了明确的带薪休假制度，另一方面我国的节假日时间总和已达 115 天，接近全年总时间的 1/3，和发达国家相当。周工作时间方面，如果中国的名义工作时间与实际工作时间差别不大，则工作时间方面，已经与国际先进水平接轨，远远超过一般发展中国家。从发达国家的经验来看，很多方面值得我们学习和改进。

在经济发展条件允许情况下，还可进一步增加法定假日和带薪休假天数。施行新休假制度后，我国法定假日每年达到 11 天，带薪年休假 5 ~ 15 天，与我国香港（法定假日为 17 天，带薪年休假为 7 ~ 14 天）、台湾地区（法定假日为 14 天，年休假为 7 ~ 30 天）和其他国家相比，不算太多（表 10 - 7，表 10 - 8）。有学者建议把七夕和重阳也纳入公共假期，一方面有利于促进继承和发展传统节日文化，另一方面从时间分布来看，就使得每年公历的 2、4、6、8、9、10 月都有法定假日，更为理想。

推行休假汇率制，完善带薪休假制度。带薪假日的享受随时段的不同而有不同。旅游旺季休假 1 天的"汇率"低于旅游淡季休假 1 天的"汇率"。也就是说，旅游旺季休假能享受的天数少于淡季休假的天数。同时允许人们不享受政府明文规定的节假日时，除了要求经济上的补偿外，也可用时间上的补偿来代替。企业可以为不选择在这些节假日休假的职工提供更多的带薪假日的补偿。休假汇率制是针对广大民众的一种措施，有多劳资双方来说，都获得了掌握休假时间的更大自由度。

完善少数民族节日制度。在我国，党和政府历来十分重视保护少数民族文化传统，尊重少数民族风俗习惯，保障少数民族合法权益。少数民族是中华民族大家庭的重要成员，除国家统一规定的法定节假日之外，目前全国约有 38 个少数民族节日由当地政府或人大做出了放假规定。例如，开斋节是回族、维吾尔族等 10 个信仰伊斯兰教的民族的节日，因此穆斯林可放假 1 天。在新疆，维吾尔族过古尔邦节，穆斯林可放假 3 天；在西藏，藏族过藏历新年和雪顿节各放假 7 天；在四川凉山州，彝族过彝族年可放假 3 天。但是这制度目前存在一定缺陷，比如根据《劳动法》规定，即使在少数民族地区工作的汉族员工在上述节日上班，也可以不支付加班费。在这一方面，应该进一步完善，体现更大范围内的公平性。

提高其他假期与全国假期的协调适应性。以学校寒暑假制度为例，随着高校办学自主权的扩大、办学主体的增多，以及春季招生制度的执行，学校的寒暑假安排逐渐向多元化的方向发展。在这种情况下，国家应该对学校寒暑假安排进行指导协调，尤其是对暑假时间安排进行协调，防止叠加效应的出现。法国把全国分为 3 个大区，每个大区的学校放假时间都有所不同，从而与旅游高峰时期错开的做法值得研究和借鉴。

假期制度应该具备一定的灵活性，这就要求国家将来假期制度调整重点转向对公民休闲时间的管理上来。可以利用政策引导企业自主实行弹性工作制，也可以利用政策引导企业自主增加节假日时间，从而增加节假日时间总量和调整节假日结构。

二、休闲法律法规

休闲行业在很多领域与法律有紧密的联系。法律是公共部门或权力机关管理休闲服务和休闲行业的重要手段。国内外对休闲行业的发展都制定了大量的法律。表 10 - 9 列举了我国主要的休闲管理法律法规。表 10 - 10 及表 10 - 11 分别反映了英国和美国近 300 年来的主要休闲立法成果。

表 10 - 9 我国主要休闲管理法律法规

行业/类型	法律法规名称
旅游	《旅行社管理暂行条例》（1985、1996、2001）、《导游人员管理条例》（1987、1999）《中国公民出国旅游管理办法》（2002）、《中华人民共和国评定涉外饭店星级的规定》、《旅游安全管理暂行办法》、《重大旅游安全事故报告制度试行办法》、《漂流旅游安全管理规定》、《旅行社投保旅行社责任保险规定》、《旅游投诉暂行规定》、《风景名胜区管理暂行条例》、《自然保护区条例》、《森林法》、《环境保护法》、《中国公民出入境管理法》及实施细则、《外国人入境管理法》
体育	《中华人民共和国体育法》（1995）、《学校体育工作条例》（1990）、《国家体育锻炼标准施行办法》（1990）、《外国人来华登山管理办法》（1991）、《公共文化体育设施条例》（2003）、《体育服务认证管理办法》（2005）
出版	《出版社工作暂行条例》（1980）、《出版管理条例》（1997，2002）、《关于严禁淫秽及色情出版物的暂行规定》、《关于打击非法出版活动的通知》，90 年代《音像制品出版管理规定》《音像制品复制办法》、《音像制品内容审查办法》、《音像制品出版管理办法》等；2000 年后修订《音像制品管理条例》、《音像制品批发、零售、出租管理办法》、《音像制品进口管理办法》、《音像制品出版管理规定》、《电子出版物管理规定》

续表

行业/类型	法律法规名称
演出市场	《关于加强戏曲、曲艺上演节目的领导和管理工作的通知》（1979）、《全国艺术表演巡回演出工作条例》、《关于对文艺演出经纪机构实行演出经营许可证制度的规定》（1991）、《营业性时装表演管理暂行规定》（1993）、《关于加强港澳台演艺人员入境商演活动管理的通知》（1994）、《营业性演出管理条例》及其实施细则（1997、1998）、《关于建立营业性演出项目审批信息互联网发布制度的通知》（2003）、《营业性演出管理条例》（2005）
广播影视	《关于改革故事影片摄制管理工作的规定》（1995）、《电影管理条例》（1996、2002）、《关于改革电影发行放映制的实施细则》（2001）、《电影立项、电影审查暂行规定》（2003）、《中外合作摄制电影片管理规定》（2003）、《电影制片、发行、放映经营资格准入暂行规定》（2003）、《电影企业经营资格准入暂行规定》（2004）
文化娱乐	《关于加强对新兴文化娱乐经营项目管理的通知》（1996）、《文化部关于加强台球、保龄球等娱乐项目管理的通知》（1997）、《营业性歌舞娱乐场所管理办法》、《娱乐场所管理条例》（1997，2006）
公共文化	《公共文化体育设施条例》（2003）、《文化馆管理办法》（2004）、《博物馆管理办法》（2006）
艺术品	《文物保护法》、《关于加强引进外国艺术表演和艺术展览管理的意见》（1992），《文化艺术品出国和来华展览管理细则》（1993），《中华人民共和国海关对进口展览品监管办法》（1997）
网络	《计算机信息安全保护条例》（1994）、《互联网信息服务管理办法》（2000）、《互联网上网服务营业场所管理条例》（2002）、《互联网文化管理暂行规定》（2003）

资料来源：作者据相关资料整理。

　　除了以上全国性的政策法规外，一些行业还有地方规章，如目前我国大部分省、市、自治区，以及一些主要旅游城市、重点旅游区都制订了《旅游管理（发展）条例》，在公共文化领域，颁布实施了一系列的法规条例。但是我国目前没有一部总的休闲法，休闲法律以单项行政法规为主，这些法规在立法层次上还做得远远不够，没有从根本上对国家发展休闲业的原则和措施做出规定，也没有对休闲业所涉及的各方面关系做出约束和调整。在立法范围上，尽管各行业主管部门有部门法令的形式对行业发展做出许多方面的规定，但是立法层次还比较低，涉及面有限。我国休闲产业立法任重道远。

　　国外在运动、公园和游憩领域的立法实践具有几大特点：①历史悠久；②数量多；③跨越多个管理和实践领域；④成效明显。有力地推动和鼓励了这些国家休闲服务业在产品和服务供应方面的增长、刺激并满足了休闲消费者的需求，保护了自然环境和文化资源、休闲设施，保障了休闲服务业各相关方的合法权益，以规范为手段，极大地促进了整个休闲服务行业的健康有序发展。[①]从英美两个国家的立法可见一斑。

①　吴承忠. 国外休闲经济——发展与公共管理［M］. 北京：人民出版社，2008：200.

表 10 - 10   英国与休闲有关的部分立法（统计截止到 1989 年）

类型	法律名称
有关公共空间	1906 年开放的空间法案城镇规划法案、1968 年乡村法案、1876 年公有法案、1899 年公有法案、1960 年旅游点和开发控制法案公有登记法案
图书馆和博物馆	1964 年公共图书馆和博物馆法案
出版	1956 年版权法案
表演者保护	1958 - 1972 年表演者保护法案
博物馆	1963 年英国博物馆法案、1965 年伦敦博物馆法案、1920 年和 1955 年帝国战争博物馆法案、1983 年国家遗产法案
野生保护的法案	1981 年法案
有关公园和游憩场地	1875、1890、1907、1925、1961、1976 年系列法案
公园和游憩管理	1875 年维多利亚法案、1848 年公共健康法案、1863 年城镇花园保护法案、1860 年公共改善法案、1949 年国家公园和进入乡村游憩法案
公共娱乐	1972 年地方政府法案、1875 年、1906 年法案
对第三方的公共公园和开放空间法案	杜翰姆（Durham）县议会法案
公园中野生动物	1981 年动物园执照法案
乡村游憩	1968 年法案、1979 年森林学法案、1970 年树法案
地方政府休闲服务	1963 年地方政府法案、1964 年伦敦地方政府法案
皇家公园	1872 年公园规范法案
游憩和运动资源与场所	1973 年水法案、1976 年峡谷地区公园法案、1975 年运动场安全法案
公共娱乐	1968 年剧院法案、1974 年工作法案、公共安全法案、1625 年星期天庆祝法案、1780 年星期天庆祝法案、1932 年星期天娱乐法案、1968 年彩票和娱乐法案
展览	1972 年地方政府法案
娱乐	1947 年民间餐馆法案、1972 年地方政府法案
和锻炼有关	1979 年风俗和锻炼管理法案
和钓鱼有关	1975 年鲤鱼和淡水钓鱼者法案
鸟的保护	1954 ~ 1967 年鸟法案、1970 年海豹保护法案、1973 年自然保护法案、1949 年乡村法案、1968 年乡村法案、1970 年农业法案
旅游	1969 年旅游发展法案
公园、游憩和运动	过失法、运动和游憩设施的损害法
运动、公园和游憩中与竞争有关的法律	1973 年公平贸易法案、1950 年竞争法案、1976 年限制性贸易实践法案、EEC 竞争法
和公园、运动和游憩控制有关	1968 年剧院法案、1982 年电影放映机（修正）法案、1949 年无线电报法案、1981 年电信法案、1981 年广播法案、1959 年淫秽出版物法案、1982 年航空法案、1967 年娱乐的私人地点法案、1983 年垃圾法案
游憩和运动中的税	1970 年收入和公司税法案、1975 年、1983 年金融法案、1968 年资本补助法案、1958 年游憩慈善法案、1960 年慈善法案

类型	法律名称
俱乐部	1964 年执照法案
游戏	1968 年游戏法案
英国教育方面的法案	1944 年教育法案
野生和自然环境保护	1973 年自然保护议会法案、1981 年野生和乡村法案
水资源保护	1963 年水资源保护法案、1973 年、1989 年水法

资料来源：转引自吴承忠．国外休闲经济——发展与公共管理［M］．北京：人民出版社，2008：197－199.

英国对休闲活动进行立法规范的历史非常长，这与英国较早进入现代工业社会，政府有意识通过各种立法规范民众休闲行为，以引导和发展休闲活动为促进进入城市成为工人阶级的劳动人民"文明化"的手段直接相关。同时英国非常的细致，从公共空间到游憩娱乐场所管理，从乡村游憩到钓鱼运动，几乎涵盖了民众休闲活动可能涉及的每一个范围和领域。

美国近 300 年来在游憩和运动的立法方面颁布了大量法律。其中对残疾人休闲和游憩权益的保护尤为突出，值得我国借鉴。

表 10 – 11　和残疾人游憩服务有关的美国联邦立法

年份	法律	对游憩的影响
1968	建筑障碍法	要求游憩设施提高残疾人的进入性
1973	康复法案	禁止在游憩课程中歧视残疾人
1975	对所有残疾孩子的教育法	把游憩确认为公共教育中的一个"相关服务"
1986	残疾人教育修正法案	要求早期的干预项目，包括游憩服务
1990	残疾人个体教育法案	确认治疗性游憩作为转换计划，是一个相对的或支持性的服务
1990	美国残疾人法案	扩大在就业、公共接待设施、公共服务、交通和电信方面的民事权利
1994	小学和中学法案	支持家庭教育水平的提升
2005	户外休闲正常法案	强调休闲活动对个人和民族健康的意义，身体和精神健康同样重要

资料来源：Stuart J Schleien，Tipton Ray M．Community Recreation and People wirth disabilities：strategies for inclusion．Baltimore：Paul H. Bookes Publishing Co，1997：5. 转引自吴承忠．国外休闲经济——发展与公共管理［M］．北京：人民出版社，2008：200.

本章小结

本章主要介绍了国内外休闲政策与法律法规。第一节简述了制定休闲产业的重要意义、休闲产业的类型和功能，并以英、美、韩等国家为例介绍了国外休闲经营管理的政策。最后详细阐述了我国几种主要的休闲产业政策：旅游业、文化产业、体育产业，并提出了促进我国休闲产业发展的政策措施。第二节介绍了国内外休闲制度与法律法规。关于休闲制度，先介绍了著名的《圣保罗宣言》和《休闲宪章》，重点阐述了中国的休假制度，

休闲经营管理

并分析了国外休假制度对我国的启示。最后详细列举了中国、英国、美国的若干年的休闲法律法规。

本章思考题

1. 名词解释

产业政策　休闲产业政策　休闲权　《休闲宪章》

2. 简答题

(1) 谈谈你对休闲制定产业政策重要性的认识。

(2) 如何借鉴英美两国的休闲政策促进我国休闲业发展?

(3) 从旅游产业政策变化可以看出我国对旅游业的认识经历了什么样的变化?

(4) 简述我国文化产业政策。

(5) 简述《全面健身计划纲要》对我国休闲体育发展的影响。

(6) 简述我国休假制度变化过程。

3. 论述答问

(1) 谈谈你对如何通过法律手段保护弱势群体休闲权益的看法。

(2) 对比国内外的休假制度,谈谈你对休假制度对休闲业发展影响的认识。

(3) 对比国内外的休闲立法现状,谈谈你对完善我国休闲立法的看法。

(4) 阅读本章延伸阅读文献《近代英国民众休闲生活的法治改造》谈谈你对我国提高我国民众休闲素质的看法。

本章延伸阅读

[1] 李仲广,卢昌崇. 基础休闲学 [M]. 北京:社会科学文献出版社,2004.

[2] 杰弗瑞·戈比. 你生命中的休闲 [M]. 康筝,译. 昆明:云南人民出版社,2000.

[3] 克里斯·布尔,等. 休闲研究引论 [M]. 田里,董建新,等译. 昆明:云南大学出版社,2006.

[4] 吴承忠. 国外休闲经济——发展与公共管理 [M]. 北京:人民出版社,2008.

[5] 芮明杰. 产业经济学 [M]. 上海:上海财经大学出版社,2005.

[6] 余兰. 体育产业经济学研究 [M]. 成都:西南财经大学出版社,2006.

[7] 魏小安. 发展休闲产业论纲 [J]. 浙江大学学报:人文社会科学版,2006,36 (5).

[8] 钱正武,杨吉华. 我国文化产业政策的制定及其实施 [J]. 安徽师范大学学报:人文社会科学版,2007,35 (1).

[9] 卿前龙. 休闲产业:概念、范围与统计问题 [J]. 旅游学刊,2007,8 (8).

[10] 王国新. 我国休闲产业与社会条件支持系统 [J]. 自然辩证法研究,2001,12 (12).

[11] 宋子千. 旅游业及其产业地位再认识 [J]. 旅游学刊,2007,6 (6).

222

[12] 王全福，杨英法．文化产业的界定和统计的难题及解释［J］．求索，2008，1 (1)．

[13] 刘少和．发展休闲娱乐业，创造旅游吸引物［J］．旅游学刊，2006，12 (12)．

[14] 孙葆丽，孙葆洁，潘建林．我国群众体育发展的历史回顾［J］．体育科学，2000，20（1）．

[15] 李斌．近代英国民众休闲生活的法治改造［J］．廊坊师范学院学报，2003，19 (4)．

[16] 黄大勇．关于完善我国旅游法律体系的思考［J］．西南民族大学学报：人文社科版，2003，24（6）．

参考文献

[1] 楼嘉军. 休闲初探. 桂林旅游高等专科学校学报, 2000, (2): 5-9.

[2] 邓崇清. 简论休闲与休闲消费. 改革与战略, 2000, (5): 5-7.

[3] 马惠娣, 刘耳. 西方休闲学研究述评 [J]. 自然辩证法研究, 2001, (5).

[4] 刘邦凡, 吴勇. 论我国休闲科学的研究对象、性质和任务. 理论导刊, 2001, (12): 41-42.

[5] 万江红. 论闲暇消费. 北京工商大学学报: 社会科学版, 2002, 17 (6): 74-77.

[6] 李在永. 论休闲消费的几个基本问题. 北方经贸, 2002, (10): 47-49.

[7] 刘锋, 周洁. 中国休闲产业发展及政府作用初探 [J]. 杭州师范学院学报: 社会科学版, 2003, (2): 48-50.

[8] 宋瑞. 休闲消费和休闲服务调查: 国际经验与相关建议. 旅游学刊, 2005, 20 (4): 62-66.

[9] 吴承照. 现代城市游憩规划设计理论与方法. 北京: 中国建筑工业出版社, 2000, 7: 13-54.

[10] 杰弗瑞·戈比. 21世纪的休闲与休闲服务 [M]. 张春波, 等译. 昆明: 云南人民出版社, 2000.

[11] 章海荣, 方起东. 休闲学概论 [M]. 昆明: 云南大学出版社, 2005.

[12] 约翰·特莱伯. 休闲经济与案例分析 [M]. 李文峰, 编译. 沈阳: 辽宁科学技术出版社, 2007.

[13] Goodale T L, Geoffrey Godbey. The Evolution of Leisure: Historic al and philosophical perspective, State College, PA: Venture Publishing, 1988: 104.

[14] Christopher R Edinton, Susan D Hudson, Samuel V Lankford. Managing Recreation, Parks, and Leisure Services: An Introduction. Sagamore Publishing Champain, 2008: 22-30.

[15] Kathleen A Cordes, Hilmi M Ibrahim. Applications in Recreation & Leisure: For today and the future. WCB McGraw-Hill Companies, 1999: 294-297.

[16] Christopher R Edginton, Debra J Jordan, Donald G DeGraaf, Susan R Edginton. Leisure and Life Satisfaction: Foundational Perspectives. WCB McGraw-Hill Companies, 2002: 420-448.

[17] Richard Kraus. Recreation & Leisure in Modern Society. Addison-Wesley Educational Publishers Inc. 1997: 376-400.

[18] Human Kinetics Editor. Introduction to Recreation and Leisure. Human Kinetics Inc. 2006: 164-176.

[19] 李仲广, 卢昌崇. 基础休闲学 [M]. 北京: 社会科学文献出版社, 2004.

[20] 孙海植, 等. 休闲学 [M]. 朴松爱, 李仲广, 译. 大连: 东北财经大学出版社, 2005.

[21] 池田胜, 等. 娱憩的基础理论 [M]. 厦门: 杏林书院, 1989.

[22] 杰弗瑞·戈比. 你生命中的休闲 [M]. 康筝, 译. 昆明: 云南人民出版社, 2000.

[23] 托马斯·古德尔, 杰弗瑞·戈比. 人类思想史中的休闲 [M]. 成素梅, 马惠娣, 等译. 昆明: 云南人民出版社, 2000.

[24] 于光远. 论普遍有闲的社会 [M]. 北京: 中国经济出版社, 2005.

[25] 卿前龙. 休闲服务与休闲服务业发展 [M]. 北京: 经济科学出版社, 2007.

[27] 谢彦君. 基础旅游学 [M]. 北京: 中国旅游出版社, 2006.

[28] 欧阳友权. 文化产业通论 [M]. 长沙: 湖南人民出版社, 2006.

[29] Joseph Pine II B, Gilmore J H. 体验经济 [M]. 夏业良, 译. 北京: 机械工业出版社, 2002.

[30] 刘哲. 康乐服务与管理 [M]. 北京: 旅游教育出版社, 2001.

[31] 张愈. 中国康复大辞典 [M]. 北京: 中国广播电视出版社, 1993.

[32] 冯锦凯. 解读中国游乐业 [M]. 北京: 旅游教育出版社, 2005.

[33] 朱跃东. 温泉旅游管理实务 [M]. 北京: 中国旅游出版社, 2007.

[34] 吴为廉, 潘肖澎. 旅游·康体·游憩设施设计与管理 [M]. 北京: 中国建筑工业出版社, 2001.

［35］王晓莹，等．国外体育休闲俱乐部管理初探［J］．北京体育大学学报，1999，（4）．

［36］王宁．略论休闲经济［J］．中山大学学报（社会科学版），2000，40（3）．

［37］徐锋．国外休闲产业的发展现状与加快我国休闲产业发展的对策［J］．商业经济与管理，2002，（9）．

［38］李益．近年来学术界关于休闲问题的研究综述［J］．广西社会科学，2003，（1）．

［39］宋瑞．英国休闲发展的公共管理及其启示［J］．杭州师范学院学报（社会科学版），2006，（5）．

［40］马惠娣．走向人文关怀的休闲经济［M］．北京：中国经济出版社，2004．

［42］楼嘉军．休闲新论［M］．上海：立信会计出版社，2005．

［43］刘嘉龙，等．休闲概论［M］．天津：南开大学出版社，2008．

［44］约翰·特莱伯．休闲经济与案例分析［M］．李文峰，编译．沈阳：辽宁科学技术出版社，2007．

［45］Butson P. The Financing of Sport in the UK［M］. in Sport Council Information Series，London：1983，（8）．

［46］Dower M，Rapoport R，Strelitz Z，et al. Leisure Provision and People's Needs［M］. London：HMSO，1981．

［47］Edginton C R，Jordan D J DeGraaf D G，et al. Leisure and Life Satisfaction：Foundational Perspectives［M］. Madison：Brown & Benchmark，1995．

［48］George Torkildsen. Leisure and Recreation Management［M］. London：E & FN Spon，1992．

［49］Gratton C，Taylor P. Sport and Recreation：An Economic Analysis［M］. London：E & F N Spon Ltd，1985．

［50］Kent J. Volunteers in Leisure，Recreation and Sports Organizations［M］. Ottawa：Minister of Supplies and Services Canada，1989．

［51］Kraus R. The Changing Role of Government in Recreation，Parks and Leisure Services. Academy of Leisure Sciences，Values and Leisure and Trends in Leisure Service［M］. Oxford：Venture Publishing，Inc，1983．

［52］Kraus R. Leisure in A Changing America：Multicultural Perspectives［M］. New York：MacMillan College Publishing Company，1994．

［53］Searle M S，Brayley R E. Leisure Services in Canada：An Introduction（2nd）［M］. Pennsylvanie：Venture Publishing，Inc，2000．

［54］Sessoms H D. Leisure Services（6nd）［M］. Englewood Cliffs：Prentice Hall，Inc，1984．

［55］Weisbrod W B. The Voluntary Non－Profit Sector［M］. Lexington Massachusetts：Lexington Books，1978．

［56］马勇，周青．休闲学概论［M］．重庆：重庆大学出版社，2008．

［57］喻学才．旅游资源学［M］．北京：化学工业出版社，2008．

［58］安应民．旅游学概论［M］．北京：中国旅游出版社，2007．

［59］刘伟，朱玉槐．旅游学［M］．广东：广东旅游出版社，1999．

［60］郭亚军．旅游景区管理［M］．北京：高等教育出版社，2006．

［61］杨桂华．旅游资源学［M］．修订版．云南：云南大学出版社，2003．

［62］肖星，严江平．旅游资源与开发［M］．北京：中国旅游出版社，2007．

［63］克里斯·布尔，等．休闲研究引论［M］．田里，董建新，等译．昆明：云南大学出版社，2006．

［64］曾贤刚．环境影响经济评价［M］．北京：化学工业出版社，2003．

［65］李红玉．休闲经济时代的旅游资源分类与评价［J］．旅游学刊，2006，21（1）．

［66］姜瑞强．打造湖泊休闲品牌，促进千岛湖旅游可持续发展［J］．经济地理，2006，26（6）．

［67］郑怡清，朱立新．上海市民休闲行为研究［J］．旅游科学，2000，20（2）．

［68］陈海，康慕宜．森林旅游资源价值核算研究进展［J］．资源科学，2003，25（3）．

［69］吴章文，罗艳菊．鼎湖山风景区森林游憩价值评价研究［J］．林业经济，2002，（9）．

［70］徐菊凤．扩大内需背景下的休闲消费和休闲产业［N］．光明日报，2009，2（10）．

［71］Venkatachalam L. The Contingent valuation method：a review［J］．Environmental Impact Assessment Review，2004，24：89 – 124.

［72］Brookshire D S，Eubanks D S，Randall A. Estimating option price and existence values for wildlife resources［J］．Land Economics，1983，59：1 – 15.

［73］Benson J F，Willis K G. Valuing informal recreation on the forestry commission estate［J］．Quarterly Journal of Forestry，1993，16（3）：63 – 65.

［74］Clawson M，Knetsch L J. The Economics of Outdoor Recreation. Baltimore，Md：John's Hopkins Press. 1996.

［75］Weiqi Chen，Huasheng Hong. Recreation demand and economic value：An application of travel cost method for Xiamen Island［J］．China Economic Review，2004，15：398 – 406.

［76］章海荣．休闲学概论［M］．昆明：云南大学出版社，2005.

［77］马勇，周青．休闲学概论［M］．重庆：重庆大学出版社，2008.

［78］刘邦凡，吴勇．谈休闲学研究中的若干概念［J］．唐山师范学院学报，2002，（6）．

［79］唐湘辉．休闲产品分层营销策略分析［J］．南京财经大学学报，2007，（1）．

［80］宋瑞．浅论休闲经济［J］．消费经济，2001，（5）．

［81］何健民．城市休闲产业与产品的开发导向研究［J］．旅游学刊，2008，（7）．

［82］杨振之．也谈休闲城市与城市休闲［J］．旅游学刊，2008，（12）．

［83］叶文．城市休闲旅游理论案例［M］．天津：南开大学出版社，2006.

［84］彭学强．现代饭店经营与管理［M］．长沙：湖南大学出版社，2006.

［85］许峰．休闲产业发展初步探析［J］．中国软科学，2001，（6）．

［86］耿莉萍．论休闲消费的特征、发展趋势与企业商机［J］．商业经济与管理，2004，（3）．

［87］闫娟．从三个层面谈城市核心区休闲空间设计［J］．四川建筑，2006，（1）．

［88］王东．创建城市居民的"后花园"——从武汉江滨公园看小型开放式公园建设［J］．新建筑，2004，（2）．

［89］沈祖祥，张帆．旅游策划学［M］．福州：福建人民出版社，2000.

［90］邹益民，孔庆庆．我国旅游房地产开发前景的探讨［J］．商业经济与管理，2004，（7）．

［91］马丽卿．开发海岛旅游景观房产的条件及物业形态选择［J］．现代经济探讨，2005，（7）．

［92］董藩，周宇．物业管理概论［M］．北京：清华大学出版社，2005.

［93］马惠娣．21世纪与休闲经济、休闲产业、休闲文化［J］．自然辩证法研究，2001，（1）．

［94］单麦琴．浅谈休闲的经济学意义［J］．经济师，2003，（3）．

［95］苗建军．中心城市：休闲经济的空间视点［J］．自然辩证法研究，2003，（11）．

［96］袁华明．杭州：离休闲之都还有多远？［J］．观察与思考，2006，（9）．

［97］王伟娅．对于我国休闲产业的分析与思考［J］．江苏商论，2003，（5）．

［98］张顺，祁丽．城市休闲产业组成体系研究［J］．吉林师范大学学报：自然科学版，2006，（01）．

［99］郑胜华．休闲业及其发展研究［J］．商业研究，2002，（1）．

［100］王国新．我国休闲产业与社会条件支持系统［J］．自然辩证法研究，2001，（12）．

［101］徐锋．国外休闲产业的发展现状与加快我国休闲产业发展的对策［J］．商业经济与管理，2002，（9）．

［102］韩德乾．科技进步与休闲产业［J］．自然辩证法研究，2003，（2）．

［103］刘海鸿．我国休闲产业发展中的问题与对策［J］．山西财经大学学报，2002，（3）．

[104] 张顺，祁丽．城市休闲产业组成体系与休闲经济特征研究［J］．聊城大学学报：社会科学版，2005，（6）．

[105] 秦新光，孙维刚，郎朗．城市居民休闲行为特征与休闲场所规划［J］．今日科苑，2008，（2）．

[106] 周杰．济南市发展休闲产业的思考［J］．山东经济，2005，（3）．

[107] 谷红．大力发展乡村旅游的对策探析［J］．理论导报，2008，（8）．

[108] 王晔．城市休闲产业集群化发展理论与创新研究［D］．天津：天津大学，2006．

[109] 何婉．浅议我国乡村旅游的深度开发［D］．上海：华东师范大学，2006．

[110] 克里斯·布尔，等．休闲研究引论［M］．田里，等译．昆明：云南大学出版社，2006．

[111] 王琪延，等．休闲经济［M］．北京：中国人民大学出版社，2005．

[112] 吴承忠．国外休闲经济——发展与公共管理［M］．北京：人民出版社，2008．

[113] 黄安民．旅游与休闲学概论［M］．北京：机械工业出版社，2007．

[114] 罗明义．旅游经济发展与管理［M］．昆明：云南大学出版社，2008．

[115] Christine Williams，John Buswell．旅游与休闲业服务质量管理［M］．戴斌，依绍华，译．天津：南开大学出版社，2004．

[116] 蔺雷，吴贵生．服务创新［M］．北京：清华大学出版社，2003．

[117] 杨坤，张金成．服务业的质量管理——基于开放的生产体系［M］．天津：南开大学出版社，2006．

[118] 章海荣．旅游业服务营销［M］．昆明：云南大学出版社，2001．

[119] 贾依·坎达姆普利．服务管理——酒店管理的新模式［M］．程尽能，韩鸽，等译．北京：旅游教育出版社，2006．

[120] 汪纯孝，岑成德，温碧燕，等．服务性企业整体质量管理［M］．广州：中山大学出版社，2001．

[121] 崔立新．服务质量评价模型［M］．北京：经济日报出版社，2003．

[122] 克里斯廷·格罗鲁斯（Christian Grönroos）．服务管理与营销——基于顾客关系的管理策略［M］．2版．北京：电子工业出版社，2002．

[123] 许峰．旅游城市休闲服务业协调发展研究［J］．旅游学刊，2001，16（5）：70-74．

[124] 刘丽文．论服务运作管理的特殊性［J］．清华大学学报：哲学社会科学版，1999，14（2）：61-64．

[125] 卿前龙．论服务质量的特殊性［J］．世界标准化与质量管理，2002，（2）：22-24．

[126] 朱跃东．温泉旅游管理实务［M］．北京：中国旅游出版社，2007．

[127] Kathleen M Iveson．饭店业人力资源管理［M］．张文，等译．北京：旅游教育出版社，2002．

[128] 李云霞．康乐经营与管理［M］．昆明：云南大学出版社，2002．

[129] 聂淑华．休闲教育与和谐就业［J］．青海社会科学，2008，（1）．

[130] 刘少和．中国休闲教育发展初探［J］．当代教育论坛，2004，（5）．

[131] 于桂兰，魏海燕．人力资源管理［M］．北京：清华大学出版社，2004．

[132] 彭剑锋．人力资源管理概论［M］．上海：复旦大学出版社，2003．

[133] 叶文，等．城市休闲旅游，理论，案例［M］．天津：南开大学出版社，2006．

[134] 王琪延．休闲教育下的人力资本增长［N］．光明日报，2008-02-20．

[135] 富兰克·M．戈，玛莉·L．蒙纳彻罗，汤姆·鲍姆．酒店业人力资源管理［M］．宋红英，等译．大连：大连理工出版社，2002．

[136] 加里·德斯勒．人力资源管理［M］．6版．刘昕，吴雯芳，译．北京：中国人民大学出版社，1999．

[137] 詹姆斯·W．沃克．人力资源战略［M］．吴雯芳，译．北京：中国人民大学出版社，2001．

[138] 张一弛．人力资源管理［M］．北京：北京大学出版社，2001．

227

[139] 赵曙明. 人力资源管理 [M]. 北京：中国人民大学出版社, 2006.

[140] 张世琪. 我国休闲教育的实施层面分析 [EB/OL]. [2004 - 12 - 24]. 乐途旅游网.

[141] 顾英伟. 绩效考评 [M]. 北京：电子工业出版社, 2006.

[142] 胡君辰. 人力资源开发与管理教学案例精选 [M]. 上海：复旦大学出版社, 2001.

[143] 蒋丁新. 饭店管理 [M]. 北京：高等教育出版社, 2002.

[144] 芮明杰. 产业经济学 [M]. 上海：上海财经大学出版社, 2005.

[145] 魏小安, 韩健民. 旅游强国之路：中国旅游产业政策体系研究 [M]. 北京：中国旅游出版社, 2003.

[146] 韩玉灵. 旅游法规教程 [M]. 大连：东北财经大学出版社, 2004.

[147] 王国新. 我国休闲产业与社会条件支持系统 [J]. 自然辩证法研究, 2001, 12 (12).

[148] 刘锋, 周洁. 中国休闲产业发展及政府作用初探 [J]. 杭州师范学院学报：社会科学版, 2003, (2).

[149] 王晶, 王丽梅. 休闲产业政策建立的必要性及其保障机制 [J]. 绍兴文理学院学报, 2003, 23 (10).

[150] 克里斯托佛, 阿·埃丁顿. 二十一世纪的美国休闲 [J]. 广州体育学院学报, 1996, 16 (3).

[151] 马惠娣. 休闲、休闲体育、后北京奥运会 [J]. 广州体育学院学报, 2008, (2).

[152] 朱寒笑, 苗大培. 公共服务型政府的打造与体育休闲政策的导向 [J]. 北京体育大学学报, 2008, 31 (10).

[153] 王志威. 1949 年以来中国的体育政策发展研究 [J]. 内蒙古体育学院学报, 2005, 7 (3).

[154] 杨劲松. 国外休假制度及其对中国的借鉴 [J]. 旅游学刊, 2006, 21 (11).

[155] 谢显宁. 论我国假日制度改革及其调整空间 [J]. 四川经济管理学院学报, 2008, (1).

[156] 杨利美. 美国假日制度对中国假日制度改革的启示 [J]. 思想战线, 2006, 32 (2).

[157] 高丙中. 民族国家的时间管理制度——中国节假日制度问题及解决之道 [J]. 开放时代, 2005, (1).

[158] 黄大勇. 关于完善我国旅游法律体系的思考 [J]. 西南民族大学学报（人文社科版）, 2003, 24 (6).